TUDO O QUE VOCÊ
PRECISA SABER
PARA SENTIR-SE BEM

Everything Yu Need to Know to Feel Go(o)d

CONEXÃO
MENTE CORPO
ESPÍRITO

PARA O SEU BEM-ESTAR

*Uma cientista ousada avaliza
a medicina alternativa*

Candace Pert, Ph.D.
com Nancy Marriot

BARANY
EDITORA
SÃO PAULO
2009

Copyright (c) Candace Pert, 2006, 2007   Copyright (c) Barany Editora 2007
Todos os direitos reservados. Nenhuma parte deste livro poderá ser reproduzida, de forma alguma, sem a permissão do Proprietário, exceto as citações incorporadas em artigos de crítica ou resenhas.
Publicado mediante acordo com Hay House UK, Inc.
O autor deste livro não dispensa conselho médico nem prescreve o uso de qualquer técnica como forma de tratamento de problemas físicos ou médicos, sem o aconselhamento de um médico, direta ou indiretamente. A intenção do autor é somente a de oferecer informação de natureza geral, para ajudar você em sua busca do bem-estar emocional e espiritual. No caso de você usar qualquer informação deste livro para você mesmo, que é seu direito, o autor e o editor não assumem responsabilidade por suas ações.

Direção editorial: Júlia Bárány
Preparação e revisão de texto: Barany Editora
Projeto gráfico e diagramação: Júlia Bárány
Capa: Genildo Santana

Impresso no Brasil

Dados Internacionais de Catalogação na Publicação (CIP)
(Câmara Brasileira do Livro, SP, Brasil)

Pert, Candace
Conexão mente corpo espírito para o seu bem-estar: uma cientista ousada avalia a medicina alternativa /Pert, Candace, com Nancy Marriot; traduzido por Júlia Bárány Yaari. -- São Paulo : Barany Editora, 2009.
Título original: Everything you need to know to feel good.
1. Consciência 2. Corpo e mente 3. Cuidados pessoais com a saúde 4. Emoções 5, Manifestações psicológicas de doenças 6. Medicina psicossomática
I. Marriot, Nancy. II. Título
09-11925   CDD-616.08   NLM-WM 090

Índices para Catálogo Sistemático:
1. Corpo e mente: Relações com a saúde física: Doenças psicossomáticas: Medicina psicossomática   616.08

Todos os direitos desta edição são reservados à Barany Editora (c) 2009
São Paulo - SP - Brasil
contato@baranyeditora.com.br

ouça www.hayhouseradio.com.

www.baranyeditora.com.br
LIVRO PARA SER LIVRE

ISBN: 978-85-61080-06-8

CONTEÚDO

7 • Apresentação ao leitor brasileiro, dr. Michael Yaari
9 • Prefácio, Naomi Judd
11 • Primeira Parte: A Fisiologia do Novo Paradigma
13 • Capítulo 1: Ciência e Espírito
31 • Capítulo 2: Fisiologia do Novo Paradigma
47 • Capítulo 3: A Ciência das Emoções e da Consciência

69 • Segunda Parte: Aventuras no País da Consciência
71 • Capítulo 4: Tucson: Toxicidade, Humor e Alimentação
99 • Capítulo 5: Washington: Cura e Consciência
119 • Capítulo 6: Minneapolis: Autoestima, Personalidades Múltiplas e Perdão
145 • Capítulo 7: Assis: Sonhar, Espiritualidade e Sincronicidade
169 • Capítulo 8: Santa Bárbara: Medicina Energética, Coerência e Conexão
193 • Capítulo 9: Santa Bárbara Revisitada: Amor, Brincadeira e Entrelaçamento
213 • Capítulo 10: Monterey: Imaginação, Empoderamento e Manifestação

239 • Epílogo
249 • Anexos
249 • Notas de fim
256 • Algumas organizações que patrocinaram apresentações de Candace Pert
258 • Sugestões de leitura
259 • Questões para discutir em reuniões sobre o livro
263 • Agradecimentos

Dedico este livro a meu marido, Michael Roland Ruff, que é o homem mais inteligente, sexy, forte, bondoso, divertido e respeitoso que eu já conheci, e o cocriador dos meus sonhos.
Quando criança, um anjo lhe disse que ele faria algo importante para o mundo.
Agradeço a Deus por ter colocado Michael na minha vida.
- Steamboat Springs, Colorado, Janeiro de 2006

APRESENTAÇÃO AO LEITOR BRASILEIRO

Dr. Michael Yaari
Médico de família e comunidade, geriatra e médico antroposófico

É com imensa alegria que apresento um livro que realmente vale a leitura! Candace Pert aborda um tema extremamente necessário e atual de uma maneira impecavelmente científica. Há que ter coragem para estudar a ligação entre corpo, mente e espírito. Porém, o fato é que este século demanda um conhecimento mais abrangente, pois a necessidade das pessoas por algo que seja resolutivo e ao mesmo tempo amoroso é urgente! Não há mais espaço para respostas frias e tecnicistas, departamentalizadas e pretensamente científicas. Já vivemos em um novo tempo, mais elegante e ligado às coisas essenciais.

Com uma linguagem fluida e gostosa, ela nos ensina modos de ser íntegros, que alcançam o bem-estar através de mudanças de atitude e de hábitos. É uma espécie de manual para o bem-estar e para o bem-ser. Revela a necessidade de um autocultivo, de um cuidar-se contínuo que leva em conta não só o cuidado com o corpo, mas um cuidado abrangente com a alma através de nossos sentimentos, podendo assim apreender novamente uma noção noo-psíquica-corporal.

Há muito tempo que o ser humano sabe que existem diversos conhecimentos, todos legítimos, dependendo de um entendimento mais político que científico para serem corroborados como válidos ou não e, assim, continuarem a existir, se ampliar, ganhar com outros conhecimentos, se metamorfosear. Não há barreiras para o conhecimento se a atitude é aberta, séria, despreconceituosa, alinhada com a necessidade real das pessoas e permeada pelo Amor, pela compaixão. Estas são características precisamente humanas, arraigadas em nós, mesmo que insistamos em tentar provar o contrário.

A história da ciência está repleta de exemplos maravilhosos que demonstram a ligação primordial com a evolução do conhecimento. Aqui o objetivo é atualizar as pessoas nas pesquisas que se ocupam de conhecer as ligações entre mente, corpo e espírito. Mais que isso, dar orientações de como nos sentirmos bem. Afinal, como um dos espectadores de uma palestra de Candace Pert pontua, para que tanto desenvolvimento científico se as pessoas não estão se sentindo bem?

Este livro demonstra que estamos na direção, agora inexorável, de ampliarmos nosso conhecimento para além da fronteira do materialismo, para além de Descartes. Já estamos conseguindo atingir a meta de superar o que McWhinney chamou de falha geológica, o fato de a ciência médica separar o orgânico do psíquico. Isso simplesmente não faz mais sentido. Assim como Kuhn deixou óbvio, um novo paradigma emerge lentamente, mas de repente irrompe com uma nova atitude, mais avançada que a anterior, mais eficaz nos processos, mais interessante nas dimensões e mais inteligente em suas estéticas.

Fica óbvio que a soma das partes não representa o todo, que colocar a natureza apenas sob o microscópio significa perder sua signatura primordial, não apreender sua beleza e sua inteligência intrínsecas. O pensar complexo – aquele que integra várias vertentes ao mesmo tempo e não é linear – deve impregnar este século, basear suas decisões, evoluir a humanidade para que consiga assumir sua missão de ser feliz, íntegra, amorosa. Aqui aprendemos que curar só é possível se há compaixão, Candace Pert anuncia: "quando sentimos, curamos".

A dimensão dos sentimentos nunca teve tanta importância. O sentir é a ponte para a espiritualidade, o caminhar do sensível em direção ao suprassensível. Através do sentir, poderemos vivificar nosso pensar que hoje é morto, torná-lo vivo, imagético, dinâmico, criativo, um veículo para a manifestação do espírito. Poderemos desenvolver um olhar profundo sobre os processos de vida, de saúde e doença, chegando a uma realidade holística, necessária para nossa evolução. Pensar com o coração é o nosso presente e o nosso futuro!

As práticas integrativas e complementares como a Medicina Antroposófica, a Medicina Tradicional Chinesa, a Homeopatia, a Medicina Ayurvédica e tantas outras, têm um papel central na construção de novos modos de ser que respeitem as individualidades totalmente, sem realizar uma massificação dos processos de saúde e doença. Resgatam assim uma sabedoria perdida pela medicina ocidental.

A autora nos ensina que somos os nossos receptores vibrando em ressonância celular com o que ela denomina de sucos corporais, em uma dança somática-psíquica simultânea que integra o corpo, a alma e o espírito numa realidade musical única e, ao mesmo tempo, extremamente complexa. A Arte se confirma como caminho necessário para o verdadeiro conhecimento. Não há conhecimento se esse não foi depurado através de uma atividade artística. A Realidade é algo sempre objetivo-subjetivo, visível-não visível, sempre algo complexo e imbricado, mas ao mesmo tempo simples e belo. "Estamos constantemente ressoando com aquilo que já sabemos ser verdade", escreve Candace.

Você está com um livro nas mãos pertencente ao século XXI, novo, íntegro, leve, profundo e belo. O que você fará a partir de sua leitura é de sua inteira responsabilidade. Você é responsável por aquilo que cativa! Faça excelente proveito dele. Eu tenho feito isso!

PREFÁCIO
Naomi Judd

As primeiras impressões são duradouras. Eu nunca vou me esquecer de quando finalmente conheci esta brilhante cientista que foi responsável por colocar no mapa a medicina mente-corpo, num congresso de bem-estar em 1996. Durante muitos anos transitei pelos mesmos círculos. A primeira vez que entrei em contato com ela foi quando fui diagnosticada com hepatite C, em 1990, e procurei tratamento holístico, ou mente-corpo-espírito, para uma doença que a medicina tradicional tinha pouco a oferecer em termos de cura.

Fiquei intrigada ao ver o trabalho dela na minissérie de Bill Moyers no PBS, *Healing and the Mind* (Cura e a Mente), por isso convidei Candace a participar de uma mesa-redonda de *experts*, na Universidade de Wisconsin, que falariam sobre espiritualidade e saúde, da qual eu seria moderadora. Passei no hotel dela para conhecê-la pessoalmente e falar sobre o programa de abertura. Eu era principiante nesse mundo novíssimo da ciência médica. Assim como Dolly Parton, Tammy Wynette e Loretta Lynn me inspiraram em música, Candace foi a minha mentora em psicoimunologia.

Quando Candace abriu a porta do hotel, uma rajada de exuberância me atingiu. Ela não tinha nada daqueles traços de personalidade dura e empertigada que eu esperava de uma neurocientista de nível mundial, das altas esferas do conhecimento. Três horas depois, rindo a maior parte do tempo, nós já tínhamos estabelecido o vínculo.

Esclareço: Candace Pert é uma cientista que tem coração, uma mulher engajada e que sabe que Deus é a sua fonte, mesmo no laboratório. Com os pés firmes no chão, não tem medo de dizer como é que as coisas são e de assinar embaixo. Ela é um exemplo vivo daquilo que significa largar o preto e branco e passar a viver em technicolor. Neste livro, ela mostra como sair da zona de conforto e assumir riscos – que é a única maneira de fazer da sua vida aquilo que você sempre quis.

O que ela descobriu sob o microscópio é que os sentimentos são na realidade elementos químicos que podem ajudar ou machucar você. Os neuropeptídeos são mensageiros biológicos que o cérebro libera e envia pelo corpo todo, acolhidos por receptores localizados nas células de todos os tecidos, órgãos e partes do seu corpo. Isto significa que o seu eu físico registra constantemente cada palavra em que você acredita ou que pronuncia.

Neste livro, Candace demonstra que a consciência de cada um modifica o seu corpo, a sua saúde e até o seu ambiente. Quando você introduz a verdadeira percepção na sua vida cotidiana, começa a se curar e depois cura o seu mundo. Quando você se expande e melhora, afeta as pessoas ao seu redor. Igual ao efeito das ondas criadas por uma pedra atirada num lago tranquilo, ao ampliar a sua consciência, você muda seu estado mental inteiro.

Eu sempre soube disso (assim como muitos), mas agora, graças a Candace, temos a ciência adequada para provar que isso é verdade. E o fantástico é que ela vive essa verdade – a vida dela é um exemplo do que significa se sentir bem e sentir Deus[1]. Aquilo que ela tem a dizer pode não ser o que você espera ouvir de uma *expert*, mas é um descortinar singelo e íntimo de sua vida emocional, física e espiritual. É simples: você muda tudo quando muda a sua mente. Você se torna o arquiteto de sua própria vida, e a maneira de fazer isso é amar, amar, amar... começando por amar a si mesmo.

A mensagem de Candace sobre a autoestima combina perfeitamente com a minha filosofia. Você atrai aquilo que pensa valer a pena ter nesse instante em todas as áreas de sua vida. O primeiro indicador de saúde e tempo de vida é o seu nível de autoestima e autovalor. Você nunca se permitirá ter mais do que acredita merecer, e ninguém faz isso por você – é você mesmo que se faz isso *através dos outros*. Então comece a se dar a vida que você sempre quis!

Esta é a chave para se sentir bem *e* sentir Deus, e experimentar-se autêntica e cientificamente, antes de mais nada, como um ser espiritual num corpo físico. Logo que você começar a fazer isso, vai perceber que o seu objetivo é crescer em amor e sabedoria e importar-se com os outros – algo que até um pesquisador médico tradicional e acadêmico empedernido demonstra ser possível... tornando-o possível para todos, até para você.

Candace é um modelo para mulheres, uma sumo sacerdotisa do movimento mente-corpo, e um ser humano frágil como todo ser humano, encontrando sua autoestima e seu autovalor por meio do perdão e da autoaceitação. Você está prestes a empreender uma viagem em sua companhia que o vai mover, inspirar, educar, informar, divertir e iluminar – e se você for parecido comigo, depois de começar a ler, não vai conseguir largar este livro nem por um segundo!

---

[1] Em inglês, o jogo de palavras *good* (bem) e *God* (Deus), com a diferença de um "o". (N. T.)

FISIOLOGIA DO NOVO PARADIGMA

I

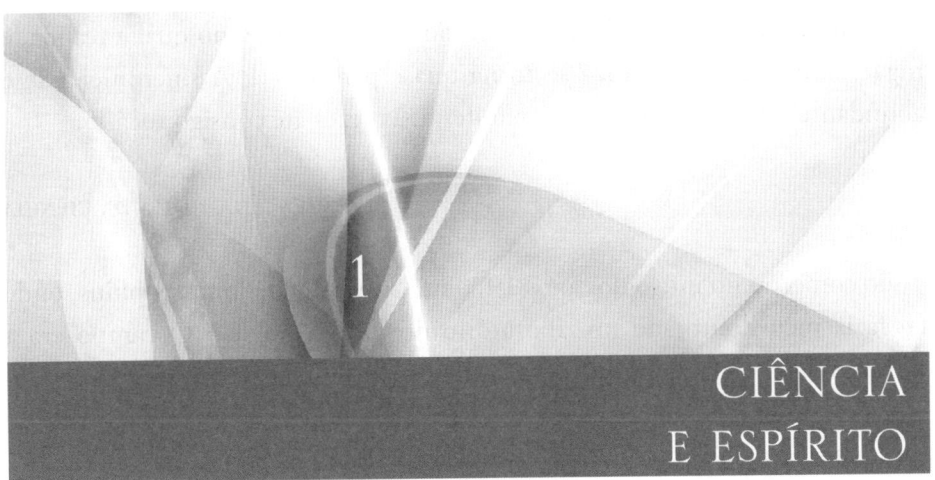

1
CIÊNCIA E ESPÍRITO

Quando o avião começou a taxiar pela pista de decolagem, eu me recostei e fechei os olhos. Durante quase uma década, desde a publicação do meu livro *Molecules of Emotion* (Moléculas da Emoção) em 1997, estou no que chamo de "interminável turnê do livro". Convites frequentes para apresentar a ciência da conexão mente-corpo para plateias leigas e profissionais me levam num vaivém constante de uma costa a outra, a muitos lugares no meio do caminho e para além das fronteiras do meu país.

Na verdade, eu já era uma passageira frequente de avião antes mesmo da publicação do livro. No início da década de 1980, na qualidade de pesquisadora biomédica de vanguarda no Instituto Nacional de Saúde Mental do governo americano (NIMH) em Washington, convidavam-me para dar palestras em simpósios científicos pelo mundo todo. Sempre que o meu trabalho no laboratório permitia, eu viajava para falar em conferências de saúde holística, saindo das minhas raízes estabelecidas na Costa Leste e atravessando para o outro lado, na Califórnia, ao encontro de audiências pioneiras do novo paradigma. As pessoas que vinham a essas palestras estavam interessadas, entusiasmadas até, em ouvir uma cientista credenciada que pudesse corroborar suas ideias arrojadas.

Apesar de todas as horas que já passei dentro de aviões, ainda acho que voar é uma experiência mágica. É fantástico penetrar num mundo não restrito pelas amarras cotidianas de tempo e espaço, em que as pessoas se movimentam rapidamente e a vida linear comum é suspensa. Os aeroportos evocam em mim um estado especial intermediário de consciência, no qual a realidade fugaz da dimensão quântica se torna quase perceptível. A sincronicidade é abundante! O potencial puro se manifesta, às vezes até consigo tocá-lo.

DE CIENTISTA A DIVA DA CIÊNCIA

Tudo começou no início dos anos 1970 na Universidade John Hopkins, onde eu fazia meu doutorado no laboratório do dr. Sol Snyder. O campo era a farmacologia, o estudo das drogas, com especial interesse em neurofarmacologia, o estudo da maneira como as drogas afetam o cérebro. Na qualidade de jovem aluna de pós-graduação, realizei uma das descobertas mais influentes do século XX no meu campo e nos estudos emergentes da neurociência, provando que existia efetivamente um receptor opioide. Esta minúscula estrutura na superfície da célula é o local onde as drogas narcóticas – tais como morfina, heroína, ópio – agem e produzem um efeito. Durante anos, os cientistas haviam teorizado sobre o receptor, mas ninguém jamais demonstrara que ele de fato existia.

Como a minha descoberta prometia uma solução não viciante ao abuso de drogas, de repente houve uma grande demanda de relatórios do nosso laboratório. O dr. Sol não gostava de viajar, assim ele frequentemente me mandava pegar a estrada para apresentar as nossas descobertas em encontros científicos. Eu era uma mulher jovem, ainda insegura com a minha expertise, lançada no meio dos maiores e mais brilhantes luminares da ciência do momento. Mas me acostumei a ser uma cientista que se comunicava com outros no meu campo em universidades e empresas farmacêuticas, e acabei gostando de ser uma estrela.

Depois do curso de pós-graduação, recebi muitas ofertas para fazer pesquisa em universidades renomadas, mas escolhi um emprego ajuizado na equipe do Instituto Nacional de Saúde Mental em Washington. Nesse Instituto, fui subindo de cargo até me tornar chefe em bioquímica cerebral, fazendo ciência de vanguarda com prazer e entusiasmo durante um período de 17 anos, junto com o meu marido Agu Pert e depois com Michael Ruff, meu segundo marido. No NIMH, desenvolvi a minha teoria das emoções e comecei a entender a conexão mente-corpo como uma extensa rede psicossomática de moléculas comunicantes.

Quando saí do NIMH para desenvolver uma droga que Mike e eu tínhamos inventado lá, montando o nosso próprio laboratório particular, os convites para eu dar palestras foram aumentando. Depois de eu desempenhar um papel de liderança na série de televisão *Healing and the Mind* (Cura e a Mente) de Bill Moyers, audiências leigas me solicitavam, fascinadas com os aspectos psicológicos das doenças. Meu tropeço anterior no mundo dos encontros em neurociência foi bastante útil, e passei a ser presença regular no circuito de palestras sobre "corpo e alma" como um híbrido – cientista e apresentadora ao mesmo tempo. (Eu definitivamente tenho tendências artísticas: dancei quando criancinha na vitrine da loja de doces do meu avô.) As organizações sabiam que certamente eu atrairia multidões e me tornei uma oradora profissional em palestras magnas.

O sucesso do livro *Molecules of Emotion* (Moléculas da Emoção) multiplicou a minha popularidade e, depois de participar no filme *Quem somos nós?!*, em 2004, eu me vi ainda mais solicitada. A essa altura, eu marcava cerca de três palestras por mês, uma agenda estressante que estava onerando o meu tempo no laboratório, sem falar da saúde e do bem-estar. Mas eu sou uma cientista que ama gente, e o pique de viajar tanto tem sido a oportunidade de me ligar com o público, de manter contato com o lado humano da ciência. É um mundo muito diferente da existência isolada de um pesquisador de laboratório.

No ar

As rodas do avião se ergueram do solo e vi pela janela a terra diminuindo debaixo de mim. Uma janela, sim, é isso que ganhei com as minhas viagens: uma janela para as vidas e experiências de gente de carne e osso, que assistiu às minhas palestras e que conheci e ouvi durante todos esses anos.

Além de receber honorários muito necessários durante períodos de penúria, estive exposta a novas ideias enquanto continuava instruindo os leigos sobre a base científica das emoções e da consciência, ajudando-os a entender porque sentem o que sentem. As pessoas que assistem às minhas palestras adoram ciência e querem entendê-la, mas também querem que ela seja traduzida para a sua vida cotidiana.

Dessa vez eu me dirigia a Tucson para dar uma palestra patrocinada por uma igreja Unitária da região, uma das muitas igrejas do Novo Pensamento que surgiram de raízes cristãs, na virada do século XX. Originalmente inspiradas por líderes como Ernest Holmes e Mary Baker Eddy, essas instituições estão se tornando cada vez mais populares nos dias de hoje, pois as pessoas procuram um tipo mais inclusivo de prática espiritual comunitária.

Alguns minutos depois da decolagem, abri meu laptop e coloquei na tela os meus slides do PowerPoint para verificá-los. Fiz alguns slides novos para as minhas palestras depois que comecei a viajar pelo circuito promocional do meu livro, transformando a coleção de diagramas científicos pesados em imagens mais provocantes, até bonitas, dando ênfase às afirmações que abalam os paradigmas.

Sim, eu me tornei um tanto ousada e corajosa, no inuito de explicar minha teoria dizendo que as emoções são uma ponte entre a mente e o corpo. As pessoas que assistiram à minha palestra em Santa Mônica, em fevereiro de 2005, uma reunião que contou com a presença dos entrevistados no filme *Quem somos nós?!*, consideraram-me representante do movimento Nova Era, vieram em bando e me esmagaram contra a parede, como se eu fosse Brad Pitt sem guardacostas! O negócio inteiro eriçou minhas penas de cientista e nessa viagem, um mês depois, eu queria reconquistar a sensação de ser uma pesquisadora séria, não uma estrela de cinema.

UMA VELHA E CONHECIDA INSEGURANÇA

Perdida em pensamentos, mal percebi que a passageira sentada ao meu lado tentava espiar de esguelha a tela do meu laptop. Ela chamou minha atenção quando se sentou, e trocamos sorrisos durante a costumeira arrumação dos pertences antes da decolagem. Era uma senhora impecavelmente arrumada com um rosto belo e inteligente, com o cabelo grisalho luminoso, penteado para cima e preso de forma atraente. Usava um terninho bem ajustado, meias de náilon e salto baixo.

Admirei sua aparência, ciente do contraste com a minha, que consistia em uma camiseta esportiva, jeans e tênis. Eu viajo tanto que costumo usar roupas que me deixam à vontade para ficar sentada, me esticar, ou meditar durante os longos voos, ou até fazer corridas entre os terminais, se necessário. Raramente me visto bem para andar de avião, mesmo quando me apresento em conferências prestigiosas, às vezes como palestrante magna.

Mas, apesar desse contraste, senti um tipo de vínculo com a minha vizinha de assento. Acredito que atraímos pessoas das quais precisamos por alguma razão, não existem acasos, e foi exatamente o que aconteceu nessa viagem de avião para Tucson. A senhora sentada a meu lado, por coincidência, me inspiraria a dar o tom correto de ciência "séria" à minha palestra daquela noite, ajudando a restabelecer minha integridade sem trair minhas teorias e especulações mais temerárias.

Incapaz de conter sua curiosidade com relação aos slides coloridos que eu passava no meu laptop, minha vizinha finalmente pigarreou e, olhando agora abertamente para a tela do meu laptop, perguntou: "Com licença, mas o que você faz exatamente?".

Respondi, relevando a minúscula onda de desprezo que acompanhou suas palavras: "Meu interesse é a consciência e o fato de que o corpo e a mente são uma coisa só."

"Oh, esse negócio de mente sobre matéria?". Jogou ela com arrogância, sem tentar esconder a atitude crítica, e uma parte dentro de mim se crispou.

"Não", respondi, vencendo minha relutância e aceitando o desafio. Decidi lhe contar toda a verdade assustadora. "É pior que isso. De fato chego a acreditar que a mente *torna-se* matéria."

Ela ficou estarrecida e depois silenciosa durante um bom tempo antes de perguntar: "Isso não é muito rigoroso, não é? Quero dizer, não tem ciência de verdade por trás disso, ou tem?".

Eu apreciei o jeito professoral dela, uma atitude um tanto altiva, indicando que ela não aceitaria nada menos que fatos comprovados e não se deixaria impressionar facilmente por ideias radicais ou ousadas. Com todo o respeito, expliquei que existia todo um campo científico dedicado ao estudo da comunicação entre a mente e o corpo, chamado psiconeuroimunologia. Na verdade, disse, eu era docente da Universidade de Georgetown, a caminho de dar uma palestra sobre emoções, consciência e cura, em Tucson, naquela noite.

"Verdade? Eu sou docente de Princeton a caminho de Tucson para dar uma palestra também!". Aparentando dez anos mais jovem quando o seu rosto se acendeu e ganhou cor, ela riu alegre para a coincidência de duas doutoras, ambas a caminho de dar palestras, sentadas juntas, especialmente porque havia poucas mulheres no avião aquela noite.

Uma vez estabelecida nossa base comum, a conversa fluiu e desfrutamos de um intercâmbio amistoso durante aquele voo. Fiquei sabendo que ela estudou línguas antigas, um campo que não estava se expandindo na mesma velocidade que o meu. Ela me mostrou sua palestra perfeitamente preparada com cada sentença meticulosamente elaborada, o tipo de planejamento que eu nunca fiz. Não pude deixar de admirar a sua simplicidade educada e bem organizada, e a dignidade tranquila que ela expressava.

Quando voltei à tarefa de organizar minha palestra, no curto espaço de tempo antes da chegada em Tucson, minha companheira comentou: "Então, boa sorte. Espero que você consiga converter sua plateia!".

Evidente que eu *não* a converti. E quanto a convencer meus ouvintes de Tucson, bem, falar com eles seria como pregar ao vigário. As pessoas que assistem às minhas palestras nesses dias estão bem mais por dentro do "novo paradigma" do que eu, uma visão que dá primazia à consciência. São *elas* (junto com minhas descobertas em laboratório) que *me* converteram ao entendimento de que pensamentos e emoções podem nos curar ou nos fazer adoecer, e que a nossa consciência determina a realidade que experimentamos.

Mas o comentário de despedida da minha companheira de viagem me provocou um comichão da velha e conhecida insegurança. *Rigoroso*, pensava eu. *Vou mostrar a ela e a todos os São Tomés como pode ser rigoroso o campo da consciência!* Ali mesmo decidi aceitar o desafio da doutora, dando uma palestra totalmente fundamentada na ciência de como cérebros e corpos são projetados para criar integralmente a realidade que experimentamos.

CAVALGANDO DOIS PARADIGMAS

A mulher do avião na verdade me prestou um serviço, confrontando-me com a amplitude do abismo entre o paradigma antigo e o novo, e me mostrando como era desconfortável a minha posição no meio dos dois. Ela também me lembrou da rapidez com que alguns colegas cientistas poderiam tentar me desacreditar, sem saber aquilo que aprendi da minha frequente exposição a ideias que eles chamavam de obscuro pensamento "californoico".

A largura real desse abismo, o ponto de vista materialista versus primazia da consciência, foi esclarecida quando visitei recentemente o NIMH para tratar de alguns negócios. Quando estava no prédio onde passei a maior parte do início de carreira, decidi parar alguns pesquisadores e pós-doutores apressados e lhes fazer a seguinte pergunta: "Quem é Deepak Chopra?" Nove dentre dez nunca ouviram falar do endocrinologista formado em Harvard que, durante os últimos 20 anos, tem apresentado a visão oriental de que a consciência precede a realidade física. Fiquei surpresa ao descobrir que no baluarte nacional da verdade científica, poucos ouviram falar do dr. Chopra; menos ainda eram aqueles que percebiam as implicações das ideias radicais dele no seu próprio trabalho.

No meu mundo, uma viagem de transformação pessoal e profissional me conduziu a abraçar o novo paradigma que Chopra e tantos outros trouxeram para o grande público, durante as últimas duas décadas. Meu trabalho científico e minha vida particular gradativamente se juntaram, deixando de correr em trilhos paralelos sem jamais se tocarem. Sincronicidade, realidade quântica e cura energética, elementos de uma nova forma de ver a realidade, fazem parte da minha vida, e eu me engalfinho com explicações científicas daquilo que experimento como realidade.

Ao mesmo tempo, luto para me manter leal às minhas raízes, traçando cuidadosamente a linha que me separa da pseudociência, o fator "oh", aquelas ideias sem fundamento real algum, às quais nenhum pesquisador sério daria crédito. Isto me faz cavalgar dois mundos, com um pé no novo paradigma, no qual a consciência do observador é válida, e o outro pé bem plantado no método objetivo, estabelecido no velho sistema reinante de crenças. Deste ponto vantajoso, a ciência se torna a lente através da qual eu interpreto os mistérios que vivencio na jornada da minha vida. Acredito que o que há de melhor na ciência pode fornecer um entendimento, dar-nos a segurança e a verdade.

Tem sido um desafio manter-me equilibrada na beira de uma maneira inovadora de olhar as coisas, em que eu trago uma nova consciência não só para o público como também para mim. Preciso expandir constantemente minha integridade pessoal, continuar crescendo e explorando novas ideias e experiências. Por vezes, isso se torna bastante cansativo.

Aquilo que sei com certeza e aplico todos os dias na minha vida é que a mente e o corpo são uma coisa só. A base para esta unidade é o fato de que todos os sistemas da nossa fisiologia são conectados e coordenados por moléculas carregadas de emoção, que levam informações, travando constante diálogo, por exemplo, entre o sistema nervoso e o sistema imunológico. Esta rede de comunicação, que acontece em todo o corpo e no cérebro, envolve inteligência e emoção para criar a nossa entidade, que chamo de "corpomente".

Na verdade, aquilo que descobri ao microscópio está sendo usado, por toda parte, como fundamento para modalidades alternativas atuais. Gosto de chamá-las de "medicina do novo paradigma", em vez de "alternativa" ou "integrativa", termos que considero inadequados e que refletem separação ou até divisão hostil, que precisa ser resolvida. A verdade é que a centralidade da mente e das emoções é um novo paradigma que leva tudo de roldão (daí todo este pavor!), bem parecido com a descoberta de que a Terra girava ao redor do Sol, cinco séculos atrás.

Mas a chave que explica como a energia cura, como a mente se torna matéria e como podemos criar a nossa própria realidade são as emoções. Na qualidade de alguém com treinamento científico e cientista praticante, sou expert na bioquímica dos sentimentos, o que acredito ser a demonstração física da consciência no mundo material. São as emoções, acredito eu, que nos ligam como entidades físicas ao divino, tornando possível que nos *sintamos bem* e *sintamos Deus* ao mesmo tempo.

Contar a história do meu crescimento e da minha cura é como consigo falar da maneira mais vívida sobre a convergência de Deus, ou espírito, e a realidade emocional dos nossos corpos físicos. E as minhas descobertas no laboratório, bem como na arena do grande público na qual entro quando dou palestras nas conferências ou nos simpósios, sempre me corroboram.

TERAPEUTA FERIDA

Nas minhas viagens recentes para falar sobre minha ciência e minhas descobertas, aconteceram duas coisas que moldaram minhas visões atuais. Primeiro, percebi que as pessoas esperavam respostas de mim. Mais do que isso, elas me reverenciavam, eu, uma humilde cientista de laboratório, como algum tipo de deusa científica. Isto tem sido difícil para mim, porque a pessoa Candace, debaixo de um manto tão generosamente colocado por um público admirador, é um ser humano situado na íngreme curva de aprendizado rumo a uma grande transformação. Especialmente nos anos recentes, com lutas, choques e desapontamentos que me deixaram bem abalada e magoada, precisamos falar sobre a terapeuta ferida!

Dizem que você ensina aquilo que precisa aprender e, com certeza, esse foi o meu caso. Eis que eu estava viajando pelo mundo e transmitindo os últimos avanços científicos para ajudar os outros, quando era eu que precisava de uma mão! Fui me conscientizando gradativamente do quanto eu precisava de ajuda, e fui atrás.

E esta é a segunda coisa que aconteceu para mudar minha visão. Por intermédio das minhas palestras, tive contato com uma ampla variedade de surpreendentes terapeutas, a nata dos profissionais em trabalho corporal, em acupuntura, em psicologia energética, quiroprática, e tantas outras formas de terapia aplicada. Tive oportunidade de ser tratada por todas as modalidades conhecidas e experimentei todas. O engraçado de ser uma prima-dona cientista é que as pessoas fazem de tudo para me tratar, muitas vezes gratuitamente. Isto me permitiu realizar experiências e consertar minhas feridas, seguindo minha intuição e usando tratamentos que minhas teorias, baseadas em pesquisa, podem muitas vezes explicar.

Embora as pessoas me vejam como alguma expert, como disse, sou muito mais a terapeuta ferida. Embora seja "doutora", não sou médica. Sou pesquisadora com diploma de doutorado e cientista de laboratório cuja carreira aconteceu predominantemente no laboratório, trabalhando com tubos de ensaio, microscópios e ratos. Posso ter escrito mais de 230 artigos científicos, mas foram trabalhos detalhados sobre como medir e visualizar receptores, ou como o cérebro e o sistema imunológico interagem, que me serviram de base para desenvolver a teoria das moléculas da emoção. Mas nada disso me transforma em terapeuta autorizada para os outros que estão sofrendo. Tenho apenas as minhas experiências de cura para compartilhar, e tenho um monte delas!

Está claro na minha mente que as terapias do novo paradigma são a arena final para a minha própria cura, local onde vejo convergirem cada vez mais a ciência e a espiritualidade. E esta é a minha curva de crescimento atual, levando-me, como Amanda, em *Quem somos nós?!*, a descer pela toca do coelho e descobrir reinos repletos de luz, pacíficos, alegres e fortificantes. E a melhor notícia que encontrei até agora na minha jornada é que a ciência ainda prevalece.

JUNTANDO TUDO

De muitas maneiras, minha vida é um laboratório microcósmico do novo paradigma da realidade, no qual convergem a ciência e a espiritualidade. Para mim, Deus – espírito santo, consciência mais elevada, ou eu transcendental – encontra-se dentro do mundo não material, não local, que é a fonte de nossa mente, dos pensamentos e das emoções. Chamo isso de reino da informação, ou "inforeino", mas também pode ser campo das possibilidades infinitas, campo não local ou ponto zero. Nesse domínio, que está em todo lugar e em lugar nenhum, estamos todos conectados, somos todos um. Para mim, isto fornece o componente espiritual de nossa interrelação como seres humanos, ligados a uma divindade maior.

Na qualidade de cientista de laboratório, ao olhar pelo meu microscópio muitos anos atrás, vi de primeira mão a unidade da vida. Foi estonteante descobrir que simples criaturas unicelulares têm os mesmos substratos bioquímicos para emoções – as minúsculas moléculas de peptídeos e proteínas, conhecidas como endorfinas e receptores opioides – que nós, seres humanos. Esses mecanismos biológicos fundamentais se conservam por milênios da evolução, conectando-nos profundamente, seres humanos e animais, em nossa experiência de estarmos vivos.

Quanto à religião, prefiro falar de espiritualidade. Colho muita sabedoria dos ensinamentos de Cristo, e escrevi no passado sobre a experiência de perdão que mudou minha vida, quando eu cantava no coro da igreja. Com o passar dos anos, revisitei minhas raízes religiosas do judaísmo e do cristianismo, absorvendo a maneira oriental de ver e acabei abraçando um tipo de espiritualidade eclética. Mas, basicamente, sou uma cientista a olhar o reino do espírito, abordando-o com evidências fundamentais e observáveis e, a partir dos dados vistos, não posso mais negar a existência de Deus.

Em matéria de juntar ciência e Deus, estou em boa companhia com outro cientista, alguém muito mais famoso e influente do que eu: Albert Einstein. Sua jornada profissional o trouxe a uma epifania pessoal, na qual ele proclamou que, quanto mais entendia o universo, mais acreditava que um Criador estava atuando.

DESPERTAR ESPIRITUAL: FILHO DO NOVO PARADIGMA

O ponto de mutação na minha evolução espiritual, bem como no meu desenvolvimento de cientista, ocorreu em 1985, num simpósio científico sobre a aids, na ilha de Mauí, no Havaí. Foi lá que ouvi e segui a voz de Deus, uma orientação interna que estabeleceu a missão e o objetivo de minha vida para os próximos vinte anos, e hoje continua a direcionar minha pesquisa.

Em 1997, meu primeiro livro descrevia como desenvolvi minha teoria das emoções, e como o meu marido, o dr. Michael Ruff, e eu provocamos uma revolução interdisciplinar, ao mostrar que o corpo e a mente estão inextricavelmente vinculados em uma única entidade. Mas a verdadeira razão para eu escrever o livro foi contar a história da nossa invenção conjunta – uma droga altamente potente e não tóxica, a ser usada no tratamento de aids, chamada Peptídeo T.

A concepção do Peptídeo T aconteceu depois que Michael e eu fizemos uma caminhada até o topo da Cratera do Haleakala, no Mauí e, em seguida, falamos no primeiro simpósio sobre neuroaids, na Faculdade Americana de Neuropsicofarmacologia. Era o ano de 1985, e neuroaids era a doença recém-reconhecida, na qual o vírus HIV afetava o funcionamento do cérebro.

Após Michael e eu deixarmos a trilha e voltarmos ao nível do mar, sentimo-nos exultantes da aventura cansativa, mas inspiradora, que aumentou nossos níveis de endorfina, e ávidos para estar na conferência. Tínhamos muitos dados bons a apresentar sobre o receptor celular, compartilhado pelo cérebro e o sistema imunológico – uma minúscula estrutura na superfície das células – chamado receptor CD4. Na época, pensava-se que este era o único ponto de entrada na célula para a infecção do HIV, e encontrá-lo no cérebro e nas células imunológicas tinha todo tipo de implicações muito excitantes para se descobrir um tratamento.

Sentados na audiência, ainda num estado alterado depois da viagem de ida e volta de doze milhas, oito mil pés de escalada e caminhada através da cratera, ouvíamos cuidadosamente aquilo que os outros apresentavam sobre a nova doença conhecida como aids. Até então, a doença me parecia um tanto abstrata. Cientistas no departamento de doenças infecciosas do nosso mundo de pesquisa, os Institutos Nacionais de Saúde, estavam trabalhando nisso, mas nós, da saúde mental, não lhe havíamos dedicado muita atenção.

A última conferencista a falar antes de mim, uma psicóloga, mostrou slides de seus pacientes devastados pela doença – a maioria artistas, músicos e homens com aparência sensível, das comunidades homossexuais de San Francisco, Provincetown, Massachusetts e a Cidade de Nova York. Assistindo aos slides, tive a oportunidade de estudar os rostos encovados e aterrorizados desses seres humanos sofridos. Senti meu coração se abrir de compaixão pela tormenta deles, e fiquei tão comovida com a intensidade de sua doença que meus olhos se encheram de lágrimas e tive que reprimir os soluços. Há dias em que choro pelas mulheres, crianças, aldeias, sociedades e nações que carregam as marcas da pandemia atual.

Finalmente, chegou a minha vez de falar. Eu me levantei e caminhei lentamente até o pódio para começar a minha palestra. Eu estava alerta e emocionalmente aberta, enquanto clicava meus slides, descrevendo os dados brutos. Foi perto do final da minha apresentação, quando estava mostrando uma imagem de como os receptores CD4 se distribuíam no cérebro, que ouvi palavras não planejadas saindo da minha boca.

"Temos aqui o que parece um padrão de receptor-peptídeo típico", comecei, apontando para o padrão de receptores onde o vírus estava se conectando. Mas fiquei chocada quando em seguida falei: "Se conseguíssemos encontrar o peptídeo corporal natural que encaixe neste receptor CD4 e bloqueie a entrada do vírus, poderíamos manufaturar este peptídeo e produzir uma droga que seria eficiente e não tóxica para tratar a aids".

Fiquei tão surpresa ao ouvir minhas próprias palavras que parei, e no intervalo ouvi uma voz – alta e bombástica – vinda de dentro da minha cabeça e me ordenando: E você deve fazer isso!

Era a voz de Deus que me falava? Talvez fosse a minha mente subconsciente, ou o inconsciente arquetípico, ou uma consciência superior espiritual – eu não sabia! Só tinha certeza de que recebi ordens expressas para encontrar o peptídeo próprio do corpo, que se encaixasse num receptor, para inibir a entrada do vírus e, então, criar uma droga dele no laboratório. Fiquei imediatamente entusiasmada com a possibilidade de um tratamento para a aids baseado em receptor, totalmente natural, uma imitação da substância química interna do próprio corpo!

Logo na manhã seguinte, eu estava ao telefone falando do Havaí com o meu laboratório em Maryland, montando uma pesquisa de dados com a ajuda do computador, para o nosso peptídeo bloqueador de entrada. Na época, os cientistas haviam esmiuçado a sequência completa de mais de cinco mil aminoácidos para a parte do vírus HIV que cabe no receptor para conseguir entrar. Agora tudo o que precisávamos fazer era buscar os peptídeos sequenciais do corpo que combinassem.

Logo o encontramos. O peptídeo combinante tinha o comprimento de apenas oito aminoácidos, tornando a sua produção rápida e fácil. Fizemos uma experiência para mostrar como funcionava a nossa versão, feita em laboratório, da substância química do próprio corpo; e, em 1986, publicamos os nossos resultados muito positivos em *Proceedings of the National Academy of Sciences* (Protocolo da Academia Nacional de Ciências), uma das publicações mais prestigiosas e quase inacessíveis da comunidade científica. Descobrimos uma mimética (ou "imitação") do hormônio neuropeptídeo, própria do corpo, um tratamento antiviral para a aids, altamente potente e natural, que chamamos de Threonine, ou Peptídeo T, segundo o aminoácido que compunha quatro dos oito da cadeia.

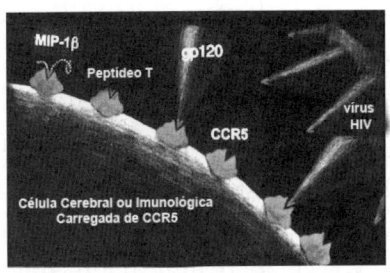

Por conta própria

Eu sinceramente acreditava que, dentro de alguns meses, o governo americano apoiaria Michael e eu na nossa pesquisa e nos testes clínicos do Peptídeo T. Mas outros laboratórios que testavam a droga reclamaram da "falha em reproduzir", o que significava que eles não estavam conseguindo fazer o que dissemos que tínhamos feito em nosso laboratório, fato que quase emitiu uma sentença de morte ao nosso empreendimento. A chance de desenvolver o Peptídeo T no NIMH acabou, assim deixamos os melhores empregos em pesquisa biomédica e abraçamos a oferta de uma fundação particular, para continuar a pesquisa por conta própria.

Revendo os fatos, a falha em reproduzir ocorreu porque na época os cientistas acreditaram que havia um único receptor, o CD4, usado pelo vírus HIV para entrar na célula. Mas, dez anos mais tarde, em 1995, cientistas descobriram que outros correceptores eram necessários para que o vírus entrasse na célula. Um desses foi o chamado receptor CCR5, cujo encaixe natural era um grupo de peptídeos chamados "quemoquinos". Conseguimos a comprovação sem qualquer sombra de dúvida e, finalmente, publicamos vários artigos, mostrando que CCR5 é o receptor para o Peptídeo T, não CD4.

O esquisito é que CCR5 acabou sendo o alvo terapêutico mais importante e, hoje em dia, muitos laboratórios farmacêuticos grandes estão buscando um antiviral não tóxico que bloqueie este receptor. A palavra *weird*, (esquisito, sobrenatural) em inglês, vem da palavra anglossaxônica que significa "espiritual" e "relacionada a destino", e tudo sobre a descoberta do Peptídeo T cabe nessa descrição – isto é, sorte que desafia as diferenças.

O Peptídeo T foi descoberto quase dez anos antes de se constatar que os receptores quemoquinos eram usados pelo HIV, e ele foi demonstrado como um antiviral pela primeira vez no laboratório do NIH de Frank Ruscetti, o único sujeito que estudava o seu próprio vírus, uma variante do qual usava CCR5 para infectar células! (Veja-se, quando o Peptídeo T foi descoberto, virtualmente um em cada dois virólogos estava trabalhando com a variante de laboratório, que usava o chamado receptor quemoquino X4. Embora este tipo de vírus raramente ocorra em pessoas, foi o primeiro a ser isolado e distribuído para que se fizessem experiências em tubos de ensaio.)

Nada surpreendente que as pessoas "não conseguiam reproduzir" as nossas experiências anteriores com o Peptídeo T! Hoje em dia, sabemos que usavam o vírus errado, mas, naquela época, fiquei desconsolada, desesperada e paranoica, pois os recursos farmacêuticos e governamentais foram despejados para testes de outras drogas menos promissoras (a meu ver), apesar dos benefícios clínicos iniciais com o Peptídeo T.

Eu queria saber: *será que isso está acontecendo porque sou uma mulher que não mede palavras? Não sou um dos virólogos bem comportados do NIH, mas uma marginal do instituto de saúde mental atrapalhando o caminho?*

Tentei achar alguém para por a culpa mas, talvez furiosa na minha petulância, eu estivesse apenas sabotando meus próprios esforços.

Os recursos para o Peptídeo T acabaram chegando, embora devagar e dolorosamente, depois que Michael e eu criamos uma fundação e nós mesmos levantarmos os fundos. Hoje em dia, a nossa droga tem sido testada em várias clínicas experimentais com resultados positivos. Os dados publicados mostram que o Peptídeo T é altamente promissor para tratar efetivamente e até curar a doença do HIV por causa das coisas que faz. Dois efeitos importantes são: baixar o nível do vírus no plasma sanguíneo humano e lavar os reservatórios celulares onde o vírus se esconde, esperando para emergir e reinfectar novas células.

Descoberta precoce

Hoje em dia, o vírus HIV se tornou a pandemia global, infectando uma estimativa de 40,3 milhões de pessoas, incluindo 5,1 milhões na Índia e um recorde de um milhão nos Estados Unidos. Segundo um relatório de 2005 da Organização Mundial de Saúde das Nações Unidas, aconteceu certo progresso com remédios atuais na África, onde estão mais de 60 por cento de todas as pessoas infectadas com HIV, mulheres e crianças sendo as vítimas mais comuns. Mas se tornam urgentes programas de tratamento mais agressivo, pois o vírus continua se espalhando e mudando. Apenas uma minúscula fração de pessoas com HIV recebe terapia antiviral eficiente (HAART), uma combinação de tratamentos atuais. Existem 17 milhões de crianças no mundo que ficaram órfãs por causa da aids, e todos os dias mais de 1400 crianças na África sub-Saariana morrem dessa doença.

Michael e eu, por causa da batalha particular contra a política e a economia, que impediram que o nosso remédio fosse para o mercado, chegamos a entender um conceito chamado "descoberta precoce". Isto ocorre quando uma descoberta é tão radical, tão avançada e fora de sintonia com o pensamento vigente, que alguns detalhes acabam não sendo totalmente precisos ou completos. Os pingos não estão nos is, e as pessoas não conseguem acreditar. Mesmo que algo seja validado por uma equipe de pesquisadores, muitas vezes não é validado por nenhuma outra equipe, fato que provoca a sentença de morte por falha em reproduzir, que nós recebemos para o Peptídeo T.

É interessante que descobertas precoces frequentemente se creditam a cientistas mulheres, cujo pensamento intuitivo pode estar à frente do seu tempo. A ideia de que a mente consciente cura o corpo pode cair nessa categoria, e assim é eliminada como algo novo que abala o paradigma reinante.

Fiquei pensando: *Será realmente que os nossos colegas cientistas não estavam prontos para o Peptídeo T, ou será que, de alguma forma metafísica, não eram com quem eu precisava estar para a nossa descoberta extraordinária ser levada à sua manifestação final?* Em ambos os casos, o avanço científico continua sem divulgação, uma descoberta de potencial infinito ainda não está nas mãos das pessoas que precisam dela.

Michael e eu fundamos recentemente uma empresa chamada Farmacêutica RAPID: Receptor Active Peptides Into Drugs (Peptídeos Ativos a Receptores transformados em Remédios). O objetivo dessa organização é levantar dinheiro para desenvolver o Peptídeo T para a aids. Agora, ainda falta garantir a licença comercial do governo para nos conceder a propriedade da nossa invenção, deixando-nos finalmente levantar os fundos necessários para começar testes clínicos novos e conclusivos.

Consciência e Realidade

A descoberta do Peptídeo T foi o ponto de mutação para que eu abraçasse o poder da consciência de manifestar milagres e fazer acontecer futuros imprevisíveis, e isso tem sido uma viagem humilhante. Não foi minha ideia procurar esta descoberta precoce – eu simplesmente obedeci a ordens!

Mas permiti que a compaixão por pessoas que sofriam de aids me comovesse, e essa foi a chave para eu ouvir a minha voz interior. Eu disse que as emoções fazem a ponte que liga o mundo espiritual ao material, e a descoberta do Peptídeo T demonstra claramente que é verdade. Quando nossos corações estão abertos e nossos sentimentos fluem como devem, todos nós somos vulneráveis ao divino. No caso da minha descoberta, a compaixão abriu a porta para que eu literalmente visse e ouvisse uma maneira de acabar com a doença.

Em outras palavras, quando sentimos, curamos. A palavra *heal* (curar em inglês) tem a mesma origem das palavras *whole* (inteiro) e *holy* (sagrado), apontando para um relacionamento entre corpo e espírito. Todas as emoções nos aproximam da nossa verdadeira natureza e da poderosa capacidade criadora, que tanto pode ser chamada de "consciência" ou "Deus". A maneira que os nossos elementos bioquímicos da emoção tornam isso possível, a própria fisiologia do corpomente, é a base científica de sentir-se bem e sentir Deus.

Aterrissando em Tucson

Quando a aeromoça me pediu que eu guardasse o meu laptop para a aterrissagem, me apressei a organizar os últimos slides para a minha palestra. Olhei para o relógio, em pânico crescente, e percebi que de novo seria apertado. O avião estava atrasado em mais de meia hora, deixando-me alguns momentos para fechar os olhos e repassar o que precisava ser feito antes da apresentação, que era dali a menos de uma hora e meia.

A senhora professora e eu nos despedimos, desejando-nos mutuamente boa sorte nas palestras. Invejei sua compostura e o fato de que o evento dela era no dia seguinte. *Por que eu me castigo desse jeito, agendando as coisas de forma tão apertada?* Eu me perguntava pela centésima vez, agarrando minha maleta e abrindo caminho até a frente do avião. Uma vez no solo, encontrei meus anfitriões, Joan e Nick, que gentilmente me levaram no carro deles até o hotel no qual eu iria me preparar para a palestra.

Enquanto eu tomava um banho e me vestia apressadamente, meus pensamentos se voltaram ao encontro com Nancy Marriott, minha amiga de muito tempo e colaboradora na escrita do meu primeiro livro, que viria de Santa Bárbara. Nós nos vimos um mês antes, em fevereiro, quando eu me apresentara numa conferência em Santa Mônica para o público de *Quem somos nós?!*. Nancy adorou o filme e ficou entusiasmada com a minha nova fama, mas eu me sentia perturbada com o crédito excessivo que me deram, simplesmente por eu permitir que me filmassem numa entrevista de alguns minutos.

O nosso encontro em Santa Mônica, porém, foi propício. Nancy e eu ficamos chocando a ideia de escrever outro livro e combinamos um encontro em Tucson para compor uma proposta ao editor. Enquanto eu me concentrava e revisava as derradeiras anotações e os slides, meus pensamentos voltaram para aquela conversa. Eu não sabia, na época, que este fato nos levaria, durante o ano seguinte, a uma aventura de crescimento, consciência e manifestação além de tudo que pudéssemos imaginar.

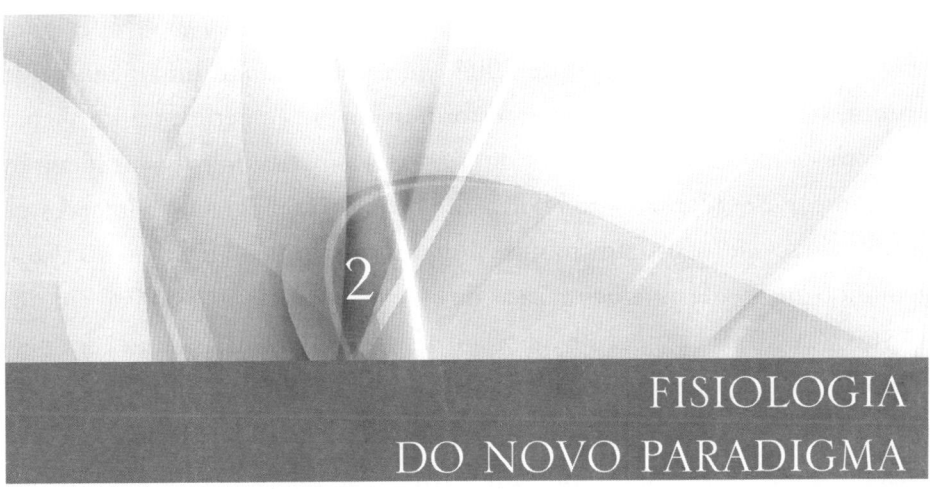

2
FISIOLOGIA DO NOVO PARADIGMA

"Lá está ela!" ouvi minha filha Vanessa gritar quando viu Nancy, abrindo caminho no meio de uma multidão, no lobby do hotel, em Santa Mônica. Ela olhava as vitrines de joias e de roupas quando Vanessa a localizou e acenou para ela. Eu estava contente que Vanessa viera comigo, não só pela oportunidade de estarmos juntas mãe e filha, mas porque ela era uma excelente assistente e planejadora. Como de costume, a sua conduta calma compunha, com a minha expressão mais espontânea, um excelente equilíbrio.

Nancy e eu nos abraçamos calorosamente e depois nós três caminhamos rapidamente até o restaurante do hotel, passando pelas pessoas que estavam ali no intervalo das palestras. Nancy não via Vanessa desde quando ela era criança, embora as duas tivessem se falado quando minha filha ajudou na escrita do meu primeiro livro. Agora elas tinham um tempo curto para se reaproximarem.

"Vanessa teve de me esconder no elevador de serviço para fugir depois da minha palestra", contei à minha amiga. "Vamos almoçar antes de eu ter de voltar lá, para a mesa redonda das duas da tarde".

A última vez em que vi Nancy foi na Costa Leste, dois anos atrás, quando ambas visitávamos nossas famílias em New England, no verão. Minha irmã e o irmão dela moram em Lyme, Connecticut, facilitando os nossos encontros para mantermos a amizade, apesar de vivermos em lados opostos do continente. Naquele ano, havíamos incluído uma viagem até Vermont para ficar na casa da filha de Nancy, à beria do lago, e tivemos o prazer de por as coisas em dia, relaxar e brincar com a nova bisneta da minha amiga.

Mas tudo isso foi antes de eu aparecer no filme *Quem somos nós?!*, exibido nas salas de cinema, no final de 2004, que acabou tendo uma quantidade enorme de seguidores e quase se transformou em uma espécie de culto. Agora milhares de fãs entusiasmados, vindos de todas as partes do país, entupiam os corredores e elevadores do hotel de Santa Mônica, comparando anotações de quantas vezes eles assistiram ao filme. Alguns o assistiram até 30 ou 40 vezes, reunindo grupos de amigos em salas de cinema e transformando isso em um evento social. Nancy me disse que ela o assistiu alguns meses antes com pessoas que faziam parte de sua comunidade de consciência em Santa Bárbara.

Sempre que eu vinha à Califórnia, ligava para Nancy e combinava de nos encontrarmos, gostando da oportunidade de renovar a nossa amizade de tantos anos e nos divertir juntas. Já se passaram quase dez anos desde que Nancy me ajudara a escrever *Molecules of Emotion* (Moléculas da Emoção), o livro que me empurrou para a popularidade e para a fama atual do filme.

REENCONTRO CRIATIVO

Conseguimos uma mesa, pedimos o almoço e a conversa se voltou para as coisas importantes: maridos, filhos, carreiras, crises de crescimento pessoal, e deslanches de carreira. Vanessa logo foi embora para cuidar das relações públicas, depois de arranjar uma pessoa da equipe da conferência para montar guarda e manter afastados os fãs ansiosos demais, enquanto eu almoçava com a minha amiga.

"Não é uma loucura?" disse eu, mostrando entusiasmada o restaurante e o lobby do hotel, onde se reunia uma multidão ruidosa. "Eu os chamo de *Bleepers*[1] e parece que eles acham que eu tenho alguma resposta".

"Eu sei", Nancy me interrompeu. "É por isso que você quer escrever outro livro!". Ela ergueu os olhos da salada e esperou minha resposta. Não era a primeira vez que Nancy trazia a ideia de outro grande projeto de publicação, mas eu sempre acabava logo com isso. Aqui, porém, onde minha popularidade estava tão evidente, eu me sentia mais aberta para a possibilidade, embora não convencida.

---

[1] Do nome do filme *Quem somos nós?!* Em inglês: What the Bleep do we (k)now!!?

"Eu não sei". Hesitei. "As pessoas de fato anseiam por algo que elas acreditam que eu posso lhes dar. Aposto que anseiam por um sentido espiritual na vida delas, e esperam encontrar ciência de verdade que apoie isto". Dei um profundo suspiro.

A convergência da espiritualidade e ciência foi o tema de *Quem somos nós?!*, embora alguns expectadores achassem que maior ênfase fora dada a preocupações mais elevadas do que à ciência. Mas o filme tinha colocado uma fascinante proposição: num mundo quântico, onde existem infinitas possibilidades, criamos a nossa experiência da realidade. Eu fui a única bióloga entre os *experts* e conferencistas: físicos quânticos, teólogos, psiquiatras, quiropráticos, e uma médium da Nova Era, chamada J. Z. Knight, que foi a única conferencista mulher do filme, além de mim.

"Mas veja", continuei, "só quero, a essa altura da minha vida, conseguir colocar o meu remédio para aids no mercado, para que esteja disponível às pessoas que precisam. Estar no circuito de palestras é o meu trabalho ocasional! Sou uma cientista séria e minha missão é encontrar cura para doenças, especificamente, peptídeos receptor-ativos para combater muitas enfermidades, não só a aids. Mais do que qualquer coisa, eu quero é estar no meu laboratório, não escrever outro livro."

Nancy ouvia e se mantinha à distância.

"E então, é tudo culpa de J. Z.", brinquei. "Se eu não tivesse aceitado o convite para dar uma palestra na Escola de Iluminação dela em Yelm, Washington, eu nunca teria sido convidada para figurar no filme". Olhei ao redor para ver se J. Z. estava por perto e ouviu o que eu disse.

Anos atrás, contei a Nancy minhas aventuras com Ramtha, o nome de um sábio de milhares de anos de idade, canalizado por J. Z. Knight, uma mulher brilhante e feminina, com um excelente senso para negócios. Achei interessante que a voz que ela usava para transmitir os ensinamentos de Ramtha era a de um guerreiro bem másculo, que sobrepujava o tamanho diminuto dela e a fazia parecer muito maior. Cientistas orientados por dr. Stanley Krippner, da Escola Graduada e Centro de Pesquisas Saybrook haviam demonstrado que J. Z. não é uma "personalidade múltipla", porque "ela tem acesso a Ramtha por meio de um procedimento voluntário".

Na minha viagem a Yelm, fiquei sabendo que a mestra da Nova Era tornou o meu livro, *Moléculas da Emoção,* leitura obrigatória para seus alunos, abarrotando a livraria local com centenas de exemplares, expostos numa montagem piramidal, na vitrine da frente. Descobri que J. Z. era a proprietária da livraria. Ela queria absorver a física quântica e a nova biologia na articulação das suas ideias e havia se apaixonado pela neurociência que apoia o conceito de que você pode criar sua própria realidade.

Pouco depois de chegar à escola de J. Z., conduziram-me a um enorme salão, onde os alunos dela aguardavam havia horas. Enquanto eles aplaudiam entusiasticamente, notei cintilações de luz cor de rosa pairando acima de suas cabeças. Mais tarde, perguntei a minha anfitriã se eles usavam efeitos especiais, o que ela negou.

"O que você vê é o amor que eles estão gerando por você", explicou. Embora eu estivesse numa reunião de Nova Era, ainda era uma cientista cética e não acreditava realmente em cintilantes auras cor-de-rosa. Mas eu sabia o que tinha visto, e isso me intrigava.

Nancy continuou: "Candace, J. Z. sabia como fazer isso e eu também sei. Você, com sua formação científica, possui informações que podem fazer uma enorme diferença. Baseada em suas descobertas, você pode dar às pessoas uma maneira nova e poderosa de pensar sobre si mesmas, sobre seus corpos e suas mentes. Você tem a chave para a saúde e o bem-estar, para a integridade, um novo paradigma para o futuro!". Nancy estava jogando duro.

"E, o mais importante, você é uma cientista de verdade, não um guru de autoajuda dando conselhos. Você é real, genuína: uma importante pesquisadora médica com credenciais superiores. As pessoas prestam atenção quando você fala, e elas querem ouvir o que você tem a dizer".

Ponderei as palavras da minha amiga e depois respondi, "Veja, existem somente duas razões pelas quais eu diria sim para escrever outro livro. Uma é que eu preciso de dinheiro!". Nós rimos, mas a verdade era que o investidor particular do Peptídeo T havia acabado de se retirar abruptamente, deixando Mike e eu sem salário regular. As nossas economias estavam periclitantes e meus compromissos para palestras eram a única fonte de renda no momento.

"E em segundo lugar", continuei, "é porque *você* faria isso comigo. Você me conhece como ninguém, exceto talvez Mike e meus filhos. Em alguns aspectos, você me conhece até melhor, porque crescemos juntas; somos da mesma geração".

Nancy balançou a cabeça, concordando, e continuei. "Vamos olhar para isso: a verdade é que somos o passado uma da outra! E chegamos a perceber que a cura do passado é a chave para que o Peptídeo T alcance o mercado. Deus sabe há quantos anos eu faço de tudo para me aprimorar, trabalho corporal, meditação e cura energética, e já percorri um bocado de coisas. Mas ainda há caminhos a percorrer, e acredito que você e eu, juntas, podemos nos ajudar mutuamente a crescer".

Nancy ouvia atentamente e, no seu silêncio, continuei falando: "Se nós fossemos escrever um livro juntas, teria que ser sobre crescimento e cura, bem como sobre ciência". Fiz uma pausa. "Isto não só é honesto, mas também se eu puder curar minhas questões básicas e parar de sabotar meu progresso com o Peptídeo T, terá valido a pena para mim. Porque então o mundo teria a primeira droga antiviral de baixo custo, não tóxica, para combater a pandemia global da aids, que é realmente o sentido da minha vida". O desafio estava lançado.

"Você joga bem alto", disse Nancy, contemplando a enorme possibilidade da nossa empreitada conjunta.

E ela tinha razão. Eis que eu estava sugerindo que nós não apenas escrevêssemos um livro, que alteraria o entendimento da mente e do corpo das pessoas, mas também conquistaria grande cura e crescimento pessoal no processo. E, além disso, eu pretendia fazer e comercializar uma nova droga para erradicar o vírus da aids da face da Terra!

"Bem, eu topo, é claro", Nancy declarou, expressando a confiança e o senso de aventura que eu sabia que ela possuía. "É grande, mas ainda assim eu quero jogar".

"Bom, porque sei que podemos fazer isso juntas", afirmei, fechando o acordo. "Nesse livro, nós não só vamos atualizar as pessoas quanto à mais recente ciência corpomente, mas também lhes daremos o que elas realmente querem, que é orientação de como se sentir bem, física e espiritualmente. As pessoas querem *sentir-se bem* e *sentir Deus*, e o caminho para chegar lá é pelas emoções. Elas ligam o corpo à alma e, assim, são a chave para transformar qualquer coisa, tudo".

"Tudo isso parece maravilhoso", Nancy interferiu. "Mas dessa vez, vamos simplificar a ciência. Quero que todos sejam capazes de entender". Gostei da proposta e prestei atenção à sua ideia. "Por exemplo, quando você diz, 'seu corpo é a sua mente subconsciente', torna-se bem simples as pessoas captarem o mecanismo subjacente de como as células se comunicam através de peptídeos, manifestando isso em vibrações, emoções e comportamentos. *Quem somos nós?!* tentou mostrar a biologia, fazendo com que personagens de desenhos animados representassem diferentes emoções, soltas sobre um grupo de pessoas numa festa".

"Concordo, e podemos fazer melhor que isso", respondi. "O filme era arte, não ciência, e é claro, os produtores podiam utilizar licença poética". Olhei ao redor do restaurante e percebi que as multidões diminuíam, pois as pessoas voltavam para o salão principal, onde o próximo evento estava para começar.

"Você precisa estar nesta mesa redonda agora?" perguntou Nancy.

"Sim, mas vamos lá fora tomar um pouco de sol; como adoro o sol da Califórnia! Vou lhe dar uma aula básica do que chamo de fisiologia do novo paradigma. Não se preocupe, vou lhe dar a versão simples, aquilo que qualquer leitor pode entender, e você vai precisar como base para o livro que vamos escrever. Você trouxe o gravador?".

Ela o trouxera, sabendo, por experiência, que, se eu concordasse em escrever um livro, o processo poderia começar a qualquer momento. Pedi ao nosso encarregado da mesa avisar Vanessa de que eu me atrasaria alguns minutos para a mesa redonda e nós escapulimos para a varanda, a fim de falar de ciência e aproveitar o sol.

Receptor-ologia básica

"A explicação básica de como o corpo e a mente são um – a fisiologia do novo paradigma – envolve um pouco de bioquímica simples", comecei, depois que Nancy deu o sinal de que o gravador estava ligado.

"Para começar, virtualmente cada célula do corpo é salpicada com milhares de minúsculas estruturas, chamadas receptores. Igual aos órgãos dos sentidos, olhos, nariz e ouvidos, a tarefa dos receptores é captar sinais vindos do espaço ao redor. Eles são tão importantes que quarenta por cento do nosso DNA é dedicado a garantir que eles sejam perfeitamente reproduzidos, de geração em geração.

"Uma vez que os receptores recebem um sinal, a informação é transferida para bem fundo no interior da célula, onde minúsculos motores entram em ação e iniciam processos-chave. Os dados que chegam assim orientam a divisão celular e seu crescimento, a migração das células para atacar inimigos e fazer reparos, e o metabolismo das células para conservar ou gastar energia – só para citar algumas das atividades ativadas por receptores.

"O sinal vem de outras células e é levado por um suco que chamamos de substância informacional. Esses sucos do cérebro, órgãos sexuais, intestino e coração, literalmente de todos os lugares, comunicam de célula para célula, fornecendo uma infraestrutura para a 'conversa' que acontece em todo o corpomente. Esses sucos são conhecidos como hormônios, neurotransmissores e peptídeos, e nós, cientistas, nos referimos aos três com uma palavra: *ligand*. Este termo vem de *ligare*, uma palavra latina que significa "ligar", e é usada por causa da intensidade com que as substâncias se acoplam aos receptores na superfície da célula.

"Ligands carregados de informação são responsáveis por noventa e oito por cento de toda a transferência de dados no corpo e no cérebro. Os outros dois por cento de comunicação acontecem na sinapse, entre células cerebrais disparando e soltando neurotransmissores através de uma fenda, para atingir receptores do outro lado. Em *Quem somos nós?!*, as audiências viram, em desenho animado, uma tempestade elétrica que acontecia no cérebro, para mostrar como é essa atividade sináptica. Mas o que não viram é que neurônios com a mesma atividade elétrica faiscante disparam pelo corpo todo, não só no cérebro.

"Meus ligands favoritos são os peptídeos, que consistem em uma cadeia de aminoácidos, unidos como contas de um colar; cadeias maiores de aminoácidos são chamadas proteínas. Existem mais de 200 peptídeos mapeados no cérebro e no corpo, cada um tocando um acorde emocional complexo – como contentamento, fome, raiva, relaxamento ou saciedade – quando o seu sinal é recebido pela célula. Dediquei minha carreira de mais de trinta anos ao estudo de peptídeos com endorfinas e outras substâncias.

"Além disso, todos deveriam saber que a maioria dos ligands possui equivalentes químicos encontrados fora do corpo, tais como Valium, maconha, cocaína, álcool e cafeína, citando só alguns.

"Você aprendeu sobre os dois componentes deste sistema de comunicação corpomente – o receptor e o ligand. São as 'moléculas da emoção'. Mas como é que os dois encontram um ao outro nos vastos espaços intercelulares, engancham-se ou se ligam e depois transferem informação vital, afetando a atividade celular no corpo todo?

"Costumávamos explicar a atração por uma qualidade chamada especificidade de receptor, ou seja: cada receptor tem uma forma específica para se encaixar somente num único ligand. Um modelo de chave e fechadura ajudava a visualizar este método de conexão, ou ligação. A 'chave' (um peptídeo) passa flutuando até encontrar sua perfeita 'fechadura' (o receptor). A chave entra na fechadura, abrindo a 'trava' da célula, e as atividades celulares começam.

"Embora isso não seja totalmente preciso, agora entendemos um relacionamento mais dinâmico entre ligand e receptor, envolvendo algo chamado 'atração vibracional'. Assentado na superfície da célula, o receptor se agita e trepida, mudando de uma configuração para outra, num constante estado de fluxo. Esta dança cria uma vibração que ressoa com um ligand que vibra na mesma frequência, e eles começam a ressoar juntos.

"Ressonância celular – é como quando você puxa uma corda em dois violões diferentes na mesma sala – uma vai ressoar com a outra, ambas na mesma nota. Isto cria uma força de atração, a maneira que os peptídeos ressoam com os seus receptores e se juntam para tocar aquele acorde emocional. E é aí que a música começa!

"Eu disse que as emoções são o vínculo entre o corpo físico e os estados não físicos da consciência, e o local de ligação do receptor é onde isto acontece! A vibração atrativa é a emoção, e a conexão real – peptídeo com receptor – é a manifestação do sentimento no mundo físico. É por isso que eu chamo de moléculas da emoção os peptídeos e seus receptores.

"Qual é o resultado de toda essa atividade? Na escala do corpo todo, os receptores são alvos moleculares dinâmicos, que modulam nossa fisiologia em resposta à nossa experiência. As emoções influenciam as moléculas que, por sua vez, afetam a maneira como nos sentimos. Um exemplo é que os receptores aumentam e diminuem em número e em sensibilidade, dependendo da frequência em que são ocupados por peptídeos ou outras substâncias informacionais. Em outras palavras, o nosso corpo físico pode ser modificado pelas emoções que experimentamos.

"E uma última coisa. Costumávamos pensar que os peptídeos se acoplavam a um único receptor, mas agora sabemos que receptores muitas vezes se aglomeram em apertados complexos múltiplos. Juntos, eles formam as paredes de canais profundos que vão para o interior da célula; e se abrem e se fecham em ação rítmica e de bombeamento. Ao se movimentar, estes canais deixam substâncias entrar e sair da célula, estabelecendo um fluxo iônico, ou corrente elétrica, que então corre pelo corpomente todo.

"Uma das coisas que esta corrente faz é influenciar o disparo do 'ponto de estabelecimento' de neurônios no cérebro, determinando o caminho da ativação das células cerebrais. Assim você pode ver que as moléculas da emoção afetam diretamente a maneira que você pensa! Se tivéssemos de mostrar uma versão em desenho animado do processo todo – peptídeos ligando, receptores bombeando, corrente elétrica saindo – veríamos nuvens brilhantes e coloridas de energia cantante, vibrante, cercando cada célula; e ouviríamos ao fundo um coro de vozes ressonantes."

Nancy prestava muita atenção, deixando que eu tomasse conta do espaço. Finalmente parei e perguntei se ela tinha perguntas.

"Você está dizendo que esses peptídeos e receptores, as moléculas da emoção, de fato produzem as emoções?" Nancy perguntou. "Elas é que vêm primeiro, e depois temos os sentimentos?".

"Não é uma relação de causa e efeito", respondi. "E sim, acontece simultaneamente, tudo de uma vez. Lembre-se, essas moléculas são as emoções, não a sua causa. Aquilo que experimentamos como um 'sentimento' é a dança vibracional real que acontece quando os peptídeos se ligam aos seus receptores, independente de acontecerem na consciência. Por baixo do que percebemos acontecer, uma enorme quantidade de informações mediadas emocionalmente está sendo intercambiada pelo corpo e cérebro, a maior parte da qual jamais chega à consciência. É por isso que eu digo: *Seu corpo é a sua mente subsconsciente*".

Eu parei e dei um profundo suspiro. "Agora você entende?" perguntei, vendo a Vanessa através do vidro das portas de correr, acenando para eu voltar para dentro.

CRIANDO A REALIDADE

"Só mais uma pergunta", respondeu Nancy. "Fale mais sobre como toda essa coisa de emoções se relaciona com a criação da realidade – se é que a Vanessa vai nos dar mais alguns momentos". Eu acenei para a minha filha, avisando que demoraríamos só mais alguns minutos.

"Muito bem", comecei. "Primeiro, não estou dizendo nada de novo. Os antigos – civilizações inteiras, como a do Japão, Índia e China – sempre afirmavam que a consciência vem primeiro, seguida pela manifestação no universo físico. Traduzindo em nossos termos, eles acreditavam que a consciência é real, e que os átomos e as moléculas que chamamos 'realidade' não são. Primeiro vem o espírito e a mente, depois vêm as 'coisas' tangíveis.

"Nós, no Ocidente, viramos isso ao contrário: chamamos de 'real' o universo físico e consideramos a consciência como um tipo de fenômeno secundário – um efeito colateral, talvez!

"Os pensadores orientais há muito já diziam que a consciência precede o mundo material, e de fato está na própria fonte daquilo que podemos ver e tocar. Essa ideia está por aí há mais de cinco mil anos, mas parece que a nossa ciência moderna a está descobrindo de novo. Atualmente, por meio da física quântica – o estudo de níveis cada vez menores de matéria – o Oriente e o Ocidente começam a convergir e ver o plano da manifestação física não mais como o único mundo 'real'".

Nancy interveio: "Você diz que não existe realidade – nenhuma realidade única e indiscutível?".

"Sim! Cada vez mais eu chego a acreditar que existe somente o que cada um de nós percebe e então interage com isso. Mas veja como isso funciona para nos dar o paradigma médico moderno: no Ocidente, nós negamos a conexão da mente com o corpo – consciência com a matéria – desde o século XVII. Tudo começou quando o filósofo e médico francês, René Descartes, fechou negócio com o Papa para usar cadáveres humanos em sua pesquisa médica, prática que não era permitida até então. Para conseguir os corpos, Descartes teve de prometer que só estudaria o corpo físico e deixaria a alma para a salvação, tarefa exclusiva da Igreja.

"Dessa transação de cerca de 300 anos atrás, surgiu a medicina convencional, com toda a sua glória reducionista e materialista. A consciência – constituída de emoções, espírito e pensamento – foi relegada ao reino da alma e, portanto, não era para ser estudada como parte do corpo físico. Resulta que, hoje, o princípio básico do paradigma médico reinante é: *Mente e corpo estão separados, e os dois jamais se encontrarão.*

"Mesmo com o desenvolvimento da psicologia e da psiquiatria moderna, ainda não se estuda a mente e as emoções como componentes do corpo físico, mas separadas dele, num mundo à parte. Ao manter essa rachadura, ainda profundamente arraigada nas práticas médicas correntes, os médicos da 'cabeça' e os médicos do 'corpo' raramente se sentam na mesma mesa.

"Nos anos recentes, com a ajuda de novas técnicas de imagens por ressonância magnética (MRI), os neurocientistas foram procurar o local da consciência. O cérebro é um órgão físico, portanto poderíamos dizer que isso é progresso, pois os cientistas mapeiam diferentes regiões que se acendem quando se realizam funções cognitivas, tais como sonhar, meditar e pensar. Mas, infelizmente, os pesquisadores traçam uma nova fronteira no pescoço, limitando ao cérebro a busca da consciência. O vasto território abaixo da cabeça, conhecido como corpo, está fora; um preconceito que continua perpetrando a divisão entre mente e corpo na pesquisa científica."

Parei e olhei o meu relógio, e Nancy aproveitou a chance para perguntar: "Parece que estamos prontos para uma mudança de paradigma, não acha?".

"Concordo, mas não é fácil mudar os paradigmas. Em 1500, costumava-se prender e exilar cientistas que contestavam os paradigmas prevalecentes na época. Foi o que aconteceu com Galileu, quando ele mostrou ao mundo a prova da teoria de Copérnico de que a Terra girava ao redor do Sol, não o contrário. Ele desafiou uma crença que os europeus mantinham desde que largaram as tangas de peles. Galileu literalmente virou o universo conhecido do avesso e, por isso, foi colocado atrás das grades.

"A academia científica de hoje está tão indisposta a aceitar que a consciência está no corpo, como o Papa do século XVI estava indisposto a aceitar que o Sol era o centro do sistema solar conhecido. Mas em vez de prender os cientistas, a academia hoje lhes tira o laboratório, os funcionários e os sabota se eles encontram financiamento particular. O que quero dizer é que há muita resistência à ideia de que a mente está no corpo, e que o cérebro não é a mente.

"Depois que Galileu proclamou sua teoria, demorou até que se aceitasse a ideia, e quando se aceitou, demorou mais ainda a comunidade científica elaborar os detalhes. Havia órbitas a serem mapeadas, espaços a serem medidos e todos os detalhes de um novo paradigma a serem preenchidos. E assim acontece em nossa época: demora quando se propõe novas ideias. Os cientistas biomédicos estão apenas começando a investigar a conexão mente-corpo, preenchendo os detalhes e encontrando a prova de sua existência."

UMA REDE PSICOSSOMÁTICA

"Mas, contrário à crença do paradigma reinante, o corpo não existe só para carregar a cabeça! O corpo não é um apêndice pendurado no todo poderoso cérebro que governa todos os sistemas. Ao contrário, o próprio cérebro é um dos muitos pontos nodais ou de entrada na rede dinâmica de comunicação que une todos os sistemas – nervoso, endócrino, imunológico, respiratório e mais. Isso se chama rede psicossomática, e os elementos de ligação que mantêm tudo junto são as substâncias informativas – peptídeos, hormônios e neurotransmissores – as moléculas da emoção.

"Em 1985, Michael e eu propusemos a existência de uma rede psicossomática, mediada pelas emoções, e publicamos nossa teoria no *The Journal of Immunology*. Foi essa publicação científica, junto com nossa pesquisa anterior sobre a conexão entre os sistemas cerebral, endócrino e imunológico, que ajudou a lançar um novo campos conhecido como psiconeuroimunologia (PNI). PNI, embora controverso no início, hoje está forte e florescente, com milhares de cientistas participando com suas pesquisas.

"Para que se entenda essa rede psicossomática, é necessária uma nova maneira de pensar a fisiologia. No conjunto mental do paradigma reinante, usa-se o termo psicossomático pejorativamente, como se os sintomas psicossomáticos fossem falsos e não merecessem atenção nem tratamento. Afinal, eles não podem ser 'reais', porque estão *todos na sua cabeça!*

"Mas na nova visão da medicina e do bem-estar, um estado psicossomático é a base de uma abordagem nova para curar doenças; para se sentir bem emocionalmente; e para criar uma realidade diferente e mais desejável. Sim, os sintomas estão no corpo, mas também estão sempre na mente, consciente ou subconscientemente. A mente e o corpo não estão divididos em dois, portanto, aquilo que acontece em um, acontece no outro também. Esse é o princípio fundamental daquilo que chamo de fisiologia do novo paradigma.

"É claro que é controverso, porque quando vemos a *psyche* (mente) e soma (corpo) como uma só entidade – derivando o termo psicossomático – deixamos para trás o dualismo ocidental e entramos numa nova biologia mais espontânea, na qual podemos acessar estados de cura física, emocional e até planetária. O nosso corpomente (o que chegamos a chamar de "ser unificado") está planejado para perceber, interpretar e alterar a realidade, consciente ou subconscientemente. Como indivíduos, nós de fato temos um papel enorme na maneira como a vida acontece, uma responsabilidade tremendamente forte para abrir portas e conseguir acesso a possibilidades ilimitadas. E existe realmente boa ciência para explicar tudo isso..."

Vanessa apareceu de novo e dessa vez abriu a porta. "Eles já começaram a mesa redonda e estão chamando você!" disse ela com urgência.

"Tenho que correr – depois tem mais!" Eu me levantei de um salto e corri nos calcanhares de Vanessa. Nancy guardou o seu gravador e nos seguiu, correndo bem atrás de mim para conseguir entrar na sala e encontrar um assento para o evento da tarde.

Uma aventura contínua

Mais tarde naquele dia, depois que Vanessa e eu entramos num táxi em direção ao aeroporto para pegar o nosso voo de volta à capital, liguei para o celular de Nancy.

"Então, tudo combinado – de fato vamos escrever um novo livro!" eu disse. "Quer se encontrar comigo em Tucson, no mês que vem, para começar a esboçar uma proposta?".

"Sim", respondeu Nancy, com interrupções na voz, pois ela estava dirigindo pela estrada da Costa Pacífica em direção a Santa Bárbara. "Vou chegar lá a tempo de pegar sua palestra na igreja Unitária".

"Ótimo", respondi. "Vou ficar na casa dos nossos amigos quiropatas, Joan e Nicholas, e você pode ficar junto. Eles têm uma casa grande nas cercanias da cidade e nos ofereceram privacidade enquanto trabalhamos".

"Parece um arranjo perfeito. Vou estar lá com um gravador e meu laptop".

"Mal posso esperar. Nos vemos então – 'tchau'!" e desliguei.

A aventura começou! Ou eu poderia dizer, *mais um* capítulo excitante na saga contínua de amizade e criatividade que Nancy e eu compartilhamos durante tantos anos que nem dá para contar.

Memórias e reflexões

Conheci minha amiga quando estava no segundo ano da escola elementar e a mãe dela era a minha chefe de escotismo. Nancy era uma linda loura, e instantaneamente eu admirei suas longas tranças, que eram um contraste com a minha cabeleira mais escura e rala. Mais tarde, frequentamos a mesma escola secundária em Levittown, um subúrbio da cidade de Nova York, em Long Island. Nós duas éramos boas alunas, nossos caminhos se cruzavam e a amizade crescia, nos tornamos membros da sociedade seleta, artistas nas peças de teatro escolar, e alunas "avançadas" no sistema de triagem acadêmica que se propunha a preparar as crianças mais brilhantes para o futuro.

Depois da formatura do colegial, fomos para diferentes universidades, voltando para casa nos feriados e férias, quando sempre tentávamos estar juntas. Eu me casei nova, mas isso não me impediu de concluir a universidade e continuar na pós-graduação. Ainda na universidade, mal completei 20 anos de idade e dei à luz o meu primeiro filho, Evan, a quem Nancy conheceu engatinhando, quando nos visitou, a mim e meu primeiro marido, Agu Pert, no alojamento de estudantes, do qual éramos os "pais da casa", no Bryn Mawr College, em Pennsylvania. Agu fazia seu doutorado e eu concluía meu curso universitário.

Sempre que Nancy e eu nos encontrávamos, saltavam as fagulhas da aventura. Até nos tornarmos jovens mulheres, já tínhamos queimado nossos sutiãs pela libertação feminina, marchado contra a guerra no Vietnã, e aguentado a tempestade de drogas e sexo da geração Woodstock. No início da década de 1970, Nancy terminou o curso superior na Columbia University e deixou a Costa Oeste para experimentar San Francisco. Perdemos contato brevemente quando ela abraçou a contracultura para meditar com um guru, explorar vida comunitária e dar à luz uma filha.

Lá no Leste, eu estava me tornando uma superstar na comunidade científica em John Hopkins e, mais tarde, no prestigioso Instituto Nacional da Saúde. Voltei a ter contato com Nancy em 1980, quando ela veio a Washington, conduzir círculos de meditação para a paz mundial; durante as décadas seguintes, mantivemos contato transitando por caminhos de vida semelhantes.

Eu me orientalizei, tive parto natural da minha segunda filha, Vanessa, e aprendi a meditar com Deepak Chopra. Nancy ficava sabendo por intermédio do Esalen ou do Instituto de Ciências Noéticas sempre que eu ia para o Oeste dar uma palestra, e ficávamos morgando em banheiras quentes, restaurantes ou quartos de hotel para falar e brincar até altas horas da noite.

Pouco depois de eu conhecer Michael, em meados dos anos 1980, visitei Nancy em Santa Bárbara, para onde ela havia se mudado, a fim de ficar com o marido, Richard. Enquanto eu permaneci mais próxima do caminho palmilhado, Nancy se sentia mais à vontade com o não experimentado e o desconhecido e eu estava chegando lá. Nós comparávamos impressões de nossas muitas aventuras na consciência, como respiração holotrópica, trabalho corporal, processos reichianos, espiritualidade, hipnose e abordagens de cura alternativa. Essas modalidades eram populares na Costa Oeste e antes eu dependia de Nancy para que me contasse sobre elas.

Conforme crescíamos, nossos caminhos se cruzavam cada vez mais, Nancy se tornando mais pé no chão e eu levantando voo para os recônditos do país da consciência. Minha amiga havia estudado *Um Curso em Milagres* e estava se reinventando por meio dos seminários transformacionais da Educação Landmark, começando uma nova carreira de professora universitária e escritora profissional. No início dos anos 1990, nós nos encontramos e juntamos os nossos talentos para escrever um artigo sobre minhas descobertas científicas, para *Women of Power* (Mulheres de Poder), uma revista feminina alternativa.

A revista fechou pouco depois do nosso artigo aparecer, mas nós emergimos como um time bem concatenado, encorajado para assumir um projeto maior, ou seja, escrever um livro e publicá-lo. Reunimo-nos de novo em Long Island, na nossa reunião de colegial de 30 anos, a classe de 1964, onde dançamos até tarde da noite com os nossos antigos colegas de classe. No café da manhã do dia seguinte, exaustas e felizes, concordamos em escrever um livro que contaria a história das moléculas da emoção.

Dez anos depois, estávamos prontas para fazer de novo, só que dessa vez o risco era maior, agora com muito mais coisas em jogo para manifestar.

O ESPETÁCULO CONTINUA

O mês passou voando entre o nosso encontro em Santa Mônica e a minha partida para Tucson. Na manhã do meu voo, falei com Nancy ao telefone.

"Não tenho mais medo de usar a palavra com D", proclamei triunfante, a palavra com D era Deus. "Agora estou contando a verdade de costa a costa!" Ambas rimos com essa referência ao falecido Willis Harman, que havia me dito: "Candace, você é a única pessoa que conheço que tem uma personalidade da Costa Leste e da Costa Oeste!" Nancy sempre me incentivou a "tornar públicas" as minhas crenças espirituais e ficou entusiasmada que eu de fato pretendia fazer isso – uma cientista séria pronta para falar de Deus.

No quarto de hotel em Tucson me preparando para a palestra, vesti uma roupa que favorecia minha nova autoimagem – um brilhante terno de seda vermelho vivo. Nada de blusa tingida em casa nem paramento esvoaçante de deusa da Nova Era. Nem conjuntos acanhados de três peças. Minha roupa estava no ponto do meio e declarava ousadamente a minha nova posição: *eu sou uma cientista séria e pioneira corajosa que, aliás, não tem medo de falar sobre Deus!*

Nos bastidores, ouvi meu nome e saí para receber os aplausos de boas-vindas. Em pé diante do vasto e expectante espaço, uma diva que sabia divertir e também transmitir a verdade, eu me conectei com a audiência por um momento e depois comecei a falar. Em poucos minutos das minhas primeiras palavras, todos nós estávamos rindo – a multidão me acompanhando num passeio excitante pela natureza da consciência, as moléculas da emoção e a ciência de um novo paradigma da fisiologia.

3
A CIÊNCIA DAS EMOÇÕES E DA CONSCIÊNCIA

Eu olhei para a minha audiência, rezei em silêncio, me apresentei e depois mostrei o meu primeiro slide. Na tela estava uma bela mulher sexy, vestida de preto e reclinada em abandono extático. Um silêncio caiu sobre a audiência quando as pessoas apreenderam a imagem – anúncio numa revista do perfume Opium – e eu continuei a falar, entrando na informação que eles vieram ouvir ... Este capítulo é a essência da minha palestra.

A palestra em Tucson

Alegria! A respeito disso eu sei um bocado; foi o que estudei quando frequentava a Escola de Medicina John Hopkins, em 1973. Foi lá que, junto com o meu mentor, o dr. Sol Snyder, descobri o receptor opioide, a chave para o mecanismo de prazer do corpo. A descoberta causou uma revolução na ciência do cérebro e reverberou por todas as disciplinas biológicas.

Durante anos, os cientistas haviam teorizado que as drogas agiam no corpo grudando-se na superfície das células para exercer seus efeitos. Mas ninguém jamais tinha feito a experiência que demonstrava como isso funciona. Ninguém havia provado que este receptor existia, até que desenvolvi um método de tubo de ensaio, no nosso laboratório em Hopkins, para medir o receptor opiode e assim obtive o meu doutorado.

Quando um release de notícias da Associated Press voou pelo mundo, eu me vi no centro de atenção da comunidade científica. Era o primeiro receptor a ser medido por um método que, mais tarde, seria usado para medir muitos outros receptores recém-descobertos. Mas a pergunta ardente, para a qual todos queriam uma resposta era: por que existia um mecanismo natural, o receptor opioide, de modo que drogas, como morfina e heroína, agissem no corpo?

Seguiu-se uma corrida maluca, nos dois lados do Atlântico, para descobrir a morfina do corpo. Um laboratório britânico ganhou o prêmio, identificando uma minúscula cadeia proteica de aminoácidos, chamada endorfina, como a chave do receptor opioide. A endorfina, um peptídeo ligado ao receptor opioide, produzia uma "viagem" natural que as empresas farmacêuticas de todos os cantos esperavam capitalizar como um analgésico não viciante e natural, mas não seria assim.

Na retrospectiva, a descoberta do receptor opioide foi importante não porque levava a identificar a morfina própria do corpo, mas porque abria uma nova avenida exploratória para a invenção de terapias medicamentosas. O fato de que agora podíamos demonstrar que havia receptores nas células, onde os elementos químicos próprios do corpo acoplavam – e até medi-los – significava que poderíamos fazer no laboratório novos elementos químicos externos, conhecidos como remédios, para acessar a célula da mesma maneira. Esta avenida acabou conduzindo ao Peptídeo T, a terapia da aids que estou desenvolvendo atualmente com o meu marido, Michael.

UMA REDE PSICOSSOMÁTICA DO CORPO TODO

Durante a década posterior à descoberta dessas novas substâncias identificadas, meu laboratório e outros pelo mundo correram a mapeá-las, encontrando endorfinas e receptores opioides em partes do cérebro que sabidamente estavam associados com as emoções. Descobrimos que a amídala e o hipotálamo, duas estruturas existentes dentro do cérebro límbico (ou emocional), estavam carregadas com o que cheguei a chamar de moléculas da emoção.

Mas foi uma surpresa encontrarmos receptores de insulina também no cérebro, junto com os receptores para virtualmente todas as substâncias que se acredita estarem presentes no corpo. A insulina é um peptídeo grande, secretado pelo pâncreas, para regular o nível de açúcar no sangue. O que é que ela estava fazendo no cérebro?

Durante anos, os neurocientistas afirmaram ser o cérebro o local das emoções, mostrando o fato de que, quando se estimulavam as estruturas cerebrais dentro ou próximas do sistema límbico durante neurocirurgia, ocorria intensa expressão emocional de lembranças antigas. Mas descobrimos que essas moléculas da emoção se encontram não só no sistema límbico, mas estão espalhadas pelo corpo todo, ligadas e formando um compreensivo sistema de comunicação, incluindo os sistemas endócrino, digestivo e reprodutivo, literalmente, todos os sistemas do organismo. Eventualmente fomos capazes de mostrar uma rede de comunicação intercelular, que murmura sob os esforços coordenados dessas moléculas informativas da emoção, que nós chamamos de "rede psicossomática".

Propusemos que o cérebro seria só um ponto de entrada nodal para esta rede psicossomática, que tinha *muitos* pontos nodais, dentre eles a medula espinhal e os órgãos dos sentidos. O sistema podia ser acessado de diferentes locais, dependendo do foco de atenção da pessoa. Por exemplo, se você conhece meninos adolescentes, sabe que suas gônadas tendem a sobrepujar qualquer outra informação que entre nesse sistema, empurrando o organismo para uma conduta previsível.

O velho paradigma estabelecia que o cérebro é a sede da consciência e a mente é o subproduto do cérebro. Mas não podemos mais dizer que o cérebro está para a mente assim como os rins estão para a urina; a mente não é produto de órgão algum, nem mesmo do cérebro. A consciência é a propriedade do organismo inteiro e, na rede psicossomática, observamos a mente consciente e a mente inconsciente infundindo cada aspecto do corpo físico. É por isso que posso dizer: *o corpo é a mente subconsciente.*

CORRENTES DE EMOÇÃO

Além de receber e processar informações para unificar um só corpomente, os peptídeos e receptores se aglomeram formando canais iônicos que bombeiam íons para dentro e para fora da célula. Este movimento rítmico pulsante cria uma corrente elétrica que passa pelo corpo todo, determinando o estado de excitação ou relaxamento do organismo inteiro.

Um dos receptores mais estudados é o receptor GABA, que é onde as drogas Valium e o álcool se acoplam. (A substância endógena, ou interna, é chamada GABA). Quando essas duas drogas acoplam simultaneamente no receptor GABA, porque a pessoa acabou de enfiar um Valium na boca e depois despejou uma bebida, o íon clorídio goteja para dentro da célula através do canal iônico modulado do receptor. O efeito desse fluxo é relaxamento profundo, pois o limiar para o disparo neuronal fica muito alto. É por isso que a combinação de álcool e Valium pode matar, que é o que aconteceu nos anos 1960, quando a famosa colunista Dorothy Kilgallen morreu de uma overdose não intencional.

O ponto de travamento da excitação das células cerebrais varia de lugar e de indivíduo, dependendo de quais receptores estão ocupados por quais neurotransmissores, outras substâncias informativas, ou drogas. As diferenças nesses limiares podem causar muitos danos, especialmente para relacionamentos matrimoniais. A mulher elétrica, excitável, falante e o quase comatoso marido com o nariz enfiado no jornal estão num modo eletroquimicamente incompatível que, se não for modulado, pode causar problemas!

A MATÉRIA DA CONSCIÊNCIA

Proponho que a matéria da consciência – a substância material, mensurável – são os complexos moleculares de receptores, que vibram, se movem, respiram, bombeiam, e seus ligands, ao se ligarem em cada célula do nosso corpo. A atividade dessas moléculas cria uma carga elétrica e gera continuamente uma corrente pelo seu corpomente, para mantê-lo desperto, alerta e consciente.

É por isso que digo que as moléculas da emoção são as moléculas da consciência. As emoções alcançam o reino material e o reino imaterial; elas são a ponte que liga os dois. Assim como as propriedades simultâneas de partícula e onda da luz, as moléculas da emoção andam para os dois lados. Ao mesmo tempo, são substâncias físicas que você pode ver e pesar num gel no laboratório, que vibram com uma carga elétrica no animal vivo; e são o tipo de onda condutora de informações entre pessoas. São tanto físicas quanto psicológicas, ligando o cérebro com o corpo numa ampla rede de comunicação para coordenar o corpomente inteiro.

Na visão oriental, a consciência vem primeiro, e as moléculas são simplesmente uma metáfora, uma reflexão posterior, para explicar a consciência. Estou estarrecida com o fato de como, com o passar dos anos, cheguei a entender e finalmente abraçar este conceito. Mais estarrecedor ainda é que a ciência que eu fiz apoia a oclusão da brecha entre Oriente e Ocidente, não importa se focalizamos as moléculas ou a consciência, matéria ou espírito. Os dois opostos aparentes são simplesmente lados da mesma moeda, ou extremidades num largo espectro que está completamente atravessado pela emoção.

Nova mente, novos pensamentos

Quero lhes contar sobre alguns dados muito impressionantes que saíram do laboratório dos Institutos Nacionais de Saúde, da dra. Eva Mezey, que tornam tudo isso mais fácil de entender. Recentemente, a dra. Mezey provou, de forma irrefutável, que a mente e o corpo são um, mostrando que células-tronco migram da medula para o cérebro e se transformam em neurônios. Igualmente impressionante é que permitiram que o seu trabalho, abalador de paradigmas, aparecesse, já que a reação inicial foi de quase fechar seu laboratório.

Já sabíamos que células-tronco – células que são indiferenciadas e ainda precisam se tornar células de órgãos – são produzidas na medula óssea. Sabíamos também que células-tronco se movem pelo sangue para outros sistemas e órgãos. Mas a notícia de que elas se movem para fora da medula óssea e acabam se tornando neurônios no sistema nervoso era chocante.

A dra. Mezey encontrou esta migração acontecendo não só em resposta a doença, quando células-tronco evoluíam, transformando-se em células imunológicas, mas como algo natural de acontecer. E mais chocante ainda foi constatar que essas células-tronco não apareciam somente na espinha dorsal (que eu considero uma extensão do cérebro), mas também na parte mais alta do cérebro, na estrutura conhecida como "córtex frontal".

As primeiras experiências foram feitas injetando medula óssea de um rato macho num rato fêmea, mas foram repetidas de forma inteligente em seres humanos. A dra. Mezey usou sujeitos femininos – alguns eram crianças, outros eram mulheres velhas – que tinham leucemia e haviam sido tratados com medula óssea transplantada de homens. Nenhuma viveu mais do que alguns anos e, desses 18 casos que ela conseguiu estudar, constatou-se, na autópsia, que cada uma das fêmeas tinha muitos neurônios com cromossomos Y masculinos. Em outras palavras, células-tronco masculinas estavam presentes em cérebros femininos, evidência irrefutável de que células cerebrais viajam da medula óssea para o cérebro.

Os ossos fazem surgir o cérebro! A medicina antiga chinesa diz que *chi*, traduzido como "a força vital", origina-se no osso. Agora estamos demostrando, no nosso modelo ocidental, que as células começam como células-tronco bebês, nascidas na medula óssea, tornam-se células imunológicas ao passar pelo corpo, e depois chegam no cérebro como células cerebrais. Essa migração, que o nosso laboratório mostrou nos anos 1980, era dirigida pelas moléculas da emoção, num processo conhecido como quimiotaxia.

Costumávamos pensar que, aos cinco anos de idade, a pessoa tinha todas as células cerebrais que poderia ter. Então, os neurocientistas descobriram que o cérebro humano continua crescendo na adolescência e o córtex frontal não pára de se desenvolver até os 25 anos de idade. Mas uma nova pesquisa mostra que o crescimento das células cerebrais nunca pára – este reabastecimento, o influxo de novas células cerebrais, acontece durante a vida inteira! A neurogenese, o nascimento de novas células aparecendo, se movendo e se tornando neurônios no cérebro, costumava ser controvertida; hoje em dia, é uma das áreas mais quentes de pesquisa na ciência biomédica.

Então, o que significa tudo isso? Bem, significa que você pode aprender, mudar e crescer, porque está literalmente fazendo um novo cérebro todos os dias. Desde que se sentou aqui hoje à noite, você já fez milhares de novos neurônios! A cada instante, você está literalmente tendo a oportunidade de pensar novos pensamentos, de mudar de ideia, criar a realidade que você experimenta. Pensar positivo é uma boa ideia, não apenas um truísmo – agradeço, dr. Norman Vincent Peale! Quando você tem pensamentos enaltecidos, você constrói um cérebro muito diferente de quando você tem pensamentos negativos.

Emoção e memória

Classicamente, o hipocampo é a estrutura cerebral associada à memória porque, quando é removido cirurgicamente, a pessoa tem déficit de memória.

Mas, contrário ao que muitos neurocientistas acreditam, isto não prova necessariamente que o hipocampo seja o local da memória.

De fato, descobertas recentes apoiam a teoria de que as lembranças são armazenadas no corpo todo, não só no cérebro. O dr. Eric R. Kandel, neurobiólogo da Faculdade de Médicos e Cirurgiões da Universidade de Columbia, recebeu o Prêmio Nobel em Medicina, em 2000, por mostrar que a memória reside a nível do receptor.

A atividade de ligações celulares pelo corpo pode afetar o circuito neuronal, influenciando a memória e o pensar. Quando um peptídeo ou outro ligand inunda um receptor, modifica a membrana da célula de tal forma que afeta a probabilidade de um impulso elétrico viajar através dela. Lembre-se, sempre que há um receptor, há também um eletrodo ou diodo vibrando, onde circuitos podem mudar. Isto por sua vez, afeta a escolha do circuito neuronal a ser usado, afetando a atividade cerebral.

Essas descobertas recentes são importantes para avaliar como as memórias são armazenadas não só no cérebro, mas no corpo também, onde uma rede psicossomática se estende por todos os sistemas do organismo. Uma grande área de armazenamento está nos receptores, distribuídos perto da espinha dorsal, entre nervos e gânglios, e pelas vias que conduzem aos órgãos internos e à superfície da pele. Isto significa que as memórias estão na espinha dorsal, bem como em todo o corpomente.

O fato de as lembranças serem conscientes ou não é mediado pelas moléculas da emoção. Elas decidem o que se torna um pensamento vindo à tona e o que permanece enterrado no fundo do corpo. Isso significa que grande parte da memória é impelida por emoção, não é consciente, embora possa às vezes se *tornar* consciente pela intenção. As emoções experimentadas podem trazer à tona uma lembrança. Se você reprime seus sentimentos, porém, eles podem enterrar essa mesma lembrança bem abaixo de sua consciência, onde ela pode afetar suas percepções, decisões, conduta e até saúde, tudo inconscientemente.

Enterradas, as emoções dolorosas do passado compõem aquilo que alguns psicólogos e terapeutas chamam de "trauma emocional essencial" de uma pessoa. O intuito da terapia – incluindo trabalho corporal, alguns tipos de quiropraxia e medicina energética – é trazer delicada e gradativamente aquela ferida para a conscientização, a fim de que possa ser reexperimentada e entendida.

Somente então é que a escolha se torna possível, uma faculdade do seu córtex frontal, permitindo que você reintegre suas partes desapropriadas, solte velhos padrões traumáticos e se cure ou se torne *íntegro*.

Aprendizado e emoções

A memória está ligada à aprendizagem, e aprendemos e lembramos não só com o cérebro, mas também com o eu físico. Isto combina com tudo o que eu disse sobre a mente estar no corpo, formando um corpomente e demonstrando como a mente é realmente penetrante e de longo alcance.

Quero chamar a atenção aos estudos, muito claros, feitos pelo dr. Donald Overton, que mostram a existência de *estados dissociados* (não conectados) de aprendizagem e memória. Os dados dele demonstram que o que se aprende num estado induzido por drogas, posteriormente não se consegue resgatar da memória, a menos que a pessoa esteja na mesma condição primeira. Se você fuma cigarros e toma café ao se preparar para um exame, não será capaz de se lembrar dos conhecimentos durante a prova, a menos que fume cigarros e tome café. Isso é porque diversas substâncias (como álcool, nicotina e cafeína) criam estados alterados de consciência, com diferentes emoções e lembranças e, portanto, diferentes modos de aprendizagem.

Em outras palavras, adquire-se conhecimento com o corpomente inteiro, não só com o cérebro. Além do mais, o aprendizado é um evento emocional, afetado pela maneira como você se sente. Há toneladas de dados que mostram que não se consegue apreender novas informações num estado de medo. Eu tenho dado palestras para educadores sobre como o castigo e as ameaças inibem de fato o processo de aprendizado.

Drogas e o corpomente

As emoções são como drogas, e todas – valium, álcool, metamfetamina, opiáceos e maconha – funcionam porque usam os mesmos receptores dos ligands internos. As drogas, assim como os peptídeos no corpo, encontram um caminho para o exato buraco da fechadura, localizado na superfície da célula, para se acoplar. Para a maconha, o canabinoide químico se encaixa no receptor correspondente. E a nossa própria versão interna, endocanabinoide, é a única substância fabricada no corpo que se encaixa nesse receptor também.

Drogas externas e sucos internos – ambos zunem neste gigantesco campo vibracional acoplando-se nos receptores e fazendo as coisas acontecer. As emoções seguem pelas mesmas vias que os peptídeos e receptores correspondentes, bem como as drogas que lhe receitaram ou que você toma ilegalmente. Os três – drogas, ligands naturais como os peptídeos, e as emoções – funcionam pelo mesmo mecanismo, que é conexão no local do receptor.

Isto é importante, porque a maneira como você pensa e sente – seu estado emocional a qualquer momento – pode de fato afetar o movimento, a divisão e qualquer outra atividade de suas células, da mesma maneira que seus sucos internos e drogas farmacêuticas. Esta é uma ideia central da minha teoria das emoções: existe um substrato físico para seus sentimentos, assim como existe para a ação das drogas e seus efeitos no seu corpo.

Cientistas identificaram muitos tipos de receptores nas nossas células que se encaixam nos sucos internos, que têm equivalentes conhecidos, drogas externas, mas, nem todos os grupos de receptores conhecidos têm contrapartes externas conhecidas. Por exemplo, se uma planta que cresce numa floresta tropical no Brasil provocasse raiva nas pessoas quando ingerida, ninguém tentaria introduzi-la no seu país e vendê-la para uso recreativo. As plantas cultivadas são as que nos fazem sentir bem.

Identidade corpomente

Assim como as drogas, as emoções detonam estados alterados de consciência, cada um com diferentes lembranças, comportamentos, posturas e até processos físicos. Podemos aprender muito observando a doença da personalidade múltipla, caracterizada pela existência de muitas personalidades numa pessoa só, cada uma delas com sua própria identidade e até fisiologia.

DPM costuma ser considerada uma condição patológica, mas acredito que pessoas normais, como você e eu, possuam muitas subpersonalidades, sendo uma mais dominante que as outras, conforme os estímulos que recebemos. Um diretor executivo é uma pessoa muito diferente numa sala de reuniões do que quando está em casa brincando com seu bebê. Será que é só o comportamento que difere? Pode parecer assim, mas, no novo paradigma da fisiologia, vemos que muito mais acontece.

Fisiologistas e autores, dr. Hal e dr. Sidra Stone, utilizaram este conceito na sua abordagem da consciência e da transformação, que eles chamam Diálogo de Voz, usado para acessar partes ocultas ou profundas da personalidade e integrar no todo. Se você já teve a experiência de falar com o seu parceiro ou filho num dia e, no dia seguinte, sentir como se estivesse lidando com uma pessoa totalmente diferente, então você sabe do que estou falando.

Mas eu quero mostrar que o acesso a diferentes personalidades é uma expressão natural das moléculas da emoção, coordenando constantemente nossas lembranças no nível de nossa fisiologia. Esperar que todos nós sejamos os mesmos o tempo todo é acreditar no mito de que as emoções não importam e não desempenham um papel poderoso naquilo que somos, afetando nossa identidade a cada momento.

Uma maneira de entender que todos nós somos personalidades múltiplas (e que isso é normal) é pensar em luz "branca", que é a soma de todas as suas frequências visíveis. A luz pode parecer branca ou sem cor, mas, se você filtrá-la por um prisma, verá um arco-íris de cores diferentes. As pessoas são assim também: podemos parecer uma sólida identidade única, no entanto, somos compostos de muitos estados e personalidades diferentes, cada um coordenado por nossas moléculas da emoção. Esses elementos químicos em nosso corpo orquestram constantemente, dentro de nós, o movimento de diferentes estados de consciência, humores e lembranças – e até condições e alterações físicas.

Dor e agitação

Vimos como as moléculas de emoção influenciam a memória, o aprendizado e a identidade. Agora, vamos observar como elas influenciam a percepção de dor e o estado de agitação ou alerta que experimentamos. Existe uma estrutura no cérebro que estabelece o limiar da dor – isto é, qual é a tolerância de um estímulo danoso – chamada matéria cinzenta periaquedutal (MCPA). Ela está carregada de endorfinas, receptores opioides e muitas outras substâncias informativas que são moduladas pela emoção. Nossa percepção de quanto algo machuca, se muito ou pouco, passa por esse portal e é fortemente informada por nossas emoções.

O MCPA não está próximo do córtex frontal, mas existem neurônios no córtex frontal que se projetam para dentro do MCPA, tornando possível o controle consciente do grau de dor ou prontidão que experimentamos. Isto significa que podemos escolher como interpretar os estímulos ao redor. Fazemos isso inconscientemente o tempo todo, mas podemos nos treinar a interpretar os estímulos conscientemente, no limiar de nossa escolha. Uma maneira de fazer isso é repetir afirmações que ajudem a reenquadrar no corpo certas sensações e assim promover a cura.

Por exemplo, se eu me preocupo com uma pequena sensação de desconforto no joelho, e penso, *Oh, não, esse joelho bobo de novo. Um dia ele vai encrencar!* estou projetando uma crença negativa nessa experiência. Eu me torno emocionalmente envolvida numa história sobre meu joelho, que então influencia minhas moléculas a obedecerem à minha mensagem.

Por outro lado, posso responder com interesse em vez de medo, escolhendo sentir o incômodo no meu joelho como sinal de que algo está obviamente se movimentando lá dentro – abrindo-se, fechando-se e mudando – e meu joelho quer que eu continue ligada! Essa postura envia uma mensagem totalmente diferente para a minha fisiologia, por meio das muitas substâncias informativas emocionais que estão se comunicando com meu joelho, ligadas a centros de dor no meu cérebro.

Lembre-se, o corpomente é uma ampla rede de moléculas comunicantes, envolvendo cada célula, órgão e sistema do organismo. A dor no joelho é determinada por emoções que influenciam moléculas em seu cérebro. Na verdade, qualquer dor é sentida de fato no cérebro, que é a via comum final.

Isso é útil porque, se você sabe que seus pensamentos e sentimentos podem influenciar sua fisiologia com relação à dor, percebe que é possível diminuir dores crônicas, tais como fibromialgias, sem remédios, usando diversos métodos que acessam sua entrada de dados conscientes e subconscientes. De forma semelhante, o treinamento para parto natural, que qualquer mulher consegue conquistar, transforma dor e medo em orgulho de realização e satisfação.

Mais uma vez, não só os diferentes estados emocionais possuem diversas capacidades para aprendizado e memória, como também possuem diferentes pontos de acionamento da dor e da agitação, sejam estes disparados por remédios ou por nossas substâncias informativas internas. As maneiras que você pode mudar seu limiar de dor se parecem com variações da memória ou do aprendizado que eu descrevi anteriormente, em que seu estado mental pode afetar sua experiência da realidade. Seu estado de cura e bem-estar (isto é, vida livre da dor), bem como a habilidade de estar adormecido ou alerta, muda conforme seu estado emocional. "Mude sua mente e mude sua dor" seria um aforismo mais útil do que "Sem sacrifício não há recompensa".

Tudo isso demonstra novamente que as emoções são a chave para a consciência, determinando a cada minuto o que você experimenta, o que você sente e até quem você é.

Você cria sua própria realidade

Lá pelos anos 1970, 1980, quando mapeávamos receptores de endorfina no nosso laboratório no NIMH, sempre os encontramos em abundância nas regiões que processam informações sensoriais *entrantes*, como visão, som, odor, paladar ou toque. Víamos isso claramente no corno dorsal atrás da espinha dorsal, por onde informações do tipo "toque-sentimento", captadas pelo corpo, penetram no sistema nervoso. Receptores para endorfinas e outros neuropeptídeos (como bombesina, peptídeo intestinal vasoativo, insulina e outros) estão todos confinados a uma faixa espantosamente estreita, na visualização.

Esses receptores de neuropeptídeos nunca se encontram no corno ventral, a parte motora da espinha dorsal que dirige o movimento. O mesmo acontece nas outras vias sensórias para o cérebro, não apenas com relação ao sentido do tato conduzido na espinha. Nos pontos de entrada dos nervos no cérebro, carregando informações sensórias da visão, da audição e outros, existem áreas que sempre ficam intensamente apinhadas com as moléculas receptoras da emoção.

Sentidos diferentes possuem vias com diversos graus de filtragem de informação. A visão é super refinada, viajando por seis sinapses desde o momento em que a luz incide na retina, vai até o lobo ocipital na parte posterior do cérebro e depois passa por outras quatro estações de parada antes de alcançar a consciência no córtex frontal. Em contraste, o cheiro só precisa de uma sinapse antes de atingir o fundo da amígdala, e depois ser entregue ao cérebro superior.

Lembre-se que essas moléculas, situadas ao longo dos pontos de parada sensórios, são locais de armazenagem da memória – mas de quê? Bem, são lembranças de todas as percepções que você já teve, desde suas primeiras conscientizações de contentamento ao mamar no peito da mãe, até a perturbação emocional que você teve depois de uma briga com o seu chefe outro dia. Todas elas ficam armazenadas no local dos receptores, que são os mais densamente povoados, por onde as informações entram, não saem.

Em outras palavras, sua experiência da assim chamada realidade é filtrada pelas suas lembranças, que a revolvem, acrescentando significado, e até deixando que parte de cada situação se vá ou permaneça inconsciente, como no caso de um trauma emocional essencial, se o acontecimento for doloroso demais para lembrar.

Estamos constantemente ressoando com aquilo que já sabemos ser verdade. Tudo que você sente é filtrado junto com um gradiente de experiências e lembranças passadas, que estão armazenadas em seus receptores – não existe nenhuma realidade absoluta ou exterior! Aquilo que você experimenta como realidade é a *sua* história sobre o que aconteceu.

Isso tem enormes implicações para a cura de traumas do passado. Mesmo que você tenha tido uma infância perfeita, tenho certeza de que, se você frequentou o ginásio, sofreu dor emocional. Tendemos a subestimar e até negar que todos sofremos algum estrago, assim como nos recusamos a reconhecer que todos nós temos personalidades múltiplas. Mas as experiências na infância e até na adolescência deixam cicatrizes que afetam cada aspecto de nossas vidas. É interessante que a palavra trauma se refere a danos físicos bem como psíquicos. Quando esta angústia for inteiramente processada, será possível sentir felicidade constante.

Córtex frontal e felicidade

Quero apresentar o leitor ao seu córtex frontal, a parte de seu cérebro que é a chave para entender como se cria a realidade. Esta estrutura fica atrás da testa, e é o que nos distingue dos macacos. O nosso DNA é 99,4 por cento igual ao dos chimpanzés, os nossos parentes mais próximos, mas os chimpanzés mal possuem um córtex frontal. Essa diferença de 0,6 por cento deve ter muito a ver com o desenvolvimento do córtex frontal, e é essa parte do cérebro que nos caracteriza como humanos.

O que é que o córtex frontal faz? Pense nele como o "nível executivo" da consciência, no qual você planeja o futuro e também decide para onde quer dirigir sua atenção. A importância dessas duas capacidades é demonstrada pelos resultados de centenas de experiências em neuropsicologia, em que se pediu às pessoas com lesões cerebrais que classificassem cartas. Uma pessoa normal consegue facilmente mudar os critérios de classificação, devido à capacidade de *atenção seletiva*, habilidade de mudar conscientemente o foco para algo diferente a um dado momento. Mas se a pessoa tem uma lesão em seu córtex frontal, não consegue prestar atenção seletiva e não consegue realmente escolher.

Eu quero revisitar essas estações sensórias por um momento e mostrar outro aspecto do córtex frontal: de que maneira a informação sensória entrante é filtrada ao longo das sinapses carregadas de receptores opioides. Em 1981, publiquei um artigo na revista *Science*, junto com Mort Mishkin e Agu Pert (meu marido na época) intitulado: "Gradientes de Receptor Opioide no Córtex Cerebral de Macaco: Correspondência com Hierarquias de Processamento Sensório". Neste artigo, relatamos que mais receptores opioides são encontrados no córtex frontal do que em qualquer outra parte do cérebro ou do corpo, e que encontramos um gradiente crescente ao longo das estações sensórias no córtex cerebral de macacos. As experiências foram feitas em macacos que já foram bem estudados para determinar o processamento de informação acontecendo em cada sinapse. Nos animais, conseguimos mapear cuidadosamente a densidade do receptor opioide.

Nossos dados mostraram que, quando se viaja da parte posterior do cérebro (onde o córtex occipital recebe primeiro a visão) até o córtex frontal, encontram-se, ao progredir para frente e para cima, cada vez mais receptores opioides – exponencialmente mais ao subir ao córtex frontal. Como já mencionei, o córtex frontal é o local no cérebro onde fazemos escolhas e planejamos o futuro e, no laboratório, vimos que esses caminhos são mediados cada vez mais pelas moléculas do prazer, as endorfinas e seus receptores opioides.

Esse gradiente crescente de prazer e júbilo aparecia quando observávamos a audição ou a visão. Os dois caminhos sensórios tinham um aumento de receptores opioides quando a informação caminhava para a parte frontal do cérebro. Na minha interpretação, esta descoberta significa que o prazer e o júbilo influenciam cada vez mais nossos critérios de escolha, conforme a informação entrante sobe mais e mais pelas estações sensórias. Em outras palavras, a cada instante, escolhemos o objeto de nossa atenção e o que planejamos para o futuro, baseados no prazer que obtemos de nossas escolhas. Nenhum prazer? Bem, então é bem provável que não escolheremos aquilo. Sem um córtex frontal, seríamos como animais mais simples, que só possuem a capacidade de escolher entre reagir à dor e à morte ou evitá-las.

Mas, por possuirmos um córtex frontal – esse 0,6 por cento muito importante que nos diferencia dos chimpanzés – carregado de receptores opioides e endorfinas, podemos experimentar os estados de consciência elevada, de felicidade ou amor, aquilo que os místicos chamam de "união com o divino". A nossa biologia de fato o torna possível!

Unidade: Esta é a nossa herança espiritual/biológica como seres humanos. Os animais *não* possuem um sétimo chacra, não possuem um terceiro olho ou coroa que os conecte a algo além – pelo menos meu labrador, Tory, ainda não me mostrou isso! Os seres humanos *sim*, e o potencial para a consciência mais elevada está diretamente inserido na nossa anatomia. Além de apenas sentir-nos bem, podemos sentir Deus e, nesse estado de júbilo e união, temos a capacidade de criar um futuro para nós mesmos ... e para o nosso planeta.

Manifestação de seus desejos

A atenção é importante para criar a realidade, especialmente quando combinada com intenção. Na verdade, pode-se aprender a manifestação, a aptidão de imaginar o que se quer, e tornar os sonhos realidade. Eu entendi dos místicos e dos ensinamentos dos sábios orientais que essas coisas são possíveis e, na verdade, aprendi a meditar com a intenção de retirar obstáculos para que o Peptídeo T se manifeste no mundo. Focalizando a atenção num mantra ou na respiração, pode-se alcançar um estado de quietude e alerta tranquilo. É interessante que o córtex frontal recebe alimento das fibras neuronais, que germinam de um minúsculo aglomerado de células, situado na base do cérebro, que fabrica norepinefrina, a anfetamina própria do cérebro.

Durante um tempo, defendi a teoria de que o córtex frontal se fortalece e até aumenta com a prática frequente da meditação, assim como um músculo do corpo ganha volume quando se pratica levantamento de peso. Provou-se que isso é verdade por meio de experiências com praticantes de meditação, encontrando uma camada grossa de células nesta parte do cérebro deles, experiências essas conduzidas pelo dr. Richard Davidson, diretor do Laboratório para Neurociência Afectiva, da Universidade de Wisconsin, em colaboração com o Dalai Lama!

O JOGO DA CULPA

Revisitemos a maneira como criamos a nossa própria realidade. Você viu que filtramos as sensações entrantes e depois as interpretamos referindo-nos a um gradiente de prazer e dor, e que a massa cinzenta periaquedutal trabalha para estabelecer limiares de dor e de estímulo. Agora, vou juntar tudo para lhe mostrar o efeito sobre a nossa experiência e comportamentos do dia a dia.

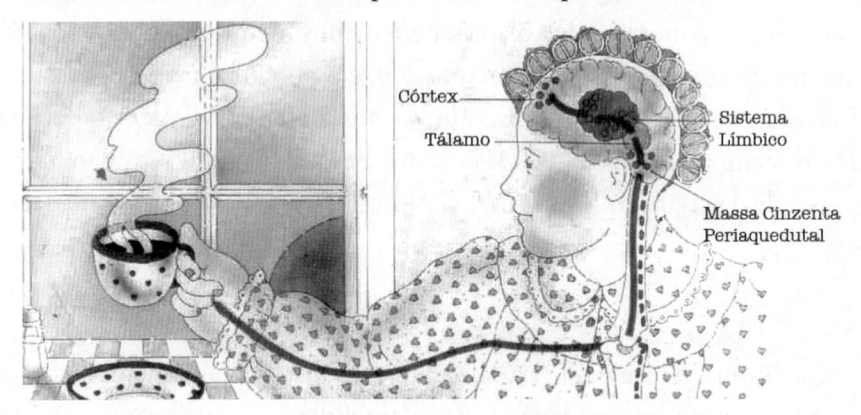

A senhora que aparece nesta imagem acabou de acordar, e ela está grogue, ainda não totalmente desperta e alerta. Ela pegou uma xícara de café e, dentro de poucos segundos, descobrirá que a xícara está mais quente do que esperava e vai deixá-la cair. Nesse instante, uma sensação penetra no seu corpo por meio de um caminho sensório, que conecta sua mão à medula espinhal: *Quente!* Ela reage por reflexo via um circuito local na medula espinhal. Mas talvez a sensação viaje adiante, subindo sua medula espinhal, até a região do seu cérebro, conhecida como massa cinzenta periaquedutal. Nesse ponto, a nossa tomadora de café da manhã fica agitada e se pergunta o que é que está acontecendo. Ela já está plenamente acordada quando a sensação dolorida sobe até o seu córtex frontal.

Então, e só então ... *eu paro dramaticamente até que a audiência se incline para frente em suspense, e depois continuo...* que ela pode culpar o marido! *Como sempre, minha audiência explode em risadas, pois a aula de neuroanatomia de repente se transforma em comédia!*

Sim, é engraçado que todos nós inventamos histórias para descrever a tal da realidade, quando a informação entrante atinge o nosso cérebro superior. E, é claro, todos nós criamos a nossa versão do que está acontecendo! Mas é muito importante esta habilidade de culpar os outros ou assumir a responsabilidade por nossas ações, sendo ambas decisões feitas no nível do córtex frontal. Talvez se a senhora grogue tivesse lavado o rosto com água fria antes de pegar seu café matinal, ela não teria se queimado!

Culpa e responsabilidade são, na verdade, dois lados da mesma moeda, ambos representando um estágio avançado de consciência que nós, os seres humanos, temos o privilégio de experimentar. Eu não vejo meu cachorro ou mesmo outros primatas se queixarem de serem vítimas, nem vejo eles se desculparem ou perdoarem os outros por aquilo em que eles possam ter tido alguma participação como causadores.

O FUTURO

Se somos tão poderosos, eu me pergunto também o que queremos criar para essa existência humana, esse planeta de seis bilhões de pessoas rodopiando pelo espaço? Realmente é a próxima questão a ponderar, portanto, quero concluir minhas considerações especulando sobre o que o futuro nos reserva, principalmente o futuro da medicina.

Acho que haverá cada vez mais ênfase no bem-estar do que na doença. A saúde que estou prevendo é mais um bem-estar *psicossomático*, que envolve não só o corpo físico, mas o *self* mental, emocional e espiritual, expresso no corporal.

Não dá para deixar de fora esses aspectos da experiência humana no tratamento de doenças. A medicina energética e a psicologia, junto com formas de quiropraxia que tratam a soltura e o alinhamento emocional e físico, tornar-se-ão cada vez mais populares, quando a ciência que explique os mecanismos dessas abordagens vier à luz. Tenho confiança de que a medicina do futuro incluirá o quadro todo: corpo, mente e espírito, com ênfase especial no alívio do estresse que, frequentemente, é o resultado de sobrecarga emocional.

Interação pergunta & resposta

Feita a minha palestra, eu me inclinei agradecendo a audiência por sua gentil atenção e eles me aplaudiram de pé, uma reação que sempre me deixa com sensação de desconforto. Como sempre, minha mente começou a percorrer o que eu poderia ter feito melhor. Sorri e os convidei a fazerem algumas perguntas, entrando numa interação animada com algumas pessoas...

Será que os remédios mais prejudicam do que beneficiam?

"Vamos ouvir a mulher que está sentada lá atrás", declarei. "Sim, você! Por favor, qual é a sua pergunta?" A mulher, que agora estava em pé, não sorriu ao pegar o microfone.

"Você é uma farmacologista – uma médica de remédios – certo?" começou ela, num tom irritado e belicoso. "Bem, eu estou lendo um livro que diz que todos os remédios receitados e não receitados são tóxicos e, na verdade, causam doenças e distúrbios."

Ela levantou um exemplar do livro que eu sabia ocupar o topo da lista dos mais vendidos ultimamente, uma obra autopromovida pelo autor para atingir o número crescente de pessoas que buscam remédios e cirurgias alternativas. "Por favor, nos diga se é verdade que as empresas farmacêuticas não se importam em nos matar para obter lucros enormes."

Eu lidei com esse indivíduo importuno limítrofe da melhor forma que pude. "Agradeço por sua pergunta. Sim, com certeza há confusão e preocupação crescentes acerca de remédios receitados e seus efeitos colaterais. Lemos quase todos os dias sobre remédios sendo retirados do mercado por causa de efeitos colaterais letais, ou marcados com novos rótulos de 'alerta' sobre efeitos e precauções que não foram considerados em testes clínicos. Esse é um sinal positivo de que o FDA finalmente está acordando.

"Mas, quanto à indústria farmacêutica colocar lucros antes da segurança – ora, você está me pedindo para eu falar mal dos meus colegas e ex-alunos, que estão dando duro para inventar remédios novos e melhores." A audiência se agitou nervosa.

Eu continuei: "O problema é que, cada vez mais, os remédios são usados para tratar condições que teriam melhor abordagem por meio de dietas e estilos de vida. Comprimidos e poções não são a *única* resposta, e eu defendo que quanto menos, melhor. Mas quando você precisa de um antibiótico que salve a vida, ou de um implante de titânio para um pulso destruído, agradeça pela medicina moderna tê-los desenvolvido, apesar de toda a embromação.

"Um estudo publicado recentemente no *The New England Journal of Medicine* relata que uma nova geração de remédios antipsicóticos é de três a dez vezes mais cara do que as opções mais antigas, no entanto eles não são mais eficientes no tratamento da esquizofrenia. Ninguém nem saberia sobre isso, exceto que o NIMH gastou mais de dez milhões de dólares, em sete anos, para conseguir dados imparciais sobre esse assunto importante. A propósito, antes da invenção das drogas antipsicóticas, os esquizofrênicos passavam suas vidas em instituições mentais bastante desagradáveis; as drogas lhes permitiram tornarem-se funcionais e voltarem às suas vidas.

"Não cometam erros", disse eu, "os remédios receitados podem salvar e melhorar vidas, portanto, não queremos jogar fora o bebê junto com a água suja da banheira. A depressão clínica, por exemplo, é uma doença potencialmente fatal, porque o suicídio não é brincadeira." Meus olhos se encheram de lágrimas ao pensar na minha irmã caçula, que se fora havia sete anos. Eu me recompus, olhei o meu relógio, e decidi que não havia tempo para discutir as insuficiências dos novos antidepressivos...

Lembrei da minha carreira curta e perturbada de testemunha especializada para um famoso advogado de defesa, que focalizou totalmente nos assim chamados remédios SSRI, os inibidores seletivos de recuperação de serotonina, tais como Prozac. Estes novos antidepressivos não só eram mais caros do que os antigos, mas também excessivamente receitados a adultos para tratar qualquer coisa, desde anorexia, até timidez, e mesmo a crianças. Isso aconteceu quando qualquer médico passou a receitar esses remédios, não só psiquiatras treinados em observar, identificar e tratar doenças mentais.

Durante meu papel de testemunha, eu me convenci, pelos artigos científicos publicados que eu li sob a tutela do advogado de defesa, de que havia uma evidência irrefutável, clara e avassaladora, de que os SSRI poderiam causar comportamento violento. Fiquei horrorizada ao ler sobre casos de suicídio e até de assassinato, especialmente no início do tratamento ou durante uma fase de abstinência, numa pequena porcentagem de pacientes que tomavam a droga.

Tornou-se claro para mim também que os antigos antidepressivos tricíclicos, provavelmente mais eficientes em reverter a depressão do que os novos, eram mil vezes mais tóxicos. Portanto, se alguém tentasse cometer suicídio usando suas pílulas receitadas (uma decisão comum entre mulheres deprimidas) era muito mais provável obter sucesso com os remédios antigos do que com os novos.

No mínimo, os estudos de SSRI que só olhavam para os suicídios "bem-sucedidos" subestimavam gravemente o número de *tentativas* de suicídios, portanto, o problema era muito pior do que parecia no papel. Depois que o advogado perdeu um grande julgamento com júri, no qual eu dei meu testemunho, um dentre uma minúscula porcentagem não resolvida fora da corte, eu fiquei tão desesperada com essa experiência tenebrosa que abandonei imediatamente o negócio de "testemunha-expert".

Podemos nos proteger do câncer?

Refocalizando na tarefa proposta, vasculhei a audiência e rapidamente localizei um jovem apessoado, bem-vestido, sentado numa das fileiras da frente.

"Minhas perguntas são sobre o câncer", começou ele. "Parece que ultimamente há muito mais casos – o que será que acontece? Existe realmente evidência científica de que mudança na alimentação pode nos proteger? Será que emoções negativas ou pensamento errôneo realmente causam câncer? E essas células-tronco saindo da medula óssea e se espalhando até o cérebro realmente se parecem com a metástase de um tumor, então –"

"São todas perguntas importantes", interrompi, "porque o câncer está na cabeça de todos. Se, de um lado, há definitivamente algumas formas genéticas da doença que são muito bem estudadas no NIH, a maioria dos tipos tem causas ambientais. O cigarro causa câncer do pulmão, por exemplo, embora não fumantes limpos ainda tenham algumas formas dessa doença. Existem mentiras, mentiras danadas, e estatísticas, e tudo isso tem sido usado para sugerir que ocorrências de câncer estão rareando, embora esteja bem claro que temos uma epidemia nas mãos, e não é porque as pessoas vivem mais.

"Será que o que você come pode proteger você? Provavelmente não, a menos que você também cuide da carga tóxica do seu corpomente, que advém dos alimentos quimicamente poluídos, dos poluidores industriais e até do excesso de remédios no nosso moderno país industrializado de hoje. Será que a escolha de alimento *ajuda*? Sim, você deveria comer muitas frutas e vegetais crus, livres de pesticidas e abundantes em enzimas, antioxidantes, vitaminas e minerais, mas saiba que os dados que sustentam o câncer como doença de poluição *ambiental* são esmagadores. A maioria dos poluentes é solúvel em gordura, portanto, carnes gordurosas podem ser insalubres por causa das toxinas dissolvidas nelas.

"Você sabia que todos temos câncer? Agora mesmo, enquanto você está sentado na sua cadeira, minúsculas células cancerígenas estão correndo pelo seu corpo, multiplicando-se em minitumores, por causa de mensagens de DNA desgarradas que eles podem ter desenvolvido. Mas, porque você tem um sistema imunológico saudável, células assassinas naturais se lançam ao ataque e matam essas células fugitivas, impedindo que elas formem tumores e viagem pelo corpo todo. Porém, quando o sistema imunológico precisa limpar uma superabundância de resíduos tóxicos, ele pode falhar em sua tarefa, deixando células cancerosas não policiadas escaparem do radar, proliferarem e se tornarem tumores metastasiados e cheios.

"Meu trabalho de laboratório mostrou, muitos anos atrás, que moléculas peptídeas de emoção podem direcionar o tráfico de células tumorais. Os dados mostram que o progresso tumoral ou a regressão tumoral podem ser altamente afetados pela atitude, mas é um fascismo absurdo de Nova Era *culpar* os padrões mentais das pessoas pelos seus cânceres! E me deixem concluir numa nota ascendente – os remédios para câncer mais promissores e mais novos são direcionados para os receptores da superfície da célula."

Como posso me sentir bem?

Eu pedi mais uma pergunta. Um homem com aspecto cansado pegou o microfone e começou cautelosamente: "Isso é muito interessante, dra. Pert, e sou grato pela ciência que você fez e nos trouxe hoje", ele fez uma pausa. "Mas minha pergunta é simples: De que serve tudo isso para nos fazer *sentir bem*?".

Baixei os olhos, imersa em pensamento, encolhendo os lábios e ponderando com cuidado extra. "Estou contente por você ter me perguntado isso", disse eu finalmente, quando o silêncio atingiu o limite do conforto. "Estive pensando muito sobre a resposta a essa pergunta ultimamente, e quero que você saiba que estou trabalhando nela." Todos nós demos um profundo suspiro.

"Sentir-se bem é um estado pessoal e subjetivo e, tendo usado a mim mesma como um laboratório humano durante anos, minha resposta incluirá o que eu aprendi da minha própria experiência, é claro. Mas eu também prometo que a informação será verdadeira para com a literatura científica que trate sobre o assunto.

"Assim..." todos se inclinaram para frente, na expectativa. "Eu posso lhes dizer que..." fiz uma pausa mais dramática ainda, dei um sorriso enigmático e continuei. "Eu volto a vocês no meu próximo livro!" As pessoas riram com a minha piada, insistiram e queriam ouvir mais.

"Ok, por enquanto, até que o livro saia, se vocês querem se sentir bem, posso lhes dizer o seguinte: *apenas amem*. Amem a si mesmos e sua família, e procurem criar laços afetivos em sua comunidade. Estamos todos ligados, esta é a nossa verdadeira herança espiritual. Quando estamos intimamente ligados uns aos outros, vivemos como fomos destinados – biologicamente, psicologicamente e espiritualmente – e é quando todos nós realmente nos sentimos bem."

AVENTURAS
NO PAÍS DA CONSCIÊNCIA

II

4

TUCSON: TOXICIDADE, HUMOR E ALIMENTO

Eu adoro e detesto o ritual após uma noite de autógrafos. Gosto de encontrar com meus fãs, homens e mulheres que vêm às minhas palestras, porque estão explorando e encontrando soluções das quais todos nós nos beneficiamos. Mas eu me sinto incomodada quando as pessoas esperam que eu lhes dê a chave para eliminar quaisquer preocupações que tenham com relação à saúde. A verdade é que, mesmo tendo acesso à pesquisa biomédica de ponta, eu sou igual a elas, buscando respostas que a medicina tradicional comum não tem disponíveis, nem pronta nem facilmente.

Quando me perguntam algo que não posso responder, eu anoto. E, quando volto para casa, pesquiso o que foi publicado sobre o assunto – para meu próprio proveito assim como para as minhas audiências – e então menciono o que encontrei na minha próxima palestra. Às vezes novas informações do meu público me levam a descobertas que me influenciam pessoalmente e me ajudam a transformar algum aspecto de minha vida. Na noite de autógrafos, depois da minha palestra em Tucson, conhecer Cori Brackett foi uma dessas oportunidades essenciais.

Um encontro transformacional

A noite de autógrafos começou com o costumeiro tumulto, uma fila de pessoas segurando na mão o meu primeiro livro ou meu novo CD. Uma mulher descreveu a batalha do filho dependente químico e me agradeceu pela minha pesquisa nessa área, dizendo-me como isso ajudou sua família. Um jovem confiante me apresentou seu cartão de visitas, convidando-me a dar uma palestra na sua organização. Outra pessoa queria que eu experimentasse um tipo específico de suplemento alimentar (não me lembro qual era).

A fila serpenteava, quando ouvi um coro de vozes vindo de trás. "Vamos, Cori, conte a Candace! Conte-lhe sobre o seu filme!" Então uma jovem mulher tímida se aproximou da mesa, incentivada por um grupo de amigos que a apoiavam.

"Muito agradecida, dra. Pert", começou ela em voz alta. "Meu nome é Cori Brackett, e sou uma grande fã sua." A voz dela foi ficando mais suave. "Eu fiz um filme..." Ela remexeu na bolsa. "É sobre um aditivo alimentar que todos nós estamos comendo e que envenena milhares de pessoas, e eu quero que todos saibam..."

Cori me contou a história de como ela, no decorrer de alguns meses, foi perdendo toda a mobilidade de seus membros e ficou confinada a uma cadeira de rodas. O diagnóstico foi uma forma acelerada de esclerose múltipla, mas ela achava que não estava certo. Agindo por instinto, ela cortou seu hábito de tomar duas a três latas de refrigerante diet e, abruptamente, começou a melhorar. Convencida de estar sofrendo os efeitos colaterais do aspartame (um adoçante artificial, vendido como Nutrasweet ou Equal), Cori e o marido produziram um filme intitulado *Sweet Misery* (Miséria Doce), baseado em entrevistas e pesquisa deles sobre a toxicidade dessa substância.

Durante anos, as pessoas me falavam sobre os perigosos efeitos colaterias do aspartame, mas eu não acreditei nas suas reivindicações. Agora eu tinha bem na minha frente alguém dizendo que havia sido prejudicado e eu estava determinada a descobrir a verdade. Peguei ansiosamente o DVD que Cori me entregou e o enfiei na minha bolsa, planejando compartilhá-lo com Nancy mais tarde, quando voltássemos à casa do nosso anfitrião para passar a noite.

Alimento e humor versus remédios e cirurgia

Depois da palestra, meus anfitriões, o casal dra. Joan Norton e dr. Nicholas Tivoli, proprietários de uma prática altamente bem-sucedida de cura e trabalho corporal, chamada At-Ease Wellness Center, levaram de carro a Nancy e eu para a casa deles. Conversamos e conhecemos essa maravilhosa casa, localizada nas colinas acima de Tucson, antes de eles se recolherem para dormir.

Nancy e eu estávamos prontas para uma segunda sessão, fortalecidas pela perspectiva de escrever o livro e pululando de ideias. Combinamos de assistir ao DVD que recebi na noite de autógrafos, depois que os "quiros", como chamamos afetuosamente os nossos anfitriões, nos mostraram a sua banheira quente ao ar livre e foram se deitar.

Era gostoso mergulhar na água quente, relaxando após o dia agitado de viagem e trabalho. As luzes da cidade cintilavam espalhadas abaixo das colinas e um vento suave subia do chão do deserto.

"Não é que essa última pergunta expressou tudo?" perguntei a Nancy, quebrando o silêncio e me lembrando da sessão de perguntas e respostas que concluiu minha palestra. "Ele queria saber para que serve toda essa ciência, se ela é capaz de ajudar as pessoas a se sentirem bem, certo?" Nancy aquiesceu com a cabeça.

Eu continuei. "Todos estão no escuro quando se trata de sentir-se bem, seja por doença crônica, dor, envelhecimento, depressão, ou por mero estresse. Na verdade, estresse é a nova denominação médica para *sentir-se péssimo* e diminui-lo é o novo santo graal que todo mundo quer encontrar. As pessoas sabem que não se sentem bem, e não estão conseguindo que seus médicos convencionais lhes digam como se sentir melhor."

"Não há dúvida de que a medicina convencional não trata de como nos sentimos", respondeu Nancy. "Cinquenta milhões de dólares são gastos em saúde e, mesmo assim, muitos 'baby boomers' que conheço na Califórnia desistiram dos médicos. Em vez disso, vamos aos quiropatas, acupunturistas, naturopatas, e terapeutas energéticos para que nos ajudem a nos sentir melhor."

"Sim, mas no resto do país", contrapus, "as pessoas levam suas doenças crônicas, dores e sofrimentos para seus médicos e recebem tratamentos padronizados: remédios e cirurgia. As juntas estão doendo? Vamos substituí-las. As costas doem? Tome remédio. Depois, quando as pílulas falham, mandam-no ao cirurgião. O médico tradicional não fala sobre a carga tóxica que a maioria de nós carrega no corpo, sobre as raízes emocionais de trauma e estresse, ou que o alimento que comemos pode provocar perigosas inflamações. Todas essas causas fazem as pessoas não se sentirem bem e adoecerem, e não são tratadas pela medicina convencional. O alimento e o humor são deixados fora da equação, substituídos por remédios e cirurgia."

"Acho que estamos escrevendo o livro", exclamou Nancy.

"Pode apostar que sim", respondi, começando a me entusiasmar. "Mas não traga o gravador para dentro da banheira." Nós duas rimos. "Eu quero dizer às pessoas que o paradigma do corpomente aponta para novas causas de doenças, e que muitas terapias alternativas produzem níveis mais profundos de cura do que a medicina convencional produziu até agora. Bem sei o que eu mesma já experimentei dessas terapias. Quando eu mostrar o caminho, as pessoas vão se beneficiar não só do meu conhecimento científico, mas também da minha experiência pessoal."

"Não é exatamente o que elas vão conseguir do médico", comentou Nancy. E com isso, nós duas mergulhamos um pouco mais na gostosa água quente e desfrutamos o silêncio da noite estrelada, relaxando totalmente e deixando que nossas mentes super excitadas descansassem.

Depois que voltamos para dentro da casa, vestimos nossos pijamas e nos sentamos na frente da TV, como duas adolescentes numa festa de pijama. Introduzi no aparelho de DVD o *Sweet Misery: A Poisoned World* (Doce miséria: um mundo envenenado) e nos pusemos a assisti-lo. A banheira quente nos havia deixado aconchegadas e relaxadas, abertas para nos divertir e nos informar, na casa confortável dos nossos anfitriões... mas, esse sentimento se apagou abruptamente.

DOCE VENENO

Durante a próxima hora e meia, assistimos horrorizadas e estarrecidas ao desenrolar da história de Cori, contando-nos como o adoçante artificial aspartame envenenou milhares de pessoas, nos vinte anos desde que apareceu no mercado, deixando muitos aleijados (como a própria Cori) e até matando.

Uma dessas pessoas poderia ter sido eu. Sempre me senti bem em beber refrigerantes diet, sabendo que estava cortando calorias ao evitar o açúcar e outros refrigerantes. Era como se conseguisse algo grátis e, por eu não consumir muito, essa se tornou a minha bebida social preferida, algo para segurar em coquetéis, já que eu raramente escolhia bebida alcoólica. Nunca imaginei que poderia estar literalmente cutucando o meu fígado, arriscando um câncer cerebral e, possivelmente, me dando malucas alterações de humor.

O fato era que a minha bebida não alcoólica preferida é altamente tóxica, cheia de substâncias que se transformam em álcool dentro do meu corpo. Esse álcool não é do tipo agradável que dá um barato – álcool etílico – mas do tipo que mata ou cega os bêbados: álcool metílico, mais conhecido como metanol.

O ácido aspartico e fenilalanina ocorrem naturalmente em pequenas quantidades nos alimentos que comemos. Esses dois aminoácidos são conhecidos como excitotoxinas, que podem fazer com que os neurônios se superexcitem até a exaustão e a morte. O glutamato monosódico (MSG), outro aditivo alimentar legalizado, também cai nessa categoria.

Outra ligação neurológica está em que os dois peptídeos estão envolvidos na função de neurotransmissão. A fenilalanina é o tijolo de norepinefrina, que aumenta no cérebro quando você ingere aspartame. Isso pode derrubar a proporção entre norepinefrina e serotonina, outro neurotransmissor que regula o humor.

O impacto de todo esse desequilíbrio nas proporções de neurotransmissores pode gerar sintomas de pânico, distúrbios de humor e, em algumas pessoas, limiares alterados dos ataques, levando a convulsões. O dr. Dick e a dra. Jugy Wurtman, do MIT, cujo trabalho científico pioneiro nessa área é considerado impecável, provaram convincentemente que o alimento tem impacto no humor.

Como se isso não bastasse, acoplado à extremidade do ácido aspartamico e à fenilalanina, há um terceiro componente, um grupo metil-ester que se decompõe facilmente e se torna metanol no corpo.

O metanol é também uma substância natural, encontrada em alimentos que você e eu consumimos. Mas a palavra-chave, novamente, é alimento porque, quando você come uma maçã, por exemplo, o metanol é carregado através do seu corpo por uma fibra natural da maçã, (conhecida como 'pectina') e facilmente eliminado. Sozinho, o metanol é álcool metílico, um veneno conhecido, que causa cegueira naqueles que forem desesperados o bastante para bebê-lo.

E pior: o metanol se decompõe no fígado, produzindo uma substância mais tóxica ainda, formaldeído. Este é conhecido pela maioria como o fluído usado para embalsamar cadáveres e, definitivamente, não é o estado no qual você gostaria de estar. De acordo com o *Merck Manual* (manual de referência médica nos Estados Unidos), o EPA (Environmental Protection Agency = Agência de Proteção Ambiental) listou o formaldeído como cancerígeno, e a obra de referência afirma claramente que a ingestão desta substância em grandes doses pode causar a morte.

Na qualidade de pesquisadora científica, tenho familiaridade com o uso de formaldeído para sacrificar ratos, a fim de conseguir tecido de boa qualidade para ser visto sob o microscópio. Chamado de "fixação", o processo envolve congelar quimicamente o tecido, quando o formaldeído penetra nos vasos sanguíneos menores, facilitando a colocação do tecido numa chapa.

Sweet Misery continuou expondo informações espantosas, mas cada vez mais plausíveis, sobre como erupções, terríveis dores de cabeça e mais de quarenta sintomas podiam ser atribuídos ao uso do aspartame. Eu estava chocada, pensando como a geração de formaldeído sozinha podia causar todo tipo de problemas.

Mais alarmante ainda foi sabermos que o Instituto Nacional do Câncer relatou um aumento das ocorrências de câncer cerebral desde 1985, muito provavelmente ligado ao uso de aspartame. Em 1983, a população dos Estados Unidos começou a ingerir quantidades significativas desse adoçante artificial, substância nunca usada antes para o consumo humano. Em 1984, os norteamericanos consumiram cerca de três milhões de quilos de aspartame, quantidade que dobrou no ano seguinte e continuou a aumentar a cada ano.

Dois anos depois que o aspartame foi introduzido, a incidência de tumor cerebral saltou em dez por cento, nos Estados Unidos, enquanto a incidência de linfoma cerebral, um tipo de tumor agressivo e incomum, saltou em sessenta por cento. Esse aumento enorme não era devido a procedimentos inovadores de escaneamento e diagnóstico, como alguns declaravam; outras formas de câncer permaneceram iguais durante o mesmo período.

Como é que o FDA, a maior agência de vigilância do país a proteger os consumidores nas escolhas de alimento e remédios, deixou escapar isto?

A história de como o aspartame foi aprovado pelo FDA têm alguns subtons políticos assustadores. Durante dezesseis anos, o laboratório que produzia o aditivo alimentar, G. D. Searle e Co., ficou apresentando ao FDA um pedido de aprovação, mas, como não conseguia demonstrar que era seguro, nenhum comissário do FDA o aprovava. Então, alguns dias depois da tomada de posse do Presidente Reagan, em 1981, uma nova comissão do FDA foi nomeada e recebeu autorização de ignorar uma lei que rezava que aditivos alimentares precisavam de testes conclusivos de segurança, antes de serem aprovados.

Política, economia e interesses especiais em jogo? Talvez. Mas o aspartame entrou por baixo da porta, e Nutrasweet, o mais conhecido produto contendo aspartame, foi ao mercado. De acordo com o FDA, aspartame é a substância da qual há mais queixas em toda a sua história, com mais de dez mil queixas oficiais relatando um escopo de efeitos colaterais, incluindo efeitos neurológicos.

Sweet Misery terminou numa nota pungente e perturbadora, com a entrevista de uma mulher mantida na prisão federal. Diane Fleming cumpre sentença de cinquenta anos de prisão por envenenar o marido, que morreu de ataque cardíaco, depois de fazer exercícios vigorosos numa época de calor, e de beber grandes quantidades de bebida esportiva com aspartame.

Na entrevista, essa mulher chorosa e triste descreveu que um médico suspeitou de envenenamento e, na autópsia, encontrou o corpo cheio de formaldeído, que havia, literalmente, corroído os órgãos internos. No julgamento, a defesa afirmou incorretamente que só era possível explicar tal condição se alguém tivesse colocado um produto contendo metanol, como fluído limpador de parabrisa, na bebida do pobre homem. O suspeito mais provável era a esposa, a quem o júri julgou culpada, condenando-a à prisão perpétua, onde ela se encontrava atualmente.

Os créditos rolaram e eu desliguei o aparelho de DVD. Nancy e eu ficamos sentadas na frente da tela escura, chocadas e atônitas. Finalmente, eu me virei para a Nancy e disse: "Você acha que ela matou o marido? Eu acho que *de jeito algum*!"

"Concordo!" exclamou Nancy. "Além disso, ela não tinha motivo. Durante anos, o marido bebeu grandes quantidades de refrigerante diet e, no dia em que morreu, ele estava sorvendo esse veneno em vez de água."

"Bem... se uma pessoa pode morrer de overdose, então todos os efeitos colaterais tóxicos são plausíveis", comentei. "Eu não havia percebido que há uma cadeia lateral geradora de metanol na extremidade do aspartame!" Mentalmente jurei verificar os fatos científicos logo que voltasse a Washington, já me arrependendo de ter usado nas minhas palestras o aspartame como exemplo de um dipeptídeo simples.

Doce atualização

Voltando de Tucson para casa, com o projeto do livro embrulhado e pronto para ser enviado ao editor, fui direto para a biblioteca da escola de medicina da Universidade de Georgetown, onde verifiquei literatura, fiz uma minuciosa pesquisa pela Internet e também falei com meus colegas. Cori Brackett havia feito sua lição de casa e o que eu descobri corroborou-a inteiramente.

Aspartame é usado em mais de nove mil produtos comerciais de alimentos e bebidas, que continuam a ser comercializados. Só a venda mundial dos refrigerantes diet cresce em seis por cento ao ano, um mercado de um bilhão de dólares anuais, enquanto a venda de outros refrigerantes diminui numa razão de dois por cento, de acordo com um artigo de 2005, do Los Angeles Times.

Mas descobri que não era tão fácil ensinar às pessoas sobre os perigos do aspartame, quando assumi a tarefa de advertir meus amigos e colegas. Em ocasiões sociais, meus companheiros desprezavam meus comentários e continuavam a sorver seu veneno, com total desconsideração pelas pesquisas que estão sendo feitas, algumas logo ali nos seus quintais.

O farmacêutico da farmácia do bairro, no entanto, foi fácil de convencer. Quando o vi bebendo uma enorme garrafa de refrigerante diet e lhe disse que esse negócio estava ligado a sangramento intraocular, ele jogou a bebida no lixo, jurando que nunca mais a tocaria. Ele me contou que teve vários episódios inexplicados de sangramento ocular, nos últimos anos.

Na qualidade de farmacêutica, sei que a dosagem de uma droga é fator determinante de toxicidade, quanto maior a dose, maior a chance de efeito tóxico. Mas outro fator, a *potência*, contribui com a dosagem. Algumas drogas são tão potentes que bastam pequenas doses, tais como a endorfina opioide usada em revólveres tranquilizantes, para deter um rinoceronte de 400 quilos.

Descobri que Nutrasweet não é muito potente, portanto, grandes quantidades são necessárias para provocar o efeito adoçante. Uma lata de refrigerante contém uma quantidade de aspartame que encheria metade da concha da minha mão, o que é uma quantia tremenda de metanol e formaldeído para o corpo processar, só para evitar as 17 calorias de uma colher de chá de açúcar. Minha pesquisa na literatura apoia uma política de tolerância zero, apesar dos estudos que mostram níveis aceitáveis de consumo diário.

Tornando-me radical

Dizer que fiquei perturbada pelo que descobri na pesquisa é subestimar. Se tudo isso fosse verdade, e é, por tudo que sei, então todos nós fomos terrivelmente enganados, prejudicados até, pela política envolvendo o FDA, uma agência cujo propósito é proteger os consumidores. *Que outras coisas danosas estão aí? Eu me perguntava. O que mais escapou?*

Eu estava presa num dilema conhecido: não querendo derrubar a medicina convencional, mas impelida a contar tudo que sei, sob o peso de tanta coisa perigosa ou explicitamente errada. No meu primeiro livro, defendi muitas terapias alternativas e complementares. Agora sei muito mais, depois de aprender com as minhas audiências e ter verificado, do ponto de vista de uma cientista crítica, o que elas me contaram. O fiasco aspartame me perturbou muito e afetou pessoalmente a mim e as pessoas que me são caras, fazendo com que eu repensasse meu posicionamento e assumisse uma atitude muito mais radical com relação ao assunto. Quando é que devia realmente me manifestar, soprar o apito com base no que eu sabia por experiência?

Ao mesmo tempo, eu queria ter toda a cautela para não prejudicar os esforços que salvaram vidas e nos permitiram melhor qualidade de vida. Com certeza, a medicina convencional não deveria desistir de fazer o que sabe fazer melhor. Meu pulso de titânio, reconstruído depois de um acidente de esqui que destruiu os ossos, há alguns anos, é um lembrete de como eu me beneficiei da medicina convencional; e sou grata todos os dias pelo uso pleno e indolor da minha mão esquerda.

Quero ser bem clara: não há nada "mau" na medicina convencional, e eu não a ataco. No entanto, estou mostrando o estreito escopo de soluções que ela oferece, e sugerindo que devemos olhar para fora da caixa. Para isso é preciso se abrir para novas possibilidades de exploração.

E para dar crédito ao que se deve, a ciência convencional está se aproximando, mesmo que devagar, de uma visão mais holística, em que alguns médicos receitam a redução do estresse e até praticam acupuntura. Recentemente, topei com um antigo colega que chefia um prestigioso departamento de psiquiatria em Boston, posição que, para mim, epitomiza o ponto de vista do estabelecido e de suas limitações. Ele me surpreendeu ao me contar que, anos atrás, havia tentado impedir que o aspartame fosse comercializado, testemunhando e até fazendo uma acusação judicial. Ele esteve envolvido em pesquisa mostrando que o aspartame era uma excitoxina que pode matar células cerebrais. Ele parecia tão radical quanto eu e muito bravo com o fato de seu testemunho ter sido desprezado.

Resposta convencional: remédios e cirurgia

Lá no meu escritório em Georgetown, quando eu preparava palestras e trabalhava nos meus artigos científicos, continuei pensando sobre como a medicina convencional era insuficiente para tratar tantas doenças crônicas. Oitenta por cento das consultas médico-paciente de hoje são motivadas por distúrbios para os quais a medicina convencional não tem cura: dor crônica, diabete, esclerose múltipla, Alzheimer, doença cardíaca e até câncer. O registro dos resultados é bem triste e, considerando todo o tempo e dinheiro investidos, avançamos muito pouco até agora.

Minha irmã, Deane Beebe, que chefia a publicidade para uma organização jurídica de cuidados médicos na cidade de Nova York, frequentemente me conta do estado tumultuado do sistema médico convencional atual. Recentemente, ela falou de uma amiga de família, uma mulher que fez cirurgia corretiva para sua esclerose espinal de muitos anos. Seis anos depois, a mulher experimentava desconforto e foi aconselhada a ter um "ajuste" cirúrgico, o que ela fez, e quase faleceu em consequência das complicações. Por que, eu me perguntava, a medicina convencional não ofereceu a essa mulher nenhuma alternativa a não ser cirurgia e remédios?

Até nos casos em que a cirurgia é recomendada, a evidência que leva à decisão nem sempre é científica. Um estudo de Harvard, publicado no *The New England Journal of Medicine*, mostrou que, num grupo de cem pessoas *sem* dores nas costas, quase dois terços tinha inchaços na espinha, protuberâncias ou extrusões, visíveis numa Imagem por Ressonância Magnética. São as mesmas descobertas usadas para recomendar cirurgia a pessoas que vinham aos consultórios médicos *com* dores nas costas. Imagens por Ressonância Magnética, de alta tecnologia, muito caras, substituíram os raios X comuns, mas será que elas estão fazendo com que os médicos empurrem os pacientes para a cirurgia, sem que realmente precisem dela?

Queixas de dor crônica compreendem setenta por cento das consultas médicas, sendo que dor nas costas é a mais comum de todas. Mas estudos recentes de escaneamento do cérebro mostram que dor crônica é associada a anormalidades no córtex frontal, a área envolvida em fazer interpretações e tomar decisões quanto a sensações entrantes.

Agu Pert, meu primeiro marido, mostrou que a sensação entrante é intensamente filtrada por endorfinas e outras moléculas da emoção, localizadas na massa cinzenta periaquedutal (PAG), estrutura do cérebro em que acontece a primeira percepção da dor. Passando para regiões mais elevadas do cérebro, o desconforto é filtrado mais ainda e, se for forte o bastante, chega à região frontal do cérebro, o córtex frontal. Ali se toma a decisão sobre a gravidade da sensação, afetando o grau de sofrimento que a pessoa experimenta. Em outras palavras, a dor é intensamente influenciada pela emoção e interpretação, fato que aponta para possíveis terapias que não seja a cirurgia.

Mas tratar causas emocionais da dor crônica ainda está muito na periferia da medicina convencional. Uma exceção é o dr. John Sarno, médico de Nova York e autor, que obteve um grande índice de sucesso no tratamento de pacientes, abordando o conflito emocional como raiz da dor nas costas. Embora se tenha demonstrado que, a longo prazo, uma operação nas costas não costuma aliviar o sofrimento, a medicina convencional continua escolhendo esse método.

Depressão e trauma de infância

Enquanto a resposta da medicina convencional para a dor crônica é, predominantemente a cirurgia, a resposta para a depressão contínua é muitas vezes psicoterapia e remédios. Mas esta condição pode também ter raízes emocionais, que se originam em traumas da primeira infância, esquecidos e mantidos no subconsciente que eu acredito ser o corpo.

O dr. Charles Nemeroff, psiquiatra da Universidade Emory em Atlanta, trabalhou com pacientes gravemente deprimidos e descobriu que dois terços deles haviam vivenciado fatos traumáticos na primeira infância. Os três principais provocadores de depressão eram: pais que se divorciaram antes de a criança completar quinze anos de idade, pais que usavam drogas, e abuso sexual na infância. (Eu estava cética quando ouvi isso pela primeira vez. Mas ao rever os dados, constatei que mais de meio milhão de crianças sofre de abuso sexual a cada ano, e muito frequentemente isso tem relação com o uso de drogas. Acho que nós subestimamos em muito o efeito do uso de drogas na nossa saúde emocional e o impacto traumático que isso tem nas crianças pequenas numa família.)

O dr. Nemeroff realizou uma experiência com estudantes de medicina para provar esse ponto. Os sujeitos preencheram um longo questionário para determinar quais, se fosse o caso, dessas três condições de abuso na infância existiam para eles. O médico então tirou uma amostra de cortisol básico do sangue deles.

Cortisol é um hormônio de estresse secretado pelas glândulas adrenais. A secreção é estimulada por um peptídeo chamado CRF (fator de secreção de cortisol), fabricado no hipotálamo, uma estrutura no cérebro próxima da glândula pituitária. Muitos chamaram CRF de verdadeiro hormônio do estresse, e ele funciona não só como fator de secreção pituitária, mas também nos neurônios do cérebro todo – até no córtex frontal – bem como em células imunológicas e nos nervos que as conectam.

Depois que foram tiradas as amostras de sangue, pediram aos sujeitos que se submetessem a uma palestra de dez minutos, diante de três juízes de aspecto maldoso, uma tarefa altamente estressante para qualquer estudante de medicina. Em seguida, o dr. Nemeroff pediu que os mesmos indivíduos executassem rápidos cálculos matemáticos mentais, dizendo-lhes que nenhum estudante de medicina, participante desse estudo, jamais cometera um erro. Previsivelmente, os níveis de cortisol de todos os sujeitos subiram vertiginosamente, mas aqueles cuja informação biográfica mostrava um ou mais precedentes de depressão por trauma na primeira infância, tiveram os níveis mais altos de cortisol.

Este estudo mostra que o trauma na primeira infância predispõe uma pessoa à depressão, fato corroborado pela bioquímica que produz um efeito duradouro. Se uma pessoa não tratar uma ferida grave de um passado remoto, tem menos chances de se recuperar da depressão e precisa de remédios para se tratar. Um estudo recente mostra que pessoas deprimidas são dez vezes mais suscetíveis a sofrer um ataque cardíaco, sublinhando a importância de tratamento para questões não resolvidas na infância.

A relação trauma-depressão é clara, mas as terapias convencionais para curar essa causa-raiz não incluem abordagens que acessem a mente subconsciente no corpo. Sabemos pela fisiologia do novo paradigma que a memória emocional está armazenada no nível do receptor celular e é distribuída por todo o eu físico, não só no cérebro. A psicoterapia aborda aspectos mentais da depressão, mas ignora a realidade física da doença e, portanto, trata somente metade do quadro.

Além disso, como destacou o pesquisador e consultor de corpomente, David Lee, alguns traumas graves são armazenados nas partes antigas "reptilianas" do cérebro, onde se mediam comportamentos estereotipados e repetitivos. Essas áreas são a pré-fala e pré-lógica e, portanto, precisam ser acessadas por meio de algum trabalho corporal (tais como massagem, terapia craniossacral e quiropraxia).

Quando a psicoterapia não consegue curar a depressão e outros distúrbios de humor, a medicina convencional receita remédios antidepressivos. É interessante que quando pacientes de dor crônica não reagem a medicamentos clássicos contra dor, eles também recebem antidepressivos que podem de fato ser mais eficientes, apontando para uma relação íntima entre dor e depressão.

Estresse e depressão

O estresse é outra área que a medicina convencional, ainda apegada ao velho paradigma, está lutando para tratar. Recentemente, participei de uma mesa redonda de expertos nesse assunto, patrocinada e divulgada pela Pfizer, empresa farmacêutica internacional baseada na pesquisa. Índices crescentes de doenças relacionadas a estresse, tais como esclerose múltipla, psoríase e artrite, são extremamente bem documentados nas publicações da empresa.

O grupo foi convocado porque as empresas farmacêuticas tais como a Pfizer sabem que os norteamericanos estão procurando outras ferramentas de redução de estresse que não sejam os comprimidos. Um dos participantes, médico especialista em meditação, relatou que quando ele pendurou uma placa no seu hospital anunciando aulas sobre redução de estresse, tanto pacientes quanto profissionais lhe diziam: "eu preciso disso!".

Embora a relação entre estresse e depressão tenha sido bem documentada, um estudo apresentado pelo dr. Jeremy Coplan, num simpósio recente sobre neurociência, mostrou dramaticamente o impacto do estresse ao longo do tempo. Uma equipe da Universidade de Nova York estudou um grupo específico de macacos – os macacos radiata – cujo vínculo mãe-bebê é muito forte. As mães desse grupo primata amamentam os bebês durante seis meses, olhando longamente nos olhos deles.

Para testar como o aumento de estresse nas mães afetaria seus rebentos, os pesquisadores dividiram os macacos em três grupos e variaram a disponibilidade de alimento para eles. Em um grupo, as mães tinham recipientes de comida sempre cheios e acessíveis. Em outro, o alimento nos recipientes era bem diluído com serragem, forçando as mães a procurar o alimento durante muito tempo. Em um terceiro grupo, o suprimento de comida era trocado imprevisivelmente, forçando uma busca ora alta ora baixa de comida. Nos três ambientes, os bebês eram pesados e medidos durante o estudo, mostrando que todos eles tinham o mesmo aumento de peso, independente da disponibilidade de comida e das exigências de buscar comida.

Somente um dos grupos mostrou anormalidade – aquele cujo suprimento de comida era imprevisível. Nesse grupo, os bebês macacos pareciam e agiam deprimidos, mesmo anos depois. Fotografias mostravam-nos como adolescentes e adultos sentados encurvados, sozinhos e isolados em suas jaulas. Com o passar do tempo, eles cresciam e os níveis de CRF (fator de liberação do corticotrópico) no sangue deles continuava elevado, condição encontrada em seres humanos que cometeram suicídio.

Será que podemos aplicar essas descobertas a mães humanas que labutam para trazer para casa uma segunda renda e, por isso, restringem os afagos e tempo de qualidade com seus filhos? É bem possível. As mães macaco super motivadas buscavam a quantidade de alimento que necessitavam para continuar amamentando seus bebês, como prova o aumento semelhante de peso nos bebês dos três grupos. Não era a falta de tempo gasto cuidando emocionalmente dos seus bebês que causou o comportamento depressivo, e sim o fato de que o suprimento era errático e imprevisível.

Sinto pena das mães estressadas que suportam tanta culpa devido às exigências de seu trabalho. Ironicamente, o estudo dos macacos radiata parece indicar que uma rotina regular e previsível, com menos contato, é melhor para as crianças do que uma flutuação entre muita atenção e negligência frustrante. É mais difícil para as crianças conviver com a imprevisibilidade do alimento emocional do que receber o afeto num período curto, mas previsível. Sendo eu mesma uma mãe trabalhadora durante muitos anos, estou convencida de que as crianças humanas evoluem naturalmente para passar horas por dia umas com as outras, bem como com cuidadores que não sejam as mães, e sempre me senti contente em deixar meus filhos em creches bem cuidadosas.

Comer para se sentir bem

Um corpomente sobrecarregado com toxinas, também lidando com dor crônica, estresse e depressão de fundo emocional, não tem como se sentir bem. A terceira parte da equação é alimento e nutrição, porque o que comemos afeta o nosso corpomente. Os três fatores (toxicidade, trauma/estresse e nutrição) podem afetar o sistema imunológico, resultando na diminuição ou ampliação da saúde – isto é, em sentir-se mal ou sentir-se bem.

Acredito que o objetivo da boa nutrição é que nos sintamos bem. Isso pode parecer radical, mas se você come lixo, vai se sentir como lixo. É assim que chamo qualquer comida que você compra hoje em dia que não era comercializada antes da Segunda Guerra Mundial, quando toda a agricultura era orgânica. Durante a Segunda Guerra Mundial, grandes empresas de produtos químicos fabricavam munições para a guerra e, quando a luta acabou, essas empresas passaram a fabricar herbicidas e pesticidas, produtos químicos necessários para a produção em massa de alimentos. A comercialização da agricultura desde o início dos anos 1950, enquanto dava energia à população dos *baby-boomers*, transformou a maior parte do alimento que você e eu compramos no supermercado em uma coleção de elementos químicos.

Um exemplo de um alimento altamente processado é o grupo conhecido como "gordura transgênica", que significa ácidos graxos transgênicos, também conhecidos como "gorduras parcialmente hidrogenadas". Essas substâncias, usadas inicialmente na margarina, não existem na natureza, mas resultam de um tratamento químico das gorduras e dos óleos para impedir o ranço e ampliar a permanência dos alimentos empacotados nas prateleiras. Funciona porque os micróbios (bactérias, fungos e o bolor), que normalmente se refestelam no alimento integral não químico, não conseguem digerir gordura transgênica. Eles não gostam do plástico e não mexem no alimento alterado.

Mas os nossos corpos humanos tampouco conseguem digerir alimento de plástico! Não temos as enzimas que decomponham as gorduras transgênicas para digerir e eliminar, portanto, uma vez ingeridas, só podem sair de nossos corpos acoplando-se a fibras dietéticas excretadas nos movimentos peristálticos. Se a sua dieta tem pouca fibra, e as gorduras transgênicas não forem levadas para fora do seu corpo, elas se acumulam dentro do seu trato intestinal, dos seus vasos sanguíneos e do seu cérebro. Cerca de setenta por cento do seu cérebro é composto de gordura, portanto pense como é que esse acúmulo afeta a maneira como você se sente!

No último dia de Ação de Graças, eu comi frugalmente, mas tive a infeliz experiência de comer sem querer uma comida contendo gorduras transgênicas, depois de anos evitando meticulosamente esse elemento na minha dieta. Escolhi um produto de padaria que veio dentro de uma caixa sem rótulo, trazida por um convidado. Fiquei espantada por levar vários dias para me recuperar da sensação de entupimento e dor ao redor do meu fígado, na altura da costela do lado direito. No entanto, as gorduras transgênicas não só afetam o fígado, mas muitos estudos com animais experimentais sugerem que elas detonam a reação inflamatória no corpo inteiro, já que não são naturais.

Tendo aprendido minha lição, acredito que virtualmente todos os biscoitos empacotados, produtos de padaria, tortas e bolos congelados e até misturas de panquecas e bolos contêm gorduras transgênicas. Embora o FDA exija que os fabricantes de alimentos listem essas substâncias no rótulo dos ingredientes, você precisa ficar alerta para eliminá-las completamente de sua dieta. Pratique o hábito de ler os rótulos de todos os alimentos que você compra. Embora leve um tempo para conseguir decifrar a letra miúda, pode ser tão importante prestar atenção nesse assunto quanto apertar o cinto de segurança nas estradas. E cuidado com alguns alimentos rotulados "sem gorduras transgênicas", pois este rótulo é uma permissão legal para introduzir pequenas quantidades na sua alimentação – sem exceder o limite permitido por porção – que se transforma em grandes quantidades depois que você comeu o pacote inteiro.

É espantoso o quanto você pode se sentir melhor simplesmente eliminando de sua dieta alimentos empacotados e processados que contêm muitos outros elementos químicos; preferindo qualidade não quantidade; e se refestelando em frutas e vegetais à vontade, junto com carnes, ovos e nozes preparados na hora. Alguns dizem que o império romano caiu em declínio por causa do uso de chumbo na cerâmica e no revestimento dos aquedutos, que lentamente envenenou os cidadãos. Temo que, em algum tempo no futuro longínquo, as pessoas olharão para a nossa civilização e culparão os ácidos graxos trans e outros aditivos alimentares químicos pelo nosso declínio!

Artrite e inflamação: a conexão imunocerebral

Um grande efeito relativo à nutrição que a medicina convencional não consegue tratar é a inflamação, que aparece em muitas doenças, das quais a mais comum é a artrite. Esta condição é frequentemente atribuída à decadência da cartilagem que acolchoa os ossos e as articulações pelo corpo todo, causando dor e sofrimento a uma estimativa de vinte e um milhões de pessoas nos Estados Unidos. Mas sabemos, pelo novo paradigma da fisiologia, que a cartilagem dos joelhos se renova constantemente e, como resultado, você pode evitar essa doença em vez de aceitá-la como parte normal do envelhecimento.

A artrite é uma das doenças mais medicadas atualmente, mas a medicina convencional trata somente a dor, não a doença. Recentemente, vários analgésicos usados na artrite foram retirados do mercado por causa dos efeitos colaterais sobre o coração, incluindo Vioxx. Os remédios antiinflamatórios não esteroidais, vendidos no balcão das farmácias, como Ibuprofen e Aleve, mediante uso prolongado, interferem na digestão saudável. Precisamos pensar sobre o que mais podemos fazer para eliminar não só o sintoma, mas a fonte.

Qual é a causa raiz da artrite? A dor ocorre quando o seu sistema imunológico ataca articulações, em reação a um ferimento ou um antígeno, que é qualquer substância que ele não reconhece. Nesse grupo estão incluídos elementos químicos, presentes nos alimentos, tais como gorduras trans, micróbios e toxinas produzidas pelos micróbios.

Quando as células imunológicas chegam ao local dessa matéria estranha, a primeira parte de sua tarefa é ingeri-la. Em seguida acontece vermelhidão e inchaço, quando levas de células adicionais entram em cena, secretando os peptídeos da chamada cascata inflamatória. O resultado é calor e inchaço dolorido, ou inflamação.

Alguns peptídeos que agem nesses primeiros estágios de inflamação, tais como a substância P, também provocam um rubor no seu rosto quando você fica constrangido ou o fazem sentir calor quando está com raiva. A substância P é um neuropeptídeo normalmente encontrado nos nervos ao redor das articulações e desempenha um papel no desenvolvimento da artrite, conforme mostram experiências em animais. Se você corta o nervo da substância P, a artrite vai embora, provando que o cérebro, não a articulação, é que comanda o espetáculo.

Como o corpo e a mente são um, o que você pensa e diz afeta o estado de suas células. Sua vesícula, cada nodo linfático e todas as células imunológicas flutuantes estão em íntima comunicação com o cérebro, seja por meio de mecanismos difusores receptor/peptídeo celulares, seja via nervos autônomos que se estendem desde o cérebro até o sistema imunológico.

No mesmo instante em que você diz: "Oh, estou com problema no joelho", é como se você apertasse o botão imprimir no seu computador, condenando sua mente a produzir repetidamente os sintomas doloridos. Se você reenquadra sua experiência dizendo: "Meu corpo é capaz de se curar", você redireciona essas células imunológicas inflamatórias para longe da articulação dolorida, e a condição pode cessar.

Se isso lhe parece uma "viagem", você só precisa saber que é fácil para um hipnotizador provocar queimaduras redondas no braço de uma pessoa com moedas a temperatura ambiente, simplesmente com a sugestão de que elas estão incandescentes! Estudos controlados em pronto-socorros de vítimas de queimaduras demonstraram que os hipnoterapeutas podem reduzir drasticamente a extensão e o grau do dano, sugerindo vividamente que a pele queimada está fresca, como se estivesse coberta de neve, especialmente se a sessão hipnoterapeutica ocorre logo após a queimadura.

Outras intervenções mente-corpo que ajudam a tratar a artrite e outras condições inflamatórias incluem redução de estresse e meditação. A inflamação é um estado hiper, cheio de fluidos do sistema imunológico que pode ser o reflexo corporal de uma raiva crônica não resolvida. É interessante que falamos de acessos de "raiva", de estar "inflamado" de raiva.

Os sintomas de artrite são dez vezes mais comuns em pessoas cujos parceiros são briguentos! E o perdão, como mostram os estudos, pode ser útil para reduzir a inflamação e curar a artrite.

Existem muitas maneiras de cultivar este padrão emocional, inclusive participar de religiões tais como cristianismo que enfatizam seu poder. Podemos alcançar o perdão também ouvindo regularmente CDs especiais antes de adormecer, escrevendo ou falando com a pessoa da qual sentimos raiva, ou estudando programas que focalizam o assunto (por exemplo, *Um Curso em Milagres*). O trabalho corporal, como massagem ou quiropraxia, pode ajudá-lo a entrar em contato com emoções dolorosas, enterradas, para começar o processo do perdão. Qualquer um desses métodos pode ajudá-lo a liberar a raiva, para que a emoção não fique entalada, inflamando seu corpomente.

Minha experiência com artrite me ensinou que, além das intervenções no corpomente, uma dieta de alimentos crus e de suplementos enzimáticos pode ajudar. Eu me deparei com os sintomas de artrite pela primeira vez há alguns anos, quando o meu tornozelo, que já havia sido machucado antes numa queda, começou a doer, por vingança, durante uma época muito estressante da minha vida. Logo, o tornozelo ficou tão inflamado que eu passei a usar muletas, fui diagnosticada com artrite e receitada com remédios.

Dentro de dias, incapaz de aceitar uma vida de dor incapacitante, eu me rebelei e contratei um praticante de naturopatia, que se mudou para a minha casa por algumas semanas. Sua especialidade era a dieta e ele me alimentou com pratos integrais, preparados desde o básico, junto com alimentos crus. Eu tomava suplementos de bromelaína com o estômago vazio, junto com montes de água pura e me movimentava o máximo que conseguia.

A bromelaína, derivada do abacaxi, é uma poderosa enzima que pode eliminar o acúmulo tóxico de alimento que não foi totalmente digerido. Na tradição ayurvédica, este lixo é chamado "ama", mas a tradição ocidental não o reconhece e, portanto, não tem um nome para isso.

Após algumas semanas, os sintomas desapareceram e eu tive apenas recorrências suaves, especialmente quando descarrilhava da alimentação integral natural.

Ama, conforme me ensinou Nancy Lonsdorf, médica formada em medicina ocidental, treinada em medicina ayurvédica, também pode ser produzido por comer depressa demais; comer enquanto discute tópicos estressantes; ou impedir a digestão assistindo a TV, dirigindo, ou lendo durante a refeição. Alimento não digerido por causa do excesso de comida também pode contribuir com este ama, que tem a aparência de lodo. Os intestinos ficam entupidos e cheios de micróbios insalubres se refestelando no lixo não processado (que é em si antigênico), ativando seu sistema imunológico a reagir constantemente, causando assim inflamação e dor. Vitaminas preparadas com frutas e vegetais frescos, acredito eu, podem fornecer enzimas e fibras suficientes para começar a livrar o corpo do lixo tóxico e prevenir e até reverter a artrite.

Dois estudos científicos, publicados recentemente, apoiam uma abordagem alimentar para tratar a artrite. Um afirma que bromelaína reduz a dor no joelho e melhora o bem-estar, dependendo da dose, num estudo aberto de adultos saudáveis nos outros aspectos. Outro, usando um estudo aleatório às cegas, descobriu melhoras clinicamente significativas com tratamentos de enzima numa dieta inalterada. Nem sempre é fácil encontrar estudos controlados, em publicações, sobre tópicos relevantes como esse. A boa pesquisa é dispendiosa e, com frequência, tem-se disponíveis somente fundos governamentais limitados.

Controlar a inflamação é crucial – e possível – na fisiologia do novo paradigma. Acredito que o que chamamos de envelhecimento "normal" é realmente uma inflamação anormal, tal como artrite, e é devida às muitas substâncias estranhas no nosso corpo, bem como outras formas de estresse físico e emocional. Permanecer jovem significa chegar às fontes reais da inflamação, que é citada atualmente como causa de doenças como Alzheimer, Parkinson, esclerose múltipla e até esquizofrenia.

Comer para sentir-se bem

A artrite e outras condições inflamatórias são completamente controláveis no novo paradigma da fisiologia. Se você tem sintomas de artrite, existem várias coisas que pode fazer para diminuir a inflamação e se proteger da dor debilitante, que não seja depender de remédios:

- **Coma alimento simples não processado.** Prepare o alimento desde o começo, com tantos ingredientes orgânicos e integrais que você consiga encontrar. Não faça compras em supermercados ou armazéns, mas visite as feiras dos fazendeiros da região e lojas de produtos naturais. Aprenda a ler rótulos e entenda o que você está procurando. Uma regra mais simples ainda é: se você não sabe o que é, não coma.

- **Mude sua dieta e/ou tome suplementos para ficar menos predisposto à inflamação.** Inclua mais alimentos crus nas refeições e tome suplementos de bromelaína, quando os sintomas estão ativos.
- **Coma gorduras "boas".** Quanto mais gordura animal (isto é, colesterol) na sua dieta, e quanto menos gorduras vegetais e óleos encontrados em peixe (Omega-3), tanto mais agitado e "raivoso" fica seu sistema imunológico. Os ecosinoides e prostaglandinos são os analgésicos naturais do corpo, e eles são feitos de Omega-3 EHA e DFA, que podem ser tomados como suplementos. Portanto, precisamos de gorduras, mas a grande questão é conseguir as "limpas", já que as toxinas ambientais que agravam o sistema imunológico são solúveis em gordura e, portanto, acabam presentes na gordura alimentar.
- **Limpe seu fígado e outros órgãos internos.** Faça uma dieta de limpeza, tal como *Plano de Limpeza de Gorduras*, criado pela dra. Ann Louise Gittleman e sobre o qual ela escreve em seu livro *Fat Flush Plan*, ou qualquer outro regime. Comece fazendo isso pelo menos uma vez por ano e, conforme você envelhece, aumente a frequência. É um passo preventivo básico a ser tomado, não um capricho nem complemento. Não é difícil, e pode ser feito durante o seu trabalho cotidiano ou outras atividades. Os benefícios que você pode esperar, quando se desintoxica e limpa o fígado ao mesmo tempo, são aumento de energia, efeitos antienvelhecimento, aumento de sensação de paz e relaxamento, menos alergias graves, mais criatividade e inspiração, e melhor clareza mental e emocional.
- **Mantenha-se aquecido e sue bastante.** Remova as toxinas por meio do calor e do suor. Se você mora num clima quente e não tem acesso a uma academia de ginástica, beba muita água e provoque um suadouro todos os dias. Se não, apenas caminhe e faça as coisas se mexerem em seu corpo, beba muita água e faça sauna. O calor faz você se sentir melhor da artrite, já que esta piora com frio e umidade. Isto porque muitas impurezas em seu corpo se precipitam, cristalizam-se ou se

condensam nos cotovelos e joelhos, tornozelos, extremidades e mãos, que são mais frios do que o torso. Portanto, mexa-se e mantenha-se aquecido, e o ideal é suar numa banheira quente ou sauna.
- **Mantenha-se em movimento.** Faça bastante exercício para manter suas articulações flexíveis e tenha cuidado em não mergulhar na inatividade, conforme você envelhece.
- **Pratique o perdão, uma emoção curativa poderosa.** Você pode fazer isso acontecer com apoio espiritual ou religioso, psicoterapia, trabalho corporal do novo paradigma, ou comunicação direta com pessoas em sua vida que provocaram sua raiva ou de quem você ainda guarda ressentimento. O mais importante: perdoe a si mesmo! Então verá seus sintomas de artrite desaparecerem milagrosamente.
- **Reduza o estresse.** Aprenda a meditar, faça yoga, ou use técnicas de relaxamento.
- **Pratique afirmações.** Fale com o seu corpo e diga: "Eu amo meu joelho, que está se renovando a cada dia, porque eu o estou tratando bem."
- **Perca peso se você precisa.** Quilos extras colocam mais tensão em suas articulações, portanto, assuma uma dieta de perda de peso, largando pelo menos cinco quilos. Novamente, eu recomendo *The Fat Flush Plan*, de Ann Louise Gittleman, M.S., C.N.S.; e também *The 3-Day Solution Plan*, de Laurel Mellin, M.A., R.D. Ambos tratam da perda de peso a partir do paradigma mente-corpo e têm sido úteis para mim.

AÇÚCAR: UMA DROGA VICIANTE

Se você quer sentir-se bem, precisa lidar com seu vício em açúcar. Você diz que não é viciado? Pense de novo. Estudos têm mostrado que ratos se esforçam tanto para receber um bocado de água açucarada quanto para receber uma injeção de cocaína!

Mesmo que você não coma açúcar puro, seu corpo o fabrica a partir de alimentos que você ingere, e pode ser a maneira que você consegue o seu "barato". Todos os carboidratos refinados, produtos feitos com farinha branca, tais como pão e macarrão, quase instantaneamente se transformam em açúcar dentro do seu corpo, no momento em que entram em contato com a saliva na sua boca.

O açúcar é uma droga num sentido muito real, e somos viciados na sensação "para cima" que temos quando os níveis de açúcar no sangue aumentam. Esta substância afeta diretamente nossas moléculas da emoção – a principal delas é a insulina. Drogas externas, químicas internas e as emoções – todas elas usam exatamente os mesmos caminhos e receptores.

O pó branco que você compra no supermercado é, na verdade, sacarose e consiste em dois açúcares: frutose acoplada a glucose. Esses formam um dissacarídeo que tem gosto doce e pode ser decomposto em seu corpo.

Seu cérebro funciona com glucose, a única forma de açúcar que ele pode usar como combustível. Por essa razão, os níveis de glucose no sangue são muito cuidadosamente monitorados pela insulina, bem como numerosos outros neuropeptídeos, para que eles permaneçam dentro de um escopo estreito. Seu pâncreas contém diferentes moléculas da emoção que regulam cuidadosamente o fluxo de glucose para o seu sangue e de lá para o cérebro.

A glucose é tão importante para a maneira como você se sente que, quando seus níveis sobem, você sente tontura. Quando a quantidade diminui, você pode sentir pânico, agitação ou depressão. A demanda por glucose pode dominar seu comportamento, assim como o anseio por heroína, impelindo-o a não só procurar mais e mais alimentos doces, mas também a ter comportamentos associados a aumento dos níveis de açúcar no sangue.

Diferente da heroína, porém, o açúcar é uma substância legalizada, abundante e barata, portanto, você pode satisfazer esse impulso com o suprimento disponível e ficar dependente sem mesmo saber. Igual a qualquer droga, quanto mais ingerir dessa substância externa ao corpo, tanto menos será capaz de fabricar sua própria versão, assim como os viciados em heroína reduzem sua capacidade de fabricar endorfinas. Doces, assim como a heroína, entram no sangue (e daí no cérebro), muito rapidamente, fornecendo uma "corrida de açúcar" que dispara a liberação de outros neuropeptídeos para compensar. Quanto mais alto o índice glicêmico de um alimento específico, tanto mais rápido o açúcar é capaz de deixar o seu estômago e correr para o seu cérebro. A fibra natural na dieta desacelera esse "barato", e também o inevitável abatimento que se segue algumas horas depois.

A frutose é fabricada do milho digerido enzimaticamente, um adoçante barato, usado comumente em muitas bebidas e alimentos processados.

Embora a frutose se encaixe no receptor de açúcar das células e tenha gosto doce, não pode ser usada pelo seu cérebro. Ela engana seu corpo e o faz pensar que está recebendo uma dose de combustível para o cérebro, quando, de fato, não está, causando uma reação em algumas pessoas sensíveis.

Quando eu estava numa dieta muito bem controlada com restrição de açúcar, meu marido acidentalmente trouxe para casa uma bebida matinal sem proteína que continha fructose, quase indetectável no rótulo em letra miúda. Depois de uma longa e pesada caminhada, bebi o que julgava ser uma bebida sem açúcar e fiquei super agitada pelo resto do dia. Por causa do gosto, meu corpo mente pensou que estava recebendo uma dose de glucose, e se ajustou de acordo. Mas, de fato, eu ingeri uma forma de açúcar que não era rapidamente conversível em glucose, o combustível do cérebro.

A lactose, encontrada no leite, é um açúcar muito saudável porque consiste em glucose essencial, combinada com galactose, que é outro açúcar vital. Desses dois açúcares, os nossos corpos podem fabricar todos os outros de que precisamos. Embora ouçamos muito sobre "intolerância a lactose", o leite pode ser muito saudável, especialmente quando fervido para destruir os alergenos. Satisfaz bem quando misturado com canela e bebido antes de deitar, já que a lactose fornece os dois açúcares essenciais dos quais você precisa, e o leite quente ajuda a dormir.

Açúcar: peso, humor e envelhecimento

Quando você ingere muito açúcar ou alimentos que se convertem rapidamente em açúcar no seu corpo, você pode ganhar peso, envelhecer prematuramente e sofrer de humor instável. O mecanismo para todos esses efeitos é a molécula da emoção, chamada insulina, um neuorpeptídeo secretado pelo pâncreas, mas encontrado também no cérebro.

A tarefa da insulina é regular o açúcar no sangue e, quando você come um monte de coisas doces, ela é liberada no seu sangue para ajudar as células a lidar com o excesso e armazená-lo. Este neuropeptídeo envia um sinal para que o açúcar seja considerado gordura, um mecanismo que vêm de uma época em que nossos corpos primitivos das cavernas tinham de se proteger contra a falta de alimento.

O peptídeo glucagon, fabricado no pâncreas, é secretado quando você tem nível baixo de açúcar no sangue. Ele estimula a liberação de glucose do fígado. A proporção de glucagon e insulina em sua corrente sanguínea determina se o açúcar será armazenado ou fabricado. Fazemos o nosso próprio açúcar, quando precisamos dele, por um processo chamado "glucogenese", no qual o aminoácido alanina se combina com o ácido cítrico, o mesmo encontrado na grapefruit. Mas praticamente nós nunca precisamos usar este caminho saudável de energização porque a nossa dieta típica de alimentos açucarados, chips e produtos de farinha branca fornece aos nossos corpos uma grande quantidade dessa matéria.

Experimentos com vermes inferiores sugerem que comer açúcar demais pode causar envelhecimento precoce. O laboratório da dra. Cynthia Kenyon, na Universidade da Califórnia, São Francisco, retirou o receptor de insulina do *C.elegans* e observou que o verme viveu três vezes mais do que o seu ciclo normal de vida de um mês. Além disso, a criatura de fato tinha a aparência muito mais bonita e jovem ao envelhecer, permanecendo dez vezes mais ativa do que seus colegas. O verme provavelmente permaneceu jovem porque o seu circuito de insulina foi desligado, um processo que podemos imitar, cortando a ingestão de alimentos que elevam o nível de açúcar no sangue.

Existem muitos estudos mostrando que, quando privamos de açúcar os animais, garantindo baixa reação de insulina, eles vivem mais. Portanto, se você procura uma fonte da juventude, tente abandonar os doces, bem como pães de farinha branca, macarrão e panquecas.

Doce solução

Como você pode conseguir que seu corpo solte menos insulina para que você perca peso, mantenha um humor estável e reverta o processo de envelhecimento? Além de diminuir os carboidratos refinados, tente equilibrar sua dieta comendo uma proporção aprovada cientificamente de quarenta por cento de carboidratos, trinta por cento de proteínas, e trinta por cento de gorduras boas (óleo de oliva ou de canola, e Omega-6 do peixe como salmão) em cada refeição, para manter a liberação de insulina sob controle. Tanto a gordura quanto a alta taxa de fibra dos carboidratos, em forma de frutas e vegetais, diminuirá seu índice glicêmico.

É claro que o controle da porção é primordial. Porções muito grandes, não importa quão perfeitamente equilibradas, causarão ganho de peso. Além disso, coma somente quando estiver de fato com fome! Verificar o motivo emocional que leva ao comer é um desafio interessante.

Pode ser útil passar para cinco refeições pequenas por dia, em vez de duas ou três refeições pesadas, tratando cada uma delas como uma dose de remédio. Isso incentiva seu metabolismo e o ajuda a queimar calorias, enviando a mensagem para o seu corpomente de que há abundância de alimento. Se a mensagem é "escassez de comida", sua insulina e outros neuropeptídeos se precipitam para armazenar o açúcar como gordura, fazendo com que você se sinta e aja languidamente no processo. Como já disse, seu corpo está predisposto geneticamente a reagir dessa forma, resquício da época em que nossos ancestrais primitivos tinham escassez de alimento, proximidade tribal e exercício constante. Hoje em dia, ao contrário, temos comida abundante, isolamento social e muito pouco exercício, confundindo nossos corpomentes e contribuindo com uma epidemia de obesidade.

Acredito que os dados científicos mostram claramente que o açúcar na dieta causa diabetes e que mudanças na dieta e aumento de exercício podem reverter a doença. A diabetes duplicou, nos últimos oito anos, e os hospitais estão cheios de pessoas sofrendo de cegueira e amputações, seus resultados frequentes. É mais do que chocante que crianças, que nunca tinham o que antes se chamava de diabete "adulta" (tipo 2), atualmente a estão contraindo em números impressionantes, pois ficam sentadas assistindo à TV setenta mil horas por ano, com comerciais anunciando doces e alimentos processados.

Lembre-se de que o açúcar é uma droga, que começou a ser colhida e refinada no século XVII. Não fomos desenhados para comer açúcar, e cada cultura é mais geneticamente predisposta ou menos, à diabetes.

Distinguindo fato de ficção

As pessoas não sabem mais em que acreditar, de tão enganadas que estão pelos relatórios e estudos que diariamente são lançados nos noticiários. E dado o enorme volume de informação proveniente dos institutos de pesquisa, não podemos contar com os nossos médicos para obter deles interpretações precisas.

Um dia a terapia de reposição hormonal causa câncer, no dia seguinte não causa. O leigo não consegue entender tudo isso, no entanto, todos ficam tentando fazer sentido do que leram, procurando alguma base para condições que não estão sendo curadas.

Pesquisadores cientistas, porém, são treinados para serem críticos. Nos seminários das faculdades, sentamo-nos juntos para ler trabalhos, tentando encontrar falhas para que possamos questionar as conclusões. Uma maneira comum de avaliar informação conflitante é por uma meta-análise, uma enquete entre muitos estudos, que calcula o número de aspectos positivos e negativos, baseando as conclusões no maior total final. Eu pessoalmente não acredito que meta-análise seja tão convincente quanto duas ou três descobertas positivas analisadas sem erro.

Se você conseguir caminhar pelo jargão científico, recomendo visitar o website PubMed (www.PubMed.gov), um serviço da Biblioteca Nacional de Medicina e dos Institutos Nacionais de Saúde, que inclui mais de 15 milhões de citações do Medline (um serviço de indexação) e outros diários de ciência da vida, em busca de artigos biomédicos que remontam até os anos 1950. PubMed inclui links ao texto integral dos artigos que comentam artigos de jornais científicos feitos por outros cientistas. Outra fonte útil para avaliar novas descobertas científicas é o website Centro Nacional de Medicina Complementar e Alternativa dos Institutos Nacionais de Saúde (http://nccam.nih.gov).

Esperança a caminho

Enquanto eu continuava fazendo pesquisa no meu escritório em Georgetown e em casa, revisando a literatura e verificando os dados, apareceu em cima da minha mesa um artigo enviado por um organizador de palestras do Kaiser Permanente, o maior complexo hospitalar do país. O artigo saiu no prestigioso e autorizado *Journal of the American Medical Association* (Diário da Associação Médica Americana), intitulado "Dieta, Estilo de Vida e Longevidade – os Próximos Passos?". Eu o li com vivo interesse, sabendo que os Kaiser podem ser os verdadeiros cães de guarda da medicina convencional, observando o que funciona e economiza dinheiro, mesmo se for algo simples e de pouca tecnologia, como uma dieta limpa e estilo de vida ativo.

O artigo relata as descobertas de um grupo de pesquisadores europeus que observaram homens e mulheres, na idade de 70 e 80 anos, que estavam livres de doenças crônicas. Os indivíduos adotavam uma dieta "mediterrânea" (nada em embalagens!), eram moderados consumidores de álcool, não fumavam e caminhavam pelo menos meia hora por dia. Cada um desses fatores se associava a índices mais baixos de mortalidade e, quando dois ou mais elementos se combinavam, os índices eram ainda menores. A doença coronária se reduzia em 83 por cento, diabetes em mulheres em 91 por cento e câncer do cólon nos homens em 71 por cento. Comparados a remédios e cirurgias, esses fatores de estilo de vida ganham estrondosamente. Se uma pílula promovesse estes resultados, as manchetes de todos os jornais do mundo gritariam a notícia.

Vale a pena citar diretamente a conclusão dos investigadores: "Como sociedade, os Estados Unidos gastam bilhões em tratamento de doenças crônicas e intervenções por fatores de risco. Embora esses sejam úteis e importantes, uma fração desse investimento destinada a promover estilos de vida saudáveis, como prevenção primária entre indivíduos de todas as idades, resultaria em grande benefício."

Esta declaração provém de um diário apreciado pelo paradigma reinante e mostra que *está acontecendo uma mudança!*

5

WASHINGTON: CURA E CONSCIÊNCIA

Aproximava-se o fim de semana do dia 4 de julho, uma chance de Michael e eu sairmos de Washington e passarmos um tempo na nossa ilhazinha mágica favorita em Chesapeake Bay, onde temos uma cabana de veraneio. Eu havia convidado a Nancy e o marido, Richard, junto com os nossos anfitriões de Tucson, os quiropatas Joan e Nicholas, virem também para tomar sol e nos divertir no fim de semana prolongado.

O plano era que Nancy e Richard ficassem uma semana a mais na Costa Leste, para assistir à conferência programada pelo Instituto de Ciências Noéticas (IONS), na qual eu daria uma palestra. Este evento de três dias se realizaria na região de Washington, pela primeira vez na história do Instituto – do outro lado do Rio Potomac, em Arlington, Virginia, praticamente no meu quintal. O tema da conferência era "cura e consciência."

Eu não havia visto Nancy desde o nosso encontro em Tucson, mas nós falamos regularmente ao telefone, especialmente desde que o projeto do nosso livro havia sido aceito em junho. Havíamos marcado o dia primeiro de julho para iniciarmos nossa aventura criativa de seis meses, e parecia uma boa ideia reunir-nos com a equipe original, velejando, tomando sol e comendo tortas de siri na Chesapeake Bay.

Mike e eu chegamos cedo à ilha para preparar a nossa casa e depois fomos andar de bicicleta pelas ruas tranquilas, aliviando-nos um pouco da tensão e do estresse do nosso trabalho. *Tormenta* seria uma palavra muito mais precisa de como estávamos sentindo a nossa situação atual. Recentemente, o investidor de longa data do Peptídeo T havia parado de patrocinar, deixando-nos na mão, sem os nossos salários e sem os laboratórios na Escola de Medicina da Universidade de Georgetown, e com toda a pesquisa estagnada. No decorrer dos últimos seis meses, sobrevivendo de poupança, nós lutávamos para conseguir licença de comercializar a nossa invenção do NIH, a fim de que RAPID pudesse levantar fundos para lançar um teste pivô humano para aids. Estávamos exaustos.

Mas aqui nessa bela ilha, deixamo-nos transportar para os anos 1950. Os carros se moviam lentamente, os vizinhos paravam para conversar e não havia email. Estávamos fora do alcance do telefone celular e podíamos esquecer a vida acelerada de Washington. Quando Joan e Nicholas chegaram, trouxeram suas mesas de quiropraxia e as colocaram na nossa sala de estar, oferecendo a todos nós tantos ajustes quantos desejássemos, durante o fim de semana.

Cura espiritual, estilo americano

Minha experiência com a quiropraxia remonta ao final dos anos 1980, quando conheci Joe Skinner, fundador da Quiropraxia Rappahannock, que me testou por meio da kinesiologia aplicada, método inventado em 1964 pelo quiropata George Goodhart. Ele se baseia na resistência muscular para acessar o subconsciente e fornecer respostas aos terapeutas, a fim de que eles façam o diagnóstico e o tratamento.

Pouco tempo depois, entrei em contato com o estilo brilhante e sutil da terapia craniossacral, desenvolvida pelo dr. John Upledger. Conheci este pioneiro numa conferência, sentei-me perto de onde ele tratava um paciente e senti um nódulo de tristeza se soltar do corpo deste. Achei muito impressionantes suas ideias sobre "cistos somatoemocionais" que se formam no corpo de uma pessoa, quando fortes emoções acompanham um ferimento físico.

Mais tarde, nos anos 1990, explorei outro ramo de tratamento quiropata, conhecido como Quiropraxia de Rede e o dr. Donald Epstein, fundador do ramo, fez em mim vários ajustes. Epstein havia rompido com a linha mais tradicional do treinamento quiropata e ensinava as pessoas a focalizar a liberação de energia e não a liberação estrutural ou "esmagamento de ossos".

Frequentemente se fazem ajustes nos clientes por meio de toques leves, em grupos, às vezes em uma maratona de fim de semana, chamada "Portal Transformacional". Durante os tratamentos, os pacientes experimentam uma onda somática-psíquica de energia varrendo a sala, detonando emissões emocionais e energéticas que parecem ajudar as pessoas a se sentirem bem.

Eu conhecia a cura energética da filosofia oriental, que ensina que a consciência (mente, emoções e espírito) vem em primeiro lugar e o universo material vem em seguida. A medicina chinesa, por exemplo, se baseia no *chi*, uma energia que viaja pelos meridianos – caminhos energéticos misteriosos – para avivar o corpo com força e bem-estar. É claro que no modelo biomédico que eu estudei, a espinha é o principal condutor energético, um cabo elétrico de milhões de axônios e dendritos que se estende dos neurônios ao cérebro e ao corpo. Não se reconhece nenhum caminho pelo qual essa misteriosa "energia" poderia viajar.

Fiquei surpresa ao saber sobre uma forma original de quiropraxia que começou a ser praticada na virada do século XX e tinha uma base espiritual. Gosto de considerá-la como a nossa própria cura espiritual doméstica ao estilo americano – uma forma ensinada atualmente em catorze faculdades do país.

O sistema original quiroprático foi descoberto "acidentalmente", em 1895, por D. D. Palmer, um terapeuta autodidata e homem de negócios, que conheceu filosofias orientais durante uma viagem de negócios ao Japão. Ao ouvir uma piada que um colega contou no corredor do edifício de sua empresa, Palmer riu e espontaneamente deu um tapa nas costas de um porteiro que estava por ali. Esse indivíduo era Harvey Willard, um negro surdo, que sentiu algo se soltar nas costas, mas nada disse. No dia seguinte, Willard voltou ao escritório de Palmer para relatar que, por causa do tapa, ele voltara a ouvir!

Palmer tentou reproduzir o "ajuste", mas não tendo uma mesa apropriada para que o porteiro deitasse com a barriga para baixo, tratou-o com mais tapas e quebrou-lhe o nariz, fazendo seu sangue escorrer para o chão. (Esta história foi me contada por um quiropata que conheci em uma de minhas palestras, um colega de escola da bisneta de Willard, ela mesma uma quiropata treinada por Palmer, que lhe havia contado esta história.)

D. D. Palmer desenvolveu sua teoria de que, ao remover bloqueios nos nervos espinhais, a *inteligência inata* do corpo assumia o controle e realizava a cura necessária. Ele e o filho, B. J. Palmer, junto com um grupo fiel de seguidores, passaram um tempo na cadeia por prática ilegal de medicina, mas o movimento sobreviveu e cresceu, tornando-se uma modalidade de cura marginalizada, mas cada vez mais aceita. Os Palmer foram os primeiros a cunhar a frase *corpo, mente e espírito* como a essência tríplice do ser humano, e os primeiros a dizer: "O poder que fez o corpo, cura o corpo."

Atualmente, catorze faculdades de quiropraxia treinam terapeutas nos Estados Unidos, as duas mais famosas talvez sejam o Palmer College em Davenport, Iowa, e Life University em Atlanta. Tipicamente, um estudante faz dois anos de treinamento médico, semelhante ao exigido para um M.D., e depois mais dois anos aprendendo os métodos da quiropraxia de Palmer. Depois de formado, mesmo que sua disciplina seja de origem espiritual, a maioria dos quiropatas adere ao método medicamente mais aceitável (e reembolsável) de usar raios X para determinar o tratamento. Esta variedade mais convencional de terapia é a que você mais provavelmente irá encontrar quando procurar nas páginas amarelas, mas existem muitas variações e estilos, com maior ou menor ênfase na remoção de "subluxações" ou desalinhamentos das vértebras, por manipulação manual.

O estilo que Joan e Nicholas praticam, chamado *At-Ease Wellness* (Bem Estar Calmo), derivou-se da Quiropraxia de Rede de Epstein. É uma abordagem energética ensinada em seminários de pós-graduação, não fazendo parte do treinamento licenciado e reconhecido, exigido de um quiropata para que ele possa pendurar sua placa. A verdade é que existem tantos estilos de quiropraxia quantos praticantes. Recomendações de amigos e experiências de tentativa e erro ajudam a maioria das pessoas a encontrar o melhor quiropata para elas. Inspirando mais confiança, praticantes acadêmicos, como o dr. Joseph Sweere, professor da Universidade de Ciências de Saúde Northwestern, em Minneapolis, estão na linha de frente da terapia holística.

A ideia de o corpo ter uma inteligência inata com certeza fez sentido para mim, a partir da pesquisa que eu havia feito em moléculas informacionais, mas, para o meu entendimento científico, continuava um tanto vago o mecanismo que fazia a energia passar do corpo e de uma pessoa para outra. A explicação articulada de Joan me fez perceber como a Quiropraxia de Rede funcionava para que ajustes grupais fossem possíveis, por meio de uma teia ressonante de energia vibrante. Será que isso poderia ser levado através e para fora do corpo, causando uma conexão curativa de uma pessoa para outra? E, se fosse assim, por meio de qual mecanismo verificável isso acontecia?

Questionei isso durante muito anos, pessoalmente obtendo os benefícios de cura energética em muitas modalidades diferentes, mas incapaz de entender o mecanismo físico que se correlacionava a isto, até que conheci o dr. James Oscham, cujo trabalho me capacitou a entender a base científica da medicina energética, um campo que incluía quiropraxia, cura pelas mãos, Reiki, cinesiologia, acupuntura, shiatsu e outros. Mas levei um tempo para absorver esse entendimento – tão radical, e um paradigma tão novo – e para isso se tornar real para mim. Eu tive de esperar mais três meses, quando o próprio Oschman viria fazer uma apresentação em Washington e me explicaria pessoalmente a base da medicina energética.

Início rompante da liberação de trauma essencial

"Guarde esse laptop!" provoquei brincando, ao encontrar Nancy na cozinha de nossa cabana, na primeira manhã de nossa estadia na ilha. O resto do grupo estava relaxando na varanda telada de trás da casa, bebericando bebidas matinais e desfrutando a brisa fresca antes da chegada da umidade elevada do dia. Eu estive dando umas olhadelas no fino computador iBook branco de Nancy, fechado, sobre o balcão da cozinha, que me lembrava do nosso projeto pendente do livro.

"Você me prometeu que não iríamos trabalhar no livro aqui", ralhei, brincando. Nós havíamos planejado começar nossa tarefa quando o fim de semana do dia 4 de julho terminasse, depois de termos relaxado e gozado um pouco de folga. Então voltaríamos juntas para a minha casa em Washington, a fim de escrever durante alguns dias antes da conferência.

"Ok", respondeu Nancy. "Mas só para garantir, eu trouxe o meu gravador e, quem sabe..."

Eu sabia que ela tinha razão, e que em algum ponto nós iríamos querer capturar para o livro a saga contínua de nossa própria cura, especialmente com nossos terapeutas particulares na casa. Eu não tive de esperar muito: pouco depois do café da manhã, eu me deitei com a barriga para baixo na mesa do Nicholas, respirando profundamente, enquanto ele fazia seus ajustes energéticos mágicos, estabelecendo uma rede comunicativa entre ele e quem mais viesse a se deitar na outra mesa da sala.

Nicholas andava de um lado a outro entre as duas estações, usando as mãos para tocar de leve os pontos chave nas minhas costas e liberando bloqueios de energia estagnada. Das minhas experiências anteriores de "Portal", quando centenas de pessoas foram tratadas na mesma sala, eu sabia que memórias profundamente enterradas poderiam emergir durante o tratamento, soltando uma repentina torrente de emoção, quando impelidas por uma onda somática-psíquica. Às vezes cenários inteiros do passado vinham do subconsciente, do local onde estiveram armazenados no corpo.

Naquela manhã, enquanto Nicholas trabalhava em mim e não havia ninguém mais na sala, comecei a soluçar como uma criança. Nick ficou ao meu lado e, quando eu parei, ele me perguntou: "Candace, algo aconteceu quando você tinha cerca de três anos de idade. Você se lembra do que foi?".

"Como você sabe? Quero dizer, por que essa idade?" perguntei.

"Porque seu corpo ficou contorcido como o de alguém com três anos de idade", respondeu ele.

Então aquilo começou a voltar para mim... um incidente traumático da minha infância que parecia enterrado e esquecido, no entanto, estava de fato no âmago de questões emocionais que afetavam toda a minha vida adulta.

A cena era um tanto familiar e já tinha surgido da memória em pequenos vislumbres (embora nunca o quadro inteiro) durante minhas meditações ao longo dos anos. Meu eu pequeno de três anos de idade estava em pé na porta, espiando por uma fresta, curioso, mas com medo de entrar. Naquela manhã na ilha, eu me lembrei o que estava do outro lado daquela porta do quarto de meus pais.

Depois de bater, ouvi a voz de meu pai me dizendo para entrar. A porta se abriu inteira e eu vi outra pessoa com ele, uma mulher estranha, não minha mãe de cabelo escuro, mas uma loira na cama. Ela e meu pai fumavam cigarros.

Papai me chamou e me apresentou à mulher. Eu gostava de ter a atenção de meu pai e ser incluída. Os dois adultos estavam agindo normalmente, nem um pouco perturbados com a presença de uma criancinha que, com certeza, eles achavam que nunca diria uma palavra sobre a situação.

Mas eles estavam errados. De alguma forma, minha mãe soube do incidente e me pressionou para que eu lhe contasse, o que eu relutantemente fiz, sentindo o tempo todo que algo estava muito errado. Mais tarde, ela confrontou meu pai, o que resultou em briga e choro de minha mãe. Depois eles me chamaram, a testemunha-chave, e me obrigaram a contar minha história da loira na cama.

Eu não me lembro das palavras ditas, ou quem me bateu e onde. Só me lembro que me largaram soluçando no chão, meus pais estavam se separando e era tudo minha culpa. Eles se reconciliaram depois de uma breve separação, mas então, meu pequeno corpomente tinha absorvido um enorme fardo de culpa e o peso do abandono. Como é que alguém poderia confiar em mim, e como eu poderia confiar em mim mesma, depois de eu ter estado no centro de tanta raiva e dor, sentidas pelas pessoas mais importantes da minha vida? Este incidente se transformou em trauma essencial e ficou alimentando o medo da minha vida: *O que posso fazer de bom para merecer amor?*

Embora eu tenha preenchido mais tarde alguns detalhes históricos, consultando membros da família, lembrei-me nitidamente do drama central – a loira na cama e a raiva dos meus pais e minha própria dor – na nossa cabana ensolarada. A lembrança traumática não estava mais presa no meu corpo, onde provavelmente ficou armazenada nos receptores celulares dos meus gânglios espinhais ou células nervosas, desde os três anos de idade, e me manteve num padrão emocional de culpa e "falta de merecimento" – o que chamo hoje de minha baixa autoestima.

Fechando o círculo com IONS

A nossa aventura do dia 4 de julho na ilha terminou e Mike e eu, junto com Nancy e Richard, voltamos para a nossa casa, pela ponte Chesapeake Bay, chegando depois de duas horas de viagem. Nancy e eu passamos alguns dias gravando entrevistas e clareando o esboço do livro. Todos aguardávamos o congresso de três dias do IONS, minha amiga empolgada para se religar com uma organização de cuja equipe havia participado no início dos anos 1980, em San Francisco.

No que concerne a organizações de pesquisa sobre a consciência, IONS era a nata da nata, explorando fenômenos que não se encaixam nos modelos científicos convencionais e se mantendo comprometida com o rigor científico. O fato de estarem realizando seu congresso em Washington, a capital do mundo livre e centro do velho paradigma, com certeza lhes dava credibilidade perante o público. Mas a cidade também era o meu lar, onde eu tinha uma presença visível no conhecimento convencional, e eu estava ansiosa para descobrir o que meus colegas poderiam pensar se soubessem que eu dava uma palestra do outro lado do rio para aqueles esquisitos pensadores "californianos".

Fundado em 1973, o Instituto de Ciências Noéticas foi inspiração de Edgar Mitchell, antigo capitão da marinha e astronauta do Apolo 14, que viajou à Lua e voltou. Na viagem de volta, Mitchell viu, pela minúscula janela da cabine estreita de sua cápsula espacial, a Terra flutuando livremente na vastidão do espaço e viveu uma epifania espiritual. Em suas próprias palavras: "A presença da divindade se tornou quase palpável e eu soube que a vida no universo não era apenas um acidente baseado em processos aleatórios..." Ele começou o instituto, focando o estudo da telepatia, clarividência e psicocinese, mas, com o tempo, incluiu saúde mente-corpo e ciência.

É interessante que minha primeira "estreia" como pensadora do novo paradigma tenha acontecido num evento patrocinado pelo IONS e o governo norteamericano, nos idos de 1985. Um assessor do Senador Pell bateu na porta do meu escritório em NIMH e me perguntou se eu gostaria de dar a palestra magna, num simpósio copatrocinado pelo seu escritório e o IONS.

Na ocasião, eu trabalhava no laboratório como cientista de formação clássica. O tema do simpósio era "A Consciência sobrevive à Morte?". Eu havia dado palestras pelo mundo inteiro, mas somente como cientista "pura", e a ideia de dar uma palestra leiga, especialmente uma que parecia tão não científica, me deixou muito nervosa.

Principalmente porque o cachê era muito lucrativo, eu venci meus medos. Mas, de tão incomodada em ouvir os outros palestrantes, fiquei do lado de fora do salão, sentada na calçada, arrumando meus slides até a hora de eu falar. Respondi as perguntas colocadas, sugerindo que a informação disponibilizada no momento da morte poderia sobreviver em alguma forma de consciência. Do meu lado, na mesa, estava sentado o dr. Stan Grof, um psiquiatra que, mais tarde, me conduziria numa respiração que expande a mente, "holotrópica", com Michael Murphy e um grupo de cientistas russos, no Instituto Esalen, na Califórnia. Mas, naquela ocasião, espantou-me o título do livro do dr. Grof, *Além do Cérebro*, que parecia muito distante para essa neurocientista.

Depois da minha palestra, conheci Brendan O'Reagan (já falecido), o organizador daquele encontro. Enquanto andávamos por uma trilha em Georgetown, ele me explicou que a palavra *noético*, igual a "conhecimento interno" em grego antigo, foi usada para significar "pertencente à consciência". Mais tarde consultei o dicionário, que definia *noético* como "acesso direto e imediato ao conhecimento, além daquilo que está disponível aos nossos sentidos normais e ao poder da razão".

Agora, em julho de 2005, minha associação com o IONS e o movimento da consciência completava um círculo, com uma nova oportunidade de eu apresentar minha pesquisa pioneira na minha cidade natal. Só que, dessa vez, em vez de uma principiante assustada, eu era uma cientista "real", muito solicitada, uma estrela com presença na mídia e, segundo alguns, uma diva da Nova Era.

Eu palmilhei um longo caminho como cientista e pensadora do novo paradigma. Nos idos de 1997, quando saiu o meu primeiro livro, eu não estava pronta para dizer o que agora acredito e tenho a coragem de declarar: O desafio para a ciência e a nossa cultura é utilizar rigor científico, matemático, no nosso entendimento da consciência e da energia, colocando-os juntos numa grandiosa teoria unificada, que inclui e expande a famosa equação de Einstein: $E=mc^2$. Antes do congresso do IONS, verifiquei com meu filho Evan, um examinador de patentes, físico e engenheiro elétrico, se uma abordagem dessas fazia sentido ou não.

JOGANDO NO CAMPO

O primeiro dia do congresso amanheceu e, na abertura, participei de um grupo de palestrantes abordando os aspectos médicos da cura e da consciência. Fui convidada por minha amiga dra. Marilyn Schlitz, diretora científica do IONS a quem eu respeitava muito, para participar de um workshop pré-congresso, "O Campo Emergente da Medicina Integral", e aceitei prontamente. Marilyn, cujo trabalho experimental sugeria evidência eletrofisiológica para pré-cognição e telepatia mental, havia programado minhas apresentações nos três dias seguintes do congresso.

Quando foi a minha vez de falar, eu me apresentei como estou acostumada a fazer em encontros científicos: "Eu sou docente do Centro Médico da Universidade de Georgetown, no departamento de fisiologia e biofísica", comecei e continuei descrevendo a mim mesma e meu trabalho como jamais fizera antes.

"A fisiologia, como sabemos, é o estudo dos processos e dos funcionamentos do corpo humano. Mas o termo biofísica é mais obscuro, que deixou de ser muito usado e se refere à natureza elétrica do sistema nervoso. Eu comecei minha carreira como farmacologista, mas também tenho sido bioquímica, neurocientista e até psiconeuroimunologista, devido às minhas excursões interdisciplinares ao longo dos anos. Acredito que atualmente estou no departamento certo porque o novo paradigma que exploro tem tudo a ver com energia e a natureza elétrica do corpo."

Aí, foi fácil. Eu havia fundido minha realidade atual com o meu passado, e o resto da palestra fluiu a partir dessa integridade estabelecida, na esperança de trazer comigo outros, da audiência, que lutavam na mesma encruzilhada paradigmática. Mas os próximos dias seriam um teste, pois me solicitaram mais palestras e também que eu coordenasse um workshop experiencial de um dia inteiro, com o que concordei relutante.

Que tipo de cientista séria dá um workshop experiencial? Perguntei a mim mesma, aborrecida na minha personalidade rigorosa, atormentada na minha mais jocosa. Decidi mostrar alguns slides e depois fazer os participantes experimentar meu CD intitulado *Psychosomatic Wellness: Healing Your Bodymind* (Bem-Estar Psicossomático: Curando o seu Corpomente). Honestamente, eu não tinha ideia sobre o que mais eu faria ou em que resultaria esse workshop.

Eu havia feito o CD para mim mesma, inspirada por um psicoterapeuta que consultei durante uma época escura da minha vida, quando minha mãe e meu irmão faleceram num período de três anos. A produção do CD foi um empreendimento da família, envolvendo meu marido, Michael, e dois filhos, Vanessa e Evan Pert. Evan ajudou na elaboração das transposições matemáticas entre notas musicais e cores, e Vanessa editou e ilustrou o livreto que acompanha o CD. O conteúdo do livreto é a natureza da fisiologia, a consciência e a cura, baseado nas minhas palestras ao longo dos anos.

Antes daquele período escuro da minha vida, eu havia evitado a "terapia de conversa", acreditando que ela mantinha as pessoas na canaleta, a reprisar suas velhas histórias tristes. Mas, devastada pela perda pessoal, busquei e fui muito feliz em encontrar uma fantástica psicoterapeuta, uma mulher que me ajudou com o meu pesar e me apresentou ao poder terapeutico da música e das afirmações.

Durante uma sessão de terapia, vi, sobre a mesinha lateral, um CD com a palavra *pesar* na capa e fiquei agradavelmente surpresa quando a terapeuta disse que era para mim. Levei para casa essa gravação de Belleruth Naparstek e a ouvia todos os dias, deitada com os olhos fechados. O resultado foi tão eficiente, que depois de dois meses, com a bênção da minha terapeuta, encerrei a terapia. Decidi criar meu próprio CD de bem-estar para dar oportunidade às pessoas relaxarem e reprogramarem sem esforço suas mentes subconscientes para perdoar e se sentir bem.

Quando cheguei à sala para o meu workshop com o mesmo nome do meu CD, fiquei contente ao ver as 75 cadeiras arrumadas em círculo. Eu estava cansada do arranjo mais formal de fileiras alinhadas viradas para frente e gostei desse novo arranjo em que eu podia ver cada um, e eles podiam ver a mim e uns aos outros. Eu sentia que era natural e apropriado ao assunto, que era uma aplicação prática da fisiologia do novo paradigma, cientificamente projetado para descansar e curar o corpomente.

A sala do congresso se encheu rapidamente. Deparei-me com um círculo de rostos expectantes e, por um instante, eu me senti estranhamente vulnerável, vendo o espaço vazio no centro do círculo. Mas já era hora de começar. Depois de um breve sobrevoo pela fisiologia do novo paradigma – como peptídeos se comunicam com receptores celulares no sistema corpomente de informação e energia – mergulhei direto com o meu slide favorito.

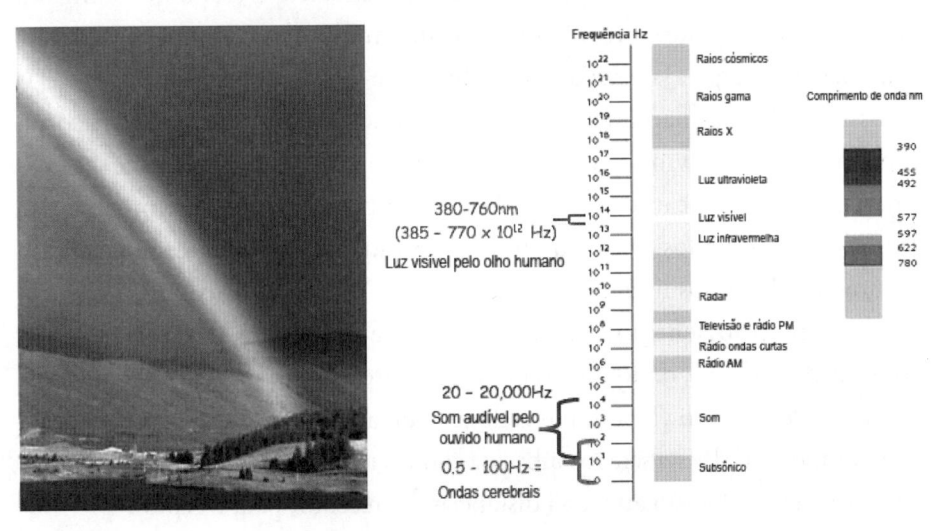

O som terapeutico da música

"Aqui temos o espectro de todas as vibrações possíveis no universo", comecei. "Você pode ver o espectro inteiro de frequências, desde raios cósmicos no topo até o som subsonico na base. Nós, seres humanos, percebemos uma parte muito limitada desse espectro, principalmente aquelas frequências que traduzem a luz em som. A luz visível, como podem ver, está confinada a uma faixa muito estreita, decomposta ainda em sete cores do arco-íris, cada uma vibrando na sua própria frequência específica mensurável.

"Eu gostaria que vocês observassem o som audível, que inclui tudo que conseguimos ouvir – música, palavras faladas e sons da natureza. A faixa de som audível é 20-20 mil hertz (Hz), que é uma medida de frequência, ou a razão da vibração do ar. Notem também que a frequência das ondas do cérebro humano cai dentro dessa faixa audível, sobrepondo-se, na extremidade inferior, à mesma frequência na qual os canais numa célula bombeiam íons, impelidos por peptídeos e outras substâncias informativas. Diversos receptores – tais como receptores para endorfinas, endocanabinoides, interleucinos, Valium e álcool – vibram nessas frequências e harmonias mais altas.

"A música, que é uma vibração padronizada, pode passar ao largo do ligand e ressoar diretamente esses receptores, interagindo como um peptídeo ou uma droga – ou uma emoção. A frequência vibracional dessas notas se volta para o receptor, acionando todo tipo de atividades celulares. É assim que a música pode curar, interagindo diretamente com suas moléculas da emoção para carregar você de energia, fazer seus sucos fluírem e você se sentir bem.

"Essas moléculas não estão só vibrando para causar mudanças pelo corpo todo, mas estão 'ouvindo' umas as outras por meio de uma rede psicossomática de comunicação celular. Você pode perceber que ouvimos não só com os nossos ouvidos, mas 'ouvimos' com cada receptor em cada célula do corpomente. Estamos literalmente vivos com o som da música!

"Nesse mesmo sentido, consideremos que realmente temos percepção extrassensorial (ESP), dado que os nossos receptores, não só os nossos ouvidos, estão 'ouvindo' quando vibram. Possivelmente quando se entender cientificamente o mecanismo da ESP, esta será reconhecida como a ressonância das nossas moléculas da emoção, cuja vibração atravessa distâncias, de receptor para receptor.

"Suas células ressoam com as substâncias químicas internas que seu corpo fabrica, as drogas externas que você toma legal ou ilegalmente, e com as emoções que você sente. Elas também ressoam com os sons que você ouve."

Como as palavras curam

Eu continuei, "As palavras têm o mesmo poder de curar que a música. Eu havia falado que os padrões de pensamento – aquilo que você pensa – são como redes de células cerebrais que disparam juntas. O limiar de um disparo neuronal, um evento tudo ou nada, depende do estado de sensibilidade dos milhares de receptores que estão na sua superfície, compondo os canais iônicos. Cada um desses canais tem uma natureza quântica, pois ele está aberto ou fechado, nunca no meio. Palavras faladas, assim como a música, podem fazer vibrar esses canais para que se fechem ou se abram, e assim regularem a frequência do disparo de uma rede neural.

"Quanto maior a frequência do disparo de uma rede neural, tanto mais fortes se tornam as conexões sinápticas – e tanto mais o padrão de pensamento se fixa no nível celular. Redes que disparam juntas transmitem juntas. Não só neurônios, mas todas as células possuem canais iônicos e propriedades elétricas, assim o condicionamento de padrões de pensamento se estende pela rede psicossomática do corpomente. Você literalmente pensa com o seu corpo e com as palavras que diz, porque o som faz vibrar seus receptores e afeta de fato a rede neural que se forma no seu cérebro.

"O filme *Quem somos nós?!* explica que você pode fabricar novos padrões em seu cérebro, afirmando aquilo que você quer criar. Literalmente, você 'cria seu dia', como sugeriu um dos entrevistados. Décadas atrás, Louise Hay mostrou como fazer isso ao introduzir afirmações como método de cura. O filme mostrou, por meio da dramatização, que suas palavras e seus pensamentos fortalecem conexões sinápticas no seu cérebro, mudando seus padrões neurais, ou redes, dando-lhe uma experiência pessoal da realidade e potencialmente fazendo acontecer os resultados que você quer. Palavras faladas – sejam positivas ou negativas – têm o poder de criar uma realidade que você quer ou não quer.

"É por isso que incluímos música em cada trilha do meu CD, com uma poderosa meditação orientada. Mas antes de tocá-lo para vocês, quero dizer mais uma coisa sobre uma das escalas musicais que o compositor usou.

"Meu filho Evan Pert foi o primeiro a fazer a correta transposição matemática entre as frequências da luz das cores do arco-íris e as frequências das notas musicais às quais elas correspondem. Em outras palavras, ele cuidadosamente transformou cor em som, calculando, trilhares de vezes, as harmonias inferiores.

"Isso é importante, porque a cor é tradicionalmente associada ao sistema hindu de chakras, que são vórtices de energia visualizados ao longo da espinha dorsal, considerados importantes para a cura. Os yoguis e os mestres orientais atribuíram diferentes cores para cada chakra, o vermelho sendo o ponto basal, na base da espinha, subindo pelo arco-íris até o violeta, no topo da cabeça.

"É interessante que os chakras correspondem a locais físicos ao longo da espinha e aos gânglios, em suas laterais, onde há maior concentração das moléculas da emoção. Esses locais dos chakras são pontos nodais por onde as informações podem entrar na rede psicossomática, portanto, posso especular que, quando tocamos a nota que corresponde à cor do chakra, fazemos vibrar os receptores nesse nível do chakra, e assim acessamos diversos pontos informativos da rede psicossomática.

"Por exemplo, o vermelho é a cor correspondente ao chakra basal, e também combina com a harmonia da nota lá. Tocando a frequência de lá, pode-se ativar receptores celulares do vermelho, ou chakra basal, diretamente.

FÁ = VERMELHO
SOL = LARANJA
LA = AMARELO
SI = BEMOL = VERDE
SI = VERDE
DO = AZUL
RÉ = ÍNDIGO
MI = VIOLETA

"Vocês podem imaginar que há muito para especular, especialmente quando se percebe que há muito mistério sobre o local e a maneira como se originam as ondas cerebrais, que correspondem a estados de consciência. As ondas cerebrais oscilam nas mesmas frequências exatas que canais iônicos e harmonias da música, cor e conexão de receptor. Deixo a aplicação disso para vocês que fazem trabalho corporal e praticam a medicina energética. Para mim, basta saber que a música, palavras faladas, cores do arco-íris, ondas cerebrais humanas e nossas moléculas da emoção podem todas ressoar juntas. Isso me inspira a de fato acreditar que o meu CD, *Bem-Estar Psicossomático*, tem propriedades terapeuticas muito poderosas, cientificamente projetadas, embora não plenamente entendidas.

Conexão da dança

Uma vez concluída a parte da palestra do workshop, fizemos um breve intervalo antes de começar a segunda parte, que seria mais interativa. Eu pretendia que os participantes experimentassem a meditação dirigida do meu CD, expondo-os às palavras e à música projetadas por Lanny Meyers imitando relacionamentos atômicos, conforme definidos pelo físico Niels Bohr, na teoria do elétron. A explicação de Lanny:

> Seguindo a série de expansão dos números de elétrons orbitando o núcleo atômico na camada externa à medida que aumenta a densidade molecular, usaram-se valores como base da progressão temática. As escalas derivadas foram fonte para improvisações, de forma muito parecida com as improvisações que os músicos indianos fazem na cítara, um conjunto de tons ou uma escala que evoca um estado de espírito. A ideia foi que esta tapeçaria auditiva ressoaria com padrões e relacionamentos universais e, sem esforço e subliminarmente, arrastaria os ouvintes para um equilíbrio harmônico.

Lembrei-me de quando conheci Lanny, um compositor, ganhador do Prêmio Grammy, arranjador e músico da cidade de Nova York. Ele se deparou com o meu primeiro livro quando este literalmente caiu da estante de uma livraria e o atingiu na cabeça. No dia seguinte, ele viu um panfleto anunciando um workshop do Instituto Omega, que seria realizado em Maho Bay, um retiro na ilha de São João nas Ilhas Virgens americanas, do qual Mike e eu faríamos parte! Intrigado com a sincronicidade, ele se sentiu atraído a participar.

O workshop do Instituto Omega aconteceu num espaço circular ao ar livre, com o céu noturno oferecendo uma abóbada de estrelas cintilantes. Eu me lembro de sentir a magia se aproximando ao voltarmos, Mike e eu, depois de andar o dia inteiro de caiaque, e chegarmos em cima da hora do evento. Lanny apresentou num teclado uma improvisação musical espontânea, enquanto conduzíamos os nossos participantes numa meditação. A magia estava no ar e ele e a esposa, Marian Schiavo, uma artista gráfica bem-sucedida, nos tornamos amigos. Quando eu tive a ideia de produzir meu próprio CD, chamei Lanny e fiquei entusiasmada quando ele concordou em criar a música, e Marian em produzir o panfleto científico, como diretora de arte.

Lá vou eu... disse a mim mesma, dando sinal para que as luzes da sala fossem diminuídas e o CD começando a nos levar a todos numa meditação dirigida pela música. Trinta e cinco minutos após, terminada essa parte da gravação, fez-se um silêncio quase palpável na sala. O centro do círculo estava agora cheio de pessoas, pois a maioria tirou os sapatos e se deitou para aproveitar o relaxamento pleno.

A última trilha do CD, uma balada animadora chamada "Honra Quem Você É", com uma mensagem positiva para aumentar a autoestima, terminou e o refrão musical exuberante e rítmico acabava de começar, quando uma mulher se levantou no centro da sala e começou a se mover e a dançar com a música. Primeiro eu, depois os outros foram se levantando um a um e logo todos nós estávamos nos movimentando juntos numa dança espontânea de harmonia corpomente.

As pessoas estavam se divertindo, sorrindo e se sentindo energizadas, conectadas e felizes! Eu senti como se estivesse numa festa de aniversário de seis anos, de tão alegre e não planejada que foi a atividade na sala. Eu perdi todos os vestígios de uma cientista séria, no entanto, estava presente tudo o que eu havia feito cientificamente: pessoas sentindo, se curando e se divertindo. Era uma demonstração viva, com movimento, música e conexão, de como nos sentimos bem quando nos ligamos à realidade vibratória do mundo ao redor, estendendo e ressoando nossas redes psicossomáticas para interagir com os outros.

Terminada a sessão, procurei a mulher que iniciou a dança depois da meditação, e fiquei eufórica ao descobrir que era a minha amiga Charmaine Lee. Baixinha e linda, com aparência incrivelmente jovem, Charmaine é a criadora da SynergyDance, uma forma de movimento expressivo focado na energia, moldado pelos princípios da terapia da polaridade, um sistema de terapia artística que abarca as filosofias oriental e ocidental. Seu mentor e fundador da terapia da polaridade, dr. Randolph Stone, acreditava que o corpo humano é energia pura em movimento, e ela desenvolveu sua forma de dança a partir dessa ideia.

Nas aulas e sessões que tive com Charmaine ao longo dos últimos anos, aprendi que seu hibridismo único entre dança e terapia artística foi projetado para envolver o corpo, a mente e as emoções em algo chamado "brincadeira profunda". É uma forma transcendente de brincadeira adulta, caracterizada por uma extraordinária intensidade. Um exemplo disso é a experiência de nadar com golfinhos ou, como na SynergyDance, a liberação de energia através de movimento relaxado e sem esforço.

A vida inteira Charmaine foi dançarina, viveu na África do Sul e em Londres, estudando e praticando cinesiologia educacional, yoga, qi gong, tai chi, massagem, Feldenkrais, Técnica de Alexander e terapia craniossacral – todas essas modalidades apoiadas pela fisiologia do novo paradigma. Ela vinha dessa tradição variada e rica para um campo crescente de terapia da dança, uma forma de tratamento recém-licenciada, ensinada em programas de pós-graduação em institutos pelo país inteiro.

Eu abracei Charmaine e prometi lhe telefonar a respeito de mais aulas, entusiasmada em ter alguém de seu calibre e expertise em Washington, capaz de me proporcionar trabalho corporal e ajuda para alcançar meus próprios objetivos de saúde. Eu sabia que a música e o movimento eram as chaves para se divertir, sentir-se bem e perder peso – uma combinação eficiente, corroborada pela ciência.

MAGNÍFICA TEORIA UNIFICADA

Mike e eu partimos logo após o workshop, despedindo-nos de Nancy e Richard, que ficariam hospedados no hotel por mais uma noite de conferências. Eles estavam empolgados em assistir o último evento daquela noite que apresentaria Marianne Williamson e outros luzeiros do movimento da consciência. Eu teria gostado de estar com eles, mas estava exausta depois de um longo dia e precisava chegar em casa e recarregar as baterias para a mesa-redonda do dia seguinte (e último), minha última apresentação no congresso do IONS.

Ao nos aproximarmos de casa e virarmos a esquina da nossa rua, fomos detidos por uma equipe de emergência de trânsito. Depois de explicar que morávamos ali, fomos conduzidos cuidadosamente ao redor da árvore caída e do cabo rompido. Chegamos com os últimos raios do entardecer numa casa mergulhando na escuridão.

No lusco-fusco fantasmagórico, tateamos pela cozinha procurando velas e fósforos. Raramente ficávamos sem a conveniência moderna da eletricidade e estávamos perdidos com essa repentina interrupção na nossa rotina habitual: televisão, computadores, lâmpadas de leitura ou telefones. O jantar estava frio, como também a nossa banheira, forçando-nos a desistir do banho relaxante que esperávamos tomar depois de um longo dia.

Em vez disso, levamos algumas velas para a varanda de trás e na escuridão crescente ficamos sentados, conversando. Acabou sendo a atmosfera perfeita para Mike e eu darmos mais um retoque na formulação daquilo que chamávamos brincando de a nossa "Magnífica Teoria Unificada da Consciência". Nós estivemos ponderando essa ideia durante algum tempo, notando que as fórmulas de uma Magnífica Teoria Unificada que, como Evan havia explicado, integraria todos os fenômenos físicos numa equação enorme, careciam do elemento crítico da consciência. Esta última peça sempre é relativa a quem ou o que está consciente de seus próprios pensamentos, conhecido como o "observador".

A nossa conversa propagou-se noite a dentro, e ficamos elocubrando sobre aspectos da consciência como o campo de potencial local do dr. Karl Pribram, o reino que ainda não é "realidade" – o mundo do espírito e mistério, sincronicidade e o eu transcendente que permeia tudo e mantém tudo íntegro. Deepak Chopra chama isso de reino "não local" ou "espiritual", no qual a energia e a informação emergem de um mar de infinitas possibilidades, ou potencial puro. Lynne McTaggart, uma jornalista, remontou sua história e o vinculou ao campo ponto zero da física quântica. Ela o chamou simplesmente de "o campo" em seu livro intitulado: *O Campo: A busca da força secreta do Universo*.

Da nossa perspectiva, é claro, as emoções são a chave, já que fazem parte do mundo físico das moléculas, e simultaneamente, do mundo energético do espírito. Em *Moléculas da Emoção*, eu havia usado o termo *inforeino*, porque fiquei impressionada com a qualidade única da informação, que é o constante aumento, fazendo dela o "Demônio de Maxwell", uma solução para a experiência de pensamento que parecia violar as leis da física. O objeto da nossa batalha é uma matriz conectora que desafia o tempo e o espaço, e organiza os fatos que experimentamos como realidade. A ciência é a lente que usamos no Ocidente para alcançar o entendimento, e acredito que logo mais a espiritualidade estará incluída na ciência.

Mike e eu discutimos sobre uma formulação e queríamos determinar uma equação. Juntando todas essas ideias, finalmente chegamos ao seguinte:

consciência, a soma de todos os possíveis estados observados, é igual ao fluxo de informação num campo de emoção. Escrevemos esta formulação assim:

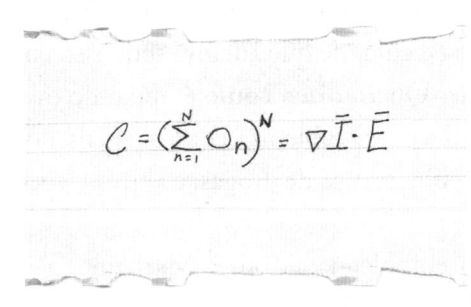

$$C = \left(\sum_{n=1}^{N} O_n\right)^N = \nabla \vec{I} \cdot \vec{E}$$

Nesta equação, C = consciência, O = observador (cuja força, Michael destacou, é uma função de atenção e intenção), I = informação, e E = o campo de emoção.

Mais tarde, compartilhamos essa versão mais recente da fórmula com Evan, a quem eu havia consultado quanto às versões anteriores. Depois de Evan discutir acaloradamente com Michael, eu introduzi suas correções. Michael e eu ficamos empolgados com seu incentivo.

Liderança terapêutica

Depois de participar da mesa-redonda na manhã do terceiro dia, meu trabalho com o IONS estaria concluído. Na última oportunidade, falei sobre a nossa acalorada busca de uma nova equação e eu compartilhei o nosso progresso. É assim que costumam acontecer as coisas no mundo da ciência desbravadora: alguém estica seu pescoço para fora com uma nova teoria ou formulação e depois espera enquanto todos tentam desaprová-la. Nesse meio tempo, novos entendimentos vêm à luz, mudando e modificando a teoria, descoberta ou fórmula inicial e a levam para a fase seguinte – um processo muito criativo!

Encontramos com Nancy e Richard no saguão do hotel e colocamos as bagagens no carro para levá-los ao aeroporto. Mike foi dirigindo, o Richard sentado na frente e Nancy e eu no banco de trás. Minha amiga me contou entusiasmada sobre a palestra magna dada por Marianne Williamson, o ponto alto da noite anterior. Eu sabia que Marianne era um luzeiro da consciência e ativista e autora de vários livros bestsellers sobre autovalor, perdão e fortalecimento espiritual de mulheres, bem como transmissora principal do *Curso em Milagres*.

"Qual foi exatamente a mensagem dela ontem à noite?" perguntei, enquanto o carro rodava ao lado do Rio Potomac a caminho do aeroporto.

"Além de arrebatar", Nancy começou, "ela respondeu uma pergunta que estava na minha cabeça desde o início do congresso."

"E que pergunta é essa?" perguntei. De tão ocupada com minhas próprias apresentações, não tive muita chance de perceber outras atividades durante o congresso.

"É uma questão que me perturbou nos últimos três dias", disse Nancy, "depois de ouvir tanto sobre a consciência e cura, de que adianta tudo isso em relação aos problemas do mundo de hoje? Quero dizer, como é que todo esse negócio de consciência nos ajuda a resolver os problemas com os quais nos confrontamos, como a guerra, o meio ambiente, uso de drogas, e abuso – você sabe, todas essas grandes questões."

Nancy fez uma pausa. "Então fiquei empolgada ao ouvir Marianne falar sobre governo, política, até do Capitol Hill (palácio do governo dos USA), no contexto da consciência e da cura. Ela enfatizou a necessidade de os poderes dominantes se transformarem também, não só nós, os pioneiros. Ontem à noite, como linha de ação, ela clamou pela cura dos corações de nossos políticos e anunciou seus esforços em estabelecer um novo cargo no gabinete do Presidente, que ela chama de Departamento da Paz dos Estados Unidos."

Eu me emocionei com o fato de que uma líder feminina, uma mulher líder *espiritual*, defendia uma mudança quântica do nosso país e governo, e tinha a coragem de fazer isso acontecer. Era claro que a mensagem do congresso do IONS – a convergência da ciência e do espírito – era imperativa para a tão necessária transformação global. Havia muito tempo eu achava que minha disciplina, a ciência, devia ser a primeira a mudar seu ponto de vista, porque a ciência como a conhecemos é a pedra fundamental da "realidade", a verdadeira religião do mundo ocidental.

E quando o novo paradigma cientificamente embasado for aceito pela cultura geral, poderemos promover mudanças nas nossas instituições, começando pela estrutura de poder de Washington, e se propagando para outras áreas, tais como educação, o sistema legal e econômico, e o meio ambiente.

Enquanto corríamos em direção do aeroporto e se aproximava a partida de Nancy e Richard, eu disse: "Estou realmente contente de que esta viagem ao 'país da consciência' na qual nós duas estamos há tanto tempo, finalmente fechou o círculo em tantos níveis". Fiz uma pausa para olhar pela janela as águas marrons e túrgidas do rio que estava cheio por causa da chuva recente. Eu sabia que algumas dificuldades nos aguardavam no futuro, mas, por enquanto, eu estava contente e em paz.

"Sinto que finalmente cheguei em casa", disse.

6
MINNEAPOLIS: AUTOESTIMA, PERSONALIDADES MÚLTIPLAS E PERDÃO

Era o final de julho e o auge do verão na Costa Oeste. Um verde exuberante cercava a nossa casa nos subúrbios de Washington, forrando o nosso quintal que se estendia até uma ravina de floresta refrescante, com trilhas sombreadas e um riacho borbulhante. Todas as manhãs eu levava Tory, o nosso labrador cor de chocolate, a caminhar ao longo do riacho para que nós dois fizéssemos exercício. Os dias eram quentes e preguiçosos, o convite perfeito para um bom descanso.

Mas não para mim – eu estava de novo com o pé na estrada. Embora eu tivesse "voltado para casa", me apresentando num congresso sobre consciência aqui na capital, eu só tive um breve interlúdio para me preparar para o próximo tour, uma ronda de palestras e mesas redondas em Minneapolis. Dessa vez, o grupo para o qual eu estaria falando era o Continuum Center, uma organização existente desde o início dos anos 1980, que se dedicava a aplicar os resultados de pesquisa em consciência nos negócios, na medicina, na educação e no desenvolvimento da comunidade.

Eram muitos os compromissos, cinco apresentações em menos de uma semana, um programa fustigante que aceitei por tolice, mas eu precisava ter um salário no mês de agosto. Eu estava exausta do acúmulo de fatos estressantes que ocorreram nos últimos anos, e tudo o que eu desejava era parar de viajar e fazer meu trabalho em casa. Mas o nosso novo estado financeiro – *sem salário* – me deixava angustiada e, ao aceitar este convite, eu esperava fazer contato para um patrocínio que nos permitiria continuar a pesquisa do Peptídeo T e manter nossos postos na universidade.

Todo o negócio de Minneapolis foi elaborado por Jane Barrash, diretora do Continuum Center, e amiga de longa data. Da forma peculiar em que todos nós atraímos os padrões de energia dos quais precisamos para crescer, Jane era um reflexo direto de mim, nunca satisfeita e sempre assumindo mais do que o razoável. Virtualmente sozinha (e com um fundo minúsculo), ela manteve e fez crescer Continuum ao longo dos últimos vinte anos, um esforço que eu admirava. Jane, uma mulher brilhante e notável que poderia ser minha parente pelo lado materno, convocou a comunidade de cura e consciência, associada a Continuum, para que me fornecesse bastante trabalho, tornando minha viagem financeiramente possível, e me deu a oportunidade de encontrar mais uma vez o patrono e luzeiro de Minneapolis, Horst Rechelbacher.

Imigrante austríaco, Horst era um multimilionário consciente que se fez sozinho, a epítome da sensibilidade do Velho Mundo, combinada com o cocar da Nova Era. Ele fundou a primeira empresa de cosméticos naturais e produtos para cabelo, Aveda, e remontou suas raízes espirituais a Swami Rama, que conheceu na Escola de Medicina da Universidade de Minnesota, quando a habilidade do místico hindu de controlar seu corpo com a mente estava sendo estudada nos Estados Unidos. Horst se tornou um devoto de Swami Rama, e mais tarde seguiu o mestre espiritual até a Índia, onde o ajudou a construir um hospital. Quando o swami morreu, Horst ajudou a espalhar suas cinzas no Ganges.

Eu conheci Horst em 1998, quando fui convidada a dar palestra num congresso anual Aveda, na cidade de Nova York. Em 2000, ele doou o dinheiro necessário para começar um teste do Peptídeo T em San Francisco, de pouca abrangência, mas que conseguiu mostrar que a nossa droga era um antiviral eficiente – uma aposta certeira para tratar a aids. Nesse nosso novo encontro, eu pretendia lhe pedir apoio para o planejamento da rodada seguinte de testes clínicos, com o objetivo de fornecer uma prova conclusiva da eficácia do Peptídeo T no tratamento da aids.

Busca da alma pós-IONS

Relembrando o congresso do IONS, percebi ter alcançado um platô nas minhas aventuras no país da consciência, ao me filiar a essa organização e a essas pessoas que eu respeitava muito. Eu particularmente gostei de ter participado de dois simpósios com o Professor Rustom Roy, diretor fundador da mundialmente reconhecida Pesquisa de Materiais, de Penn State.

Rusty (como eu o chamava) é membro há trinta anos da Academia Nacional dos Estados Unidos e membro estrangeiro das Academias Nacionais da Ciência ou Engenharia da Rússia, do Japão, da Suécia e da Índia. Ele é extremamente respeitado no mundo da ciência acadêmica. Por ele estar simultaneamente focado na cura holística, eu lhe perguntei o que as pessoas costumam me perguntar: "Até que ponto são sólidas as afirmações do Professor Emoto, no filme *Quem somos nós?!*, de que as emoções podem modificar a estrutura da água?".

Rusty respondeu, com autoridade, que ele achava que a morfologia dos cristais era uma das pesquisas mais difíceis de estabelecer no campo das variações na estrutura da água. E ele achava que, com relação à comunidade científica, deveriam ter sido apresentados mais exemplos bem comprovados, já que as afirmações do filme poderiam tirar a credibilidade do campo todo.

Da mesma forma, grande parte do que os apresentadores do congresso do IONS haviam oferecido ainda era teórico, não "comprovado" da maneira que a ciência acadêmica o faz. No movimento da consciência, não havia vidas de verdade na berlinda, mas na arena da aids – o reino da grande ciência em que eu havia deixado a minha marca – havia quarenta milhões de pessoas ao redor do mundo infectadas com HIV. Ciente da necessidade premente de uma resposta da ciência, eu comecei a fazer um profundo exame de alma. Comecei a procurar no fundo do meu coração e da minha mente o que eu poderia curar e transformar a fim de abrir a possibilidade de o Peptídeo T vir ao mundo.

Como resultado da minha sessão de terapia com Nicholas, naquele fim de semana do 4 de julho, revivi um trauma emocional essencial que fez o meu eu de três anos de idade acreditar que eu jamais mereceria ser feliz ou plena. Vi que essa ferida na infância era a fonte de minha baixa autoestima, um estado de corpomente que às vezes sabotava o meu sucesso. O padrão era comprometer excessivamente o meu tempo e energia numa corrida louca para fazer "só mais uma coisa", um tipo desesperado de superrealização. Depois, exaurida por minhas exigências não realistas, eu costumava fracassar.

Consigo ver agora que as raízes dessa tendência permearam a minha infância, como na escola, quando eu batalhava para estar no topo de todas as matérias. "Candy precisa ser a melhor em tudo que faz! Ela tem de vencer!". Ainda ouço a voz da minha mãe, comentando sarcasticamente com meu pai sobre o meu comportamento impulsivo e competitivo. Hoje sinto falta de seus incentivos a relaxar e tirar um tempo de lazer para ler revistas populares.

Olhando para o lado da família de meu pai, eu descendo de John Beebe, que veio de Connecticut para a Inglaterra, em 1641. Os Beebes eram um ramo sério e pedante de educadores e líderes religiosos muito bem considerados. Eles eram perfeccionistas que faziam exigências duras a si mesmos e aos que os cercavam. Meu avô Beebe, um bem-sucedido organista de igreja, liderava o departamento de música numa importante escola particular, e o pai dele foi superintendente de escolas em Meridien, Connecticut. Dois tios meus foram líderes de igreja, um diretor de coro e outro pastor de uma igreja congregacional.

Meu pai se rebelou e se tornou um artista e músico de jazz, casando-se com uma judia exuberante e de bom coração: minha mãe. Meus pais acabaram se estabelecendo em Levittown em Long Island, onde meu pai sustentava a família cuidando de uma pequena agência de anúncios que ele mesmo havia fundado. De alguma forma, o gene de superrealização pulou o meu pai e aterrissou em mim, manifestando-se como uma crítica dura e mandona, buscando incansavelmente a perfeição e não se satisfazendo com nada menos.

Sendo exigente com os outros, eu era muito mais dura comigo mesma. Poucas realizações me deram uma autêntica sensação de autovalor. Pode parecer esquisito que uma mulher como eu, que conseguiu chegar ao topo da sua área e contribuiu com uma revolução da ciência do cérebro, tivesse tão baixa autoestima. Afinal, para o observador ocasional, eu sou uma cientista de gabarito mundial, uma diva que merece o melhor. Eu deveria me sentir plenificada – e viajar em grande estilo!

Mas não o faço. Carrego minha bagagem e sempre vou de classe econômica. Sou como a filha do sapateiro que anda descalça. Dadas as minhas realizações, eu deveria herdar o reino mas, em vez disso, estou tentando ganhá-lo. Essa incongruente falta de contentamento e plenitude me levou direto aos braços do movimento da consciência, em que encontrei pessoas olhando mais fundo em si mesmas, querendo entender sua verdadeira essência e a natureza da realidade.

"Pare de se esforçar tanto!" me admoestou Deepak Chopra quando lhe perguntei se ele achava que eu deveria levar minha droga controversa para os milhares de sofredores morrendo de aids. Ele foi o primeiro a me ensinar que a consciência cria a realidade e, desde os anos 1990, quando aprendi a meditar sob sua orientação, abraço esse aforisma. "Primeiro vem o imaterial, o estado mental e, a partir dele, flui toda a manifestação material", ele havia dito. Ele queria dizer que os nossos pensamentos e sentimentos internos podem causar uma transformação na realidade externa.

Bem, se é assim, pensei, *meu mundo interno de inadequação, autossabotagem e desmerecimento certamente não irá manifestar os recursos de que preciso para lançar o Peptídeo T.* O que precisava ser transformado era *eu*.

"Confie no infinito poder organizador do campo não local!" Deepak havia dito, referindo-se ao reino quantum divino sobre o qual ele escreveu e ensinou ao longo dos últimos vinte anos. "Quando você tenta com tanto esforço, só coloca mais obstáculos no seu caminho!".

E eu vou aprendendo a minha lição. Mas, especialmente nos últimos sete anos, fiquei tão abatida pelo estresse dos eventos e das tragédias pessoais na minha vida que quase desisti. Minha paixão, minha missão de curar doenças, esmaeceu diante dos testes clínicos sem patrocínio, portanto equivocados, do fracasso em conseguir doações e de meus próprios ressentimentos sem perdão e da minha raiva.

O CORAÇÃO DAS TREVAS

Quando falei com a Nancy sobre o nosso livro antes de partir para Minneapolis, descobri que havia reprimido a maior parte daqueles sete anos da minha vida, até "esquecido" deles, porque era muito angustiante pensar ou falar sobre isso. É interessante a frequência com que só nos permitimos as lembranças e as percepções que nos fazem sentir bem, enquanto outras permanecem imobilizadas no nosso subconsciente e afetam nossas escolhas, usualmente para pior. A insistência de Nancy estava trazendo à tona "o coração das trevas", a história do que aconteceu com o Peptídeo T naquela época. Foi muito doloroso lembrar como o teste clínico equivocado do governo desenrolou-se em uma série de eventos que afetaram a tragédia do suicídio da minha irmã, exacerbando e finalizando anos de luta com a depressão e o distúrbio bipolar.

Em 1998, sete meses antes da morte de Wynne, o NIH finalmente publicou os resultados do teste clínico controlado por placebo, de três locais, e com

210 pessoas, projetado para investigar a eficiência do Peptídeo T no tratamento da aids. O relatório mostrava que a droga causava uma melhora estatisticamente significativa nas medições neurofisiológicas de pessoas clinicamente comprometidas pela doença HIV, o foco do estudo, mas nada mencionava sobre a droga diminuir a carga viral no sangue de um grupo controlado de pacientes de aids. O relatório foi publicado com zero de alarde, o que não surpreendeu, dados os conflitos e a controvérsia reinantes ao longo dos oito anos desde o início do estudo.

Esse teste do NIH tinha sido iniciado por exigência dos ativistas da aids que viram resultados positivos do Peptídeo T num teste anterior feito em Boston, financiado por Peptide Design, empresa que Mike e eu fundamos depois de sair do NIH. Os ativistas literalmente desceram sobre o NIH numa onda de protestos, assustando e ofendendo o oficial do governo, a quem eu chamarei "dra. Testes de aids".

Convocaram um tribunal de investigadores de diversos departamentos e agências, e determinaram que os resultados anteriores do Peptídeo T mereciam o financiamento necessário para realizar um teste duplo cego, controlado por placebo. Depois de quatro anos de estudo, em 1994, quando os investigadores abriram o envelope selado revelando quem havia tomado o placebo e quem havia tomado o Peptídeo T, a dra. Testes de aids convocou a imprensa. Afirmando que eles foram incapazes de replicar os resultados do teste anterior, em Boston, ela declarou o teste do NIH um fracasso e enviou um release pela Internet, anunciando que o Peptídeo T foi considerado ineficiente.

Ficamos desolados. A nossa droga estava morta antes de nascer. O nosso investidor holandês da época também ficou desolado e entendeu, a partir do anúncio do NIH, uma mensagem clara, mas errada: *o Peptídeo T não funciona para a doença do HIV*. Ele mudou seu foco e passou a procurar outros possíveis usos do Peptídeo T, especialmente no tratamento da psoríase, doença da pele.

O release prematuro – antes de um relatório científico do teste – reverberou dentro do grupo que esteve investigando a droga. Os médicos responsáveis pelos três locais de testes protestaram, dizendo que detectaram uma melhora definitiva no comprometimento cognitivo de seus objetos de estudo, sem mencionar os números das células T. A controvérsia foi se tornando cada vez maior e aconteciam reuniões zangadas, as pessoas literalmente berrando umas com as outras, a portas fechadas.

Michael e eu fomos banidos dessas reuniões por estarmos emocionalmente envolvidos, portanto nos mantiveram a uma distância segura enquanto a batalha fervia. Nessa época nos contorcíamos de raiva e ressentimento, culpando a dra. Testes da aids, a virologista, e os demais envolvidos no confronto. Como pais observando o afogamento do filho, ficamos olhando horrorizados, quando não nos revoltávamos com a injustiça de tudo isso. Foi uma época muito tenebrosa.

Bem antes de tudo isso começar, minha irmã Wynne mudou-se da cidade de Nova York, onde foi conservadora de pinturas do Museu Metropolitano de Arte, para Washington. No museu, ela havia trabalhado junto com homossexuais, muitos dos quais estavam morrendo de aids, e ela queria ajudar Mike e eu com o Peptídeo T. Sem o nosso conhecimento, Wynne havia começado uma rede para distribuir a droga no submundo da aids, quando a nossa empresa Peptide Design faliu. Ela fundou o Chesapeake Bay Buyers' Club, classificado na Internet como um portal de informação e acesso ao tratamento da aids. Minha irmã se tornou o nosso coração e a nossa consciência, lembrando-nos, por meio de sua compaixão, a razão de fazermos o que fazíamos. Ela também se tornou um "cérebro", aprendendo sobre o Peptídeo T por experiência e mais tarde compartilhando seu conhecimento de como a droga poderia ser melhor formulada e armazenada.

Mas como o processo do Peptídeo T estava estagnado, sem sair do lugar, tendo começado em 1990 e permanecendo igual durante a década inteira, foi uma época triste para todos nós. Mike e eu dávamos o melhor de nós para manter viva a pesquisa da droga, mas tínhamos poucos recursos além dos nossos pequenos salários. Nossas tentativas persistentes, mas inexperientes, de conseguir fundos no NIH falharam. A maioria das experiências que conseguimos realizar aconteceu porque eu convenci amigos e colegas a colaborar com os nossos estudos. Parecia que as cartas estavam contra nós e fazíamos o possível para sobreviver.

Em 1998, no fim de semana anterior à morte de Wynne, fui convidada por Horst Rechelbacher a falar num congresso anual Aveda, um espetáculo suntuoso, realizado na cidade de Nova York, na Radio City Music Hall, com uma mesa redonda de mandachuvas do movimento corpomente, incluindo Andrew Weil, Deepak Chopra e eu. Ganhei um trato glamuroso e um novo penteado, tudo gratuito, de Horst, pois ele tinha sido cabeleireiro no passado.

Durante a minha palestra solo, numa flagrante exposição de minha personalidade brincalhona e não científica, eu me transformei numa apresentadora descontraída, dançando no palco e dizendo à plateia que, quando criança, eu adorava ver os Rockettes quando visitava a Radio City com minha avó, na época de Natal.

Enquanto isso, minha irmã foi se tornando suicida, e poucos dias depois que voltei para Washington, ela tomou uma overdose fatal de seus remédios. Nossa mãe a encontrou inconsciente no seu apartamento, deitada na banheira com a água ainda correndo. Todos nós vigiávamos a Wynne, e pretendíamos levá-la ao hospital naquela mesma manhã, porque ela estava muito deprimida e, novamente, não conseguia funcionar direito. Aos 48 anos de idade, essa foi sua terceira e última tentativa de acabar com a vida.

Três dias depois da morte de Wynne, marquei uma sessão de terapia com a maior especialista do mundo em suicídio, esperando que ela me ajudasse no meu luto e na minha tormenta com o meu senso de responsabilidade. Ela me confrontou com o fato de que para cada pessoa que comete suicídio, oito se culpam. Era fácil contar muitas pessoas nessa situação, mas lidar com a morte da minha própria irmã ainda é o maior desafio emocional que já enfrentei. Continuo trabalhando no autoperdão, aprendendo várias vezes as lições de responsabilidade e coragem que esse fato me ensinou.

Ponto de Mutação

Foi pouco depois da publicação dos resultados do teste NIH, no número de janeiro de 1998 do *Archives of Neurology* (Arquivos de Neurologia), mostrando estatisticamente melhoras significativas com o uso do Peptídeo T no tratamento da neuroaids, mas sem nenhum outro padrão de referência, que recebi notícias muito espantosas de um técnico médico que esteve envolvido no teste. Em várias ocasiões durante o teste, foram colhidas amostras de sangue dos participantes, cuidadosamente rotuladas se era droga ou placebo, e depois congeladas para armazenamento.

Eu fiquei chocada. Por que, durante os cinco anos do teste, ninguém analisou o sangue do grupo placebo, em comparação com o sangue dos participantes que receberam a droga? Poder-se-ia constatar a subida ou a descida dos níveis virais, a referência de ouro para indicar a eficiência ou não de um antiviral. Era como se os investigadores do teste tivessem ido para a Lua e deixassem de colher uma pedra!

Essa descoberta forneceu mais combustível para a nossa raiva, que continuou a se intensificar. Inventamos muitas teorias sobre como teria acontecido esse lapso, mas tudo o que sabíamos era que depois de quatro anos do teste, a ofendida dra. Testes da aids concluíra, baseada em resultados parciais, que o Peptídeo T não prometia nada. Achávamos que ela nos odiava, odiava a nossa droga, odiava os ativistas que lhe telefonavam e ameaçavam bater na porta da casa dela, exigindo que a droga fosse liberada ao público. Ela abafou a coisa toda, emitindo um release prematuro, dizendo que a droga não funcionava, e ninguém nem pensou em olhar as amostras de sangue guardadas no congelador.

Mais desconcertante ainda foi a notícia de que as amostras de sangue – depois de quatro anos – ainda estavam na prateleira do um freezer na Califórnia, controlado pela NIMH, claramente numeradas e codificadas, mostrando quando e de quem foram colhidas (se era grupo placebo ou se era o grupo que havia tomado o Peptídeo T). Sabendo que a chave para provar a eficiência da droga eram as medições do vírus, imediatamente comecei a enviar cartas, com o objetivo de conseguir a liberação das amostras de sangue para serem testadas e analisadas.

Eu estava acesa de novo, determinada a que o Peptídeo T fosse reconsiderado e que os esforços da minha irmã não tivessem sido em vão. A conselho de um amigo advogado, porém, diminui um pouco a minha verbosidade agressiva e exigente. Poucos meses depois, meus esforços culminaram na concordância do NIMH em assinar contrato com o laboratório da universidade para, finalmente, medir o vírus nas amostras de sangue dos pacientes que estiveram no teste original.

Garganta profunda

Ficamos esperando, mas não tivemos nenhuma notícia por mais três anos. Então, numa tarde de domingo, recebi em casa um telefonema do professor universitário que havia sido contratado pelo NIMH para conduzir os testes adicionais. Num tom levemente abafado, ele pediu um encontro com Mike e eu num sushi bar no centro da cidade (não numa garagem como na operação política de "Garganta Profunda"!), que ele escolhera para manter em segredo sua missão.

"Eu tenho os dados", lançou ele, quando já estávamos sentados no restaurante. "Os níveis do vírus HIV desceram nas amostras de sangue das pessoas que receberam o Peptídeo T, e subiram no grupo de controle do placebo." Ele estava frustrado com o processo que manteve essas descobertas no escuro e queria que soubéssemos o que ele havia encontrado.

Mike e eu ficamos eufóricos com essa notícia e nos pusemos a planejar como usar os dados, quando o nosso informante revelou que não poderia nos dá-los, pois assim perderia os fundos e ficaria queimado junto ao governo americano para qualquer oportunidade futura. Saímos do sushi bar mais frustrados do que nunca. Continuamos a solicitar ao governo a liberação de novos dados, mas os nossos pedidos caíam nos ouvidos burocráticos moucos.

A única luz nessa época obscura foram os resultados do teste para o qual Mike e eu conseguimos fundos, relatados no jornal *Peptides* em 2003. O nosso teste em onze pacientes de aids mostrou que o Peptídeo T interrompia a produção do vírus pelas células sanguíneas, o aumento das células T, e limpava os reservatórios celulares (onde o HIV costuma se esconder, esperando oportunidade para reinfectar o sangue) – tudo na ausência de qualquer toxicidade relacionada à droga. Infelizmente, o estudo era tão pequeno que, para criar repercussão, precisávamos de mais capital, mas isso animou as esperanças e indicava que o Peptídeo T tinha efeitos antivirais únicos.

Em seguida, em 2004, um milagre aconteceu. Dr. Tom Insel, um colega, magnífico neurocientista e especialista em peptídeos, que treinou durante um tempo no meu laboratório anos atrás, foi designado diretor do NIMH. Eu o visitei pouco depois de ele assumir o cargo e requisitei que os dados do teste contratado fossem liberados para mim. Com um gesto do seu braço de diretor, Tom varreu anos de barricadas burocráticas e os dados estavam em nossas mãos para analisar, publicar e colocar no nosso site, TINM.org. A promessa do Peptídeo T estava restabelecida, e Mike e eu começamos a escrever um resumo para apresentar aos colegas numa próxima reunião científica.

O ESTRESSE CONTINUA

No verão de 2005, eu estava esperançosa, mas exausta. Os acontecimentos estressantes dos últimos quinze anos culminaram no meu aumento de peso;

sofrimento com reveses financeiros; e sobrevivência a graves golpes no meu relacionamento com Michael. Tudo estava finalmente me pegando, batendo forte e talvez porque a irrupção estava à vista e, em algum lugar no meu corpomente, eu sabia que teríamos descanso.

Portanto não foi surpreendente que, na manhã da minha partida para Minneapolis, caí e machuquei o tornozelo. Eu estava tomando o café da manhã, imersa na leitura sobre o financiamento que acabava de ser disponibilizado para a pesquisa da febre aviária, quando pulei para atender ao telefone. Coloquei todo o meu peso num pé, que havia adormecido, e tropecei caindo duro no chão da cozinha. No mesmo instante, o tornozelo torcido e luxado começou a doer terrivelmente e a inchar. Apliquei gelo e mantive o pé erguido e, em poucos minutos, apareceu uma grande mancha roxa amarelada.

Pensei em cancelar a viagem, mas Mike me lembrou de todas as pessoas que estavam esperando para assistir às minhas palestras. Depois de uma hora, eu já estava mancando e jogando roupas para dentro da mala e gritando ordens ao meu marido para ter certeza de que uma cadeira de rodas estaria nos esperando no aeroporto. Mike estava estressado, eu estava estressada e até o cachorro estava estressado, mas o espetáculo precisava continuar...

No avião, eu tive um tempo para me retomar e entender o que havia acontecido. Num nível, eu simplesmente tropecei, mas em outro nível, no qual não há acidentes e a consciência faz surgir a manifestação exterior, eu era responsável pela minha queda. Examinando isso profundamente, eu via que a minha conduta se encaixava na teoria que eu estivera desenvolvendo na fisiologia do novo paradigma, que cada um de nós é uma coleção de diferentes e conflitantes personalidades múltiplas.

PSICOLOGIA QUANTUM: PERSONALIDADES MÚLTIPLAS

Eu estive pensando e dando palestras durante anos sobre como a doença chamada personalidade múltipla tem muito a nos ensinar sobre quem somos – nossa identidade "normal" – no novo paradigma do corpomente.

Freud abriu a porta para uma exploração da multiplicidade com suas descrições do id, ego e superego; e Jung discutiu arquétipos, levando o conceito a muitos passos adiante. A minha teoria não é sobre divisões dentro da mente ou da psique, mas aponta para uma gama inteira de subpersonalidades normais ao nível do corpomente.

Como acontece frequentemente quando crio uma nova teoria, descobri que partes da ideia já estavam por aí, neste caso, desenvolvidas pelo psicólogo Richard C. Schwarz, que descreveu uma teoria de multiplicidade não patológica. A abordagem holística espiritual à multiplicidade normal foi fornecida pelos drs. Hal e Sidra Stone.

A maioria das pessoas conhece a síndrome da personalidade múltipla por causa dos filmes como *The Three Faces of Eve* (As três faces de Eva) e *Sybil*. Traumatizados de forma terrível e repetida quando crianças pequenas, alguns indivíduos se estilhaçam ou se desintegram em muitas personalidades, por questão de sobrevivência. Em casos extremos, quando o trauma é muito grave, eles podem ter até dez ou vinte diferentes "alters", ou subpersonalidades, completamente isoladas umas das outras, em termos de memória, conduta e até fisiologia.

O caso clássico de SMP é caracterizado pela ninfomaníaca maluca que acorda numa cama estranha, procura os óculos e o prendedor de cabelo, amarra o cabelo bem apertado num coque, abotoa a blusa até o pescoço e corre para seu trabalho na biblioteca, onde ela se torna uma personalidade comedida da Sra. Prim. (Bibliotecárias sexy, por favor me perdoem o estereótipo!)

Às vezes uma personalidade esconde coisas das outras, pode sabotar ou até planejar matar um alter por causa da guerra e do ódio entre personalidades, comuns nessa síndrome. As diferenças fisiológicas chegam a ser tão extremas que uma personalidade pode ser fã de gatos e a outra, alérgica a eles. Quando a personalidade alérgica domina, aparecem todos os sintomas, mas quando a fã de gatos está no comando, a pessoa fica livre dos sintomas.

O fato de que subpersonalidades como essas têm mostrado diferentes imagens cerebrais é menos interessante do que o fato de elas terem aparência física diferente. Isso não acontece só por causa de diferentes penteados e roupas, mas porque cada personalidade mantém os músculos do rosto de forma diferente. Filmes de pacientes feitos por psicólogos mostram que essas "mudanças de estado" do corpo inteiro ocorrem instantaneamente durante a transição – mudanças quânticas de fato.

Dr. Frank Putnam, que realizou muitas descobertas sobre a SPM no NIMH, ocupava um escritório que eu herdei pouco depois que ele saiu. Eu me perguntava porque uma janela no escritório havia sido fechada com tijolos e quando conheci Frank num evento e lhe perguntei, ele me contou uma história espantosa que ilustra a natureza da mudança do SPM entre diferentes personalidades.

Frank estava entrevistando e filmando um paciente SPM em seu escritório quando os trabalhadores começaram a colocar tijolos numa das janelas, do lado de fora, preparando a construção de uma nova ala. (Isto é uma expansão típica do estilo governamental, pois uma nova construção pode exigir um ato do Congresso, enquanto acréscimos de milhões de dólares podem escorregar pelas brechas burocráticas.) Quando o paciente percebeu que selavam a janela, entrou em pânico claustrofóbico e, no mesmo instante, passou de uma pessoa tímida e encolhida para uma personalidade alter, ameaçadora e enorme, e Frank capturou a mudança no filme. Não foi nada gradativa essa mudança. Foi instantânea, sugerindo a natureza quântica da mudança de estado do SPM.

Depois que eu ouvi a história, decorei a janela entijolada com grafiti artístico que dizia: "A realidade é para pessoas que não conseguem lidar com drogas." Esse toque decorativo não só melhorou o visual do meu escritório, mas também me lembrava de que aquilo que chamamos de "realidade" já é um estado induzido por drogas, só que os "medicamentos" são naturais e produzidos internamente, não fabricados em laboratório nem comprados na rua.

Minha teoria é que há um estado normal de SPM, não só um estado patológico. Este último ocorre quando a pessoa é desintegrada e não reconhece nem controla a passagem de um estado a outro, com cada personalidade existindo completamente separada das outras. Na anterior, podemos lembrar as outras subpersonalidades, embora não possamos mudar de uma para a outra facilmente. Pense numa ocasião em que você estava com raiva ou se sentindo humilhado e agiu como se não fosse "você", no entanto não conseguia mudar sua reação – mesmo querendo.

No laboratório do meu autodesenvolvimento, observei durante anos as minhas subpersonalidades, notando como uma bloqueava as intenções e os desejos da outra, sabotando esforços que tinham a ver com sucesso, dinheiro e relacionamentos. Se eu não entendesse a fisiologia do novo paradigma, eu poderia pensar que estava ficando louca, pois tantos aspectos diferentes de mim mesma estiveram em conflito com tantos outros!

Todos nós temos muitas subpersonalidades, ou estados alterados de consciência, que acontecem ao nível do corpomente. Entender isto é atribuir um novo significado ao crescimento psicológico. A nossa psicologia do velho paradigma é muito preconceituosa ao considerar que a saúde mental decorre de uma personalidade estável e integrada, negando que somos eus múltiplos e acreditando que devemos ser um único eu.

No velho paradigma, em que a mente e o corpo são duas entidades separadas, pensamos que a mudança e o crescimento ocorrem no cérebro. No novo paradigma, a mudança psicológica ocorre no corpomente, não só dentro do crânio. No corpomente, a mudança é mais uma "mudança de estado" multidimensional, enquanto no velho modelo, as mudanças são lineares, não holísticas e não envolvem o organismo todo. No corpomente, o que se transforma é o todo, que inclui simultaneamente os pensamentos, as emoções, a realidade física e até a alma ou o espírito.

Nossa "*auto*sestima"

Essa visão nova, sedimentada na fisiologia do corpomente, permite-nos ter compaixão e perdoar nossos muitos eus, levando a um novo estado de "*auto*sestima"! Podemos entender assim muitos problemas perturbadores, tais como dependência de drogas e controle de peso, percebendo que algumas subpersonalidades podem tomar decisões contrárias às outras personas. Se, nessas ocasiões, conseguirmos aceitar que não estamos malucos, poderemos começar a explorar e integrar os muitos aspectos de nossos múltiplos eus.

Em pessoas normais, as emoções são os disparos quânticos que as fazem mudar de uma personalidade para outra. Numa somos perdoados, na outra, não. O vínculo, a ponte entre elas que transforma uma em outra, são as emoções. Como a luz, que é ao mesmo tempo onda e partícula, os sentimentos se tornam matéria (receptores, ligands, e expressões repentinas de programas genéticos como o da inflamação) ao vibrarem num campo quântico.

Considerando os efeitos das drogas, como maconha, álcool e heroína, vemos que estas alteram o comportamento e a expressão tanto quanto uma emoção o faz, às vezes mudando alguém tão intensamente que esse alguém se torna irreconhecível. Em outras palavras, sentimentos são tão poderosos quanto drogas, e funcionam da mesma maneira, biologicamente, utilizando peptídeos celulares e seus receptores – as nossas moléculas da emoção.

Pensando sobre quem somos realmente e o papel que as emoções exercem, cheguei a uma definição delas, relevante para minha teoria de subpersonalidades normais não patológicas: *As emoções são o fluxo de informações consideradas essenciais para a sobrevivência de qualquer estado particular de consciência sendo observado*. Esta definição reconhece que nossas observações, percepções, crenças e conceitos da realidade podem mudar totalmente. Como as emoções têm raízes estabelecidas em milhares de anos de nossa sobrevivência e evolução, qualquer subpersonalidade que esteja observando o mundo terá absoluta certeza de que ela é a "certa". Isto explica porque ter razão às vezes parece uma questão de vida ou morte!

A teoria de que as pessoas normais podem ser parecidas com SPM tem muitas aplicações interessantes no autodesenvolvimento e na psicologia, mas pode também nos ajudar a entender o nosso ser espiritual. Estudos realizados por Ralph Allison, num SPM patológico que passou por exorcismo, lançaram luz sobre a nossa identidade espiritual. A partir de suas observações de pacientes SPM, Allison cunhou o termo *ajudante do ser interno* (que seus colegas transformaram em *ser superior*) para aplicar àquela personalidade que não só sabia de todos os outros aspectos, mas também percebia os eventos que nenhuma das outras personalidades teria como saber, tais como coisas que aconteceram antes do nascimento.

Allison descobriu também que os verdadeiros SPM estão dentre os primeiros quatro por cento das pessoas suscetíveis ao hipnotismo, indicando que são mais vulneráveis a sugestões. Acredito que a chave para o sucesso da terapia psicoespiritual e/ou o bem-estar é se treinar para funcionar a partir do "observador" mais elevado de todos – a subpersonalidade mais intimamente associada com o divino ou o eu superior.

Como chegar lá? Para mim, a prática diária da meditação é a melhor maneira de ancorar uma "personalidade" de consciência superior. Nos anos recentes, algumas pessoas desenvolveram sistemas eletrônicos de bioresposta cerebral que prometem alcançar rapidamente o mesmo que anos de meditação. Minhas experiências com essas abordagens têm sido pessoalmente positivas, mas não trazem a mesma quantidade ou qualidade de dados. É claro que para muitas pessoas o estado alterado provocado pela oração diária também funciona muito bem.

UMA RECEPÇÃO EM MINNEAPOLIS

Enquanto nosso avião taxiava em direção ao terminal, dei uma olhada num exemplar de *USA Today* e vi que Minneapolis possuía a porcentagem mais alta do país de lares em que ambos os cônjuges tinham um emprego. Pensei sobre as mães macacas do estudo da Universidade de Nova York, e o tributo cobrado das crianças nas famílias em que a mãe estava constantemente preocupada com a sobrevivência, deixando pouco tempo para o acalanto. Assim como os bebês macacos no estudo, meu filho mais novo, Brandon, atualmente com 23 anos de idade, cursando o último ano no Instituto de Arte da Califórnia perto de Los Angeles, ficou privado de cuidados maternos por causa da minha tentativa desesperada de desenvolver o Peptídeo T durante a maior parte de sua infância e adolescência.

Muita coisa na minha vida precisava de perdão, absolver os outros que haviam bloqueado o Peptídeo T ou soltar meus sentimentos com relação a Wynne por ter deixado esse enorme vácuo na minha vida. E, mais ainda, eu precisava perdoar a mim mesma por todas as vezes que eu não estive presente para os meus entes queridos – como Brandon.

Na primeira noite em Minneapolis, Mike e eu fomos homenageados numa recepção dada por Horst, que vendeu a Aveda em 1997 e depois fundou a Intelligent Nutrients (Nutrientes Inteligentes). A festa teve lugar na sua casa impecavelmente decorada, uma verdadeira cidadela de arte tibetana e indiana, onde nos hospedaríamos nos primeiros dias do nosso tour. Horst costumava receber convidados, e realizava fóruns com pessoas desbravadoras, interessadas em ecoholismo, a ideia de que todos nós estamos conectados com a Terra, conceito que é a paixão impulsora de Horst. Ao evento ocorreram as personalidades da comunidade de consciência de Minneapolis, todos se deliciando com um elaborado buffet indiano, servido na espaçosa sala de estar. Eu me sentia uma rainha, ou pelo menos uma estrela de cinema, enquanto a minha baixa autoestima me cutucava com a conhecida sensação de falta de merecimento.

Além do meu desconforto, meu tornozelo ainda estava inchado e dolorido, obrigando-me a ficar no sofá, com a perna para o alto, durante grande parte da noite. Enquanto Mike me trazia a comida, eu recebi muita atenção dos terapeutas e médiuns presentes. Uma mulher, ex-enfermeira e na ocasião diretora de uma unidade corpomente do hospital da região, aplicou uma cura energética no meu pé e me garantiu que não estava quebrado. Enquanto ela trabalhava, senti a dor sumindo e a energia fluindo. Outra mulher ofereceu fazer leitura do meu corpo etérico (frase que ela usou para descrever meu campo de energia) e encontrar uma explicação psíquica para o meu machucado. Ela fechou os olhos e me disse que "viu" algo estanque no meu campo de energia, talvez algum negócio inacabado que literalmente me fazia tropeçar em mim mesma e impedia o progresso.

Quando ela disse isso, eu soube exatamente o que era. Ela estava percebendo a manifestação energética da minha frustração e autossabotagem relacionados ao Peptídeo T: os anos de caminhos errados, julgamentos errôneos, culpa, autorrecriminação, perda de fé e tentativas malsucedidas – a catástrofe inteira! O machucado me avisava que o passado precisava ser curado e perdoado, ou eu continuaria tropeçando nos meus muitos eus, dando um passo para frente e depois arrumando as coisas para falhar, sem ter o que mereço, e sem cumprir a minha missão.

Naquele momento, a minha responsabilidade no assunto me atingiu em cheio – e com força. Eu não podia mais me prender nas maneiras de ser que não propiciavam a obtenção de financiamento para o Peptídeo T, como: trabalhar demais, ter excesso de compromissos e ser dura e crítica para com os outros, Michael e eu mesma. Eu teria de superar minhas autoestimas baixas e permitir que a abundância necessária ao avanço fluísse para mim do universo. De alguma forma, eu tinha de me perdoar.

No dia seguinte, meu tornozelo ainda estava machucado, e eu mancava com a ajuda de uma bengala. Eu estava programada para falar a um grupo da Universidade Northwestern de Ciências da Saúde, uma escola de quiropraxia e medicina oriental. Antes da palestra, marcaram para mim uma sessão com o dr. Wan, professor da escola.

Usando habilmente suas agulhas, o médico as enfiou em diversos pontos do meu abdômen para ativar o meridiano que corre pelo tornozelo, e eu senti alívio imediato. As pessoas que iam assistir à minha palestra tiveram que esperar, mas elas superaram sua chateação quando lhes expliquei que meu primeiro marido, Agu Pert, e eu mostramos por meio de experiências no NIH que a acupuntura liberava endorfinas em ratos, contribuindo com que fosse aceita pela academia e seu uso ampliado. Agradeci por serem tão gentis em deixar que eu me beneficiasse dos frutos dessa descoberta antiga.

Enquanto estávamos hospedados na casa de Horst, Jane fez arranjos com a equipe de uma produção piloto chamada *Deep Dish*, feita pelos artistas da região, para incluir nossa participação. Eles vieram cedo, quando ainda tomávamos o café da manhã com Horst, degustando os ovos orgânicos cozidos com sal de pedra dos Himalaias e bebericando chá antioxidante numa sala de desjejum, que tinha o pé direito incrivelmente alto. Jane seria a apresentadora do espetáculo de uma hora, colocando perguntas provocantes sobre o futuro do planeta a uma fila de seis convidados, incluindo Horst, Mike e eu, e um jovem da cidade que foi agraciado com os programas de desenvolvimento comunitário da Continuum.

Chamando-me de lado, Jane maquinou para que eu e Mike pudéssemos conversar com Horst a sós. "Fiquem aqui e falem com ele enquanto eu arrumo as coisas lá embaixo para a filmagem", ela disse, mostrando uma construção localizada ao lado do rio e abaixo da casa principal. Jane sabia que Mike e eu queríamos falar com Horst sobre fundos para a nossa pesquisa, mas nos sentíamos sem jeito para encontrar o melhor momento para isso.

"Depois saia para ser maquiada para a filmagem e deixe os dois meninos conversando a sós por alguns minutos", ela disse, cobrindo todas as bases ao descer até o set.

Mais tarde, com o término da filmagem, perguntei ao Mike como foi, e ele, com seu jeito vagaroso e tranquilo de responder às minhas perguntas insistentes, disse: "Acho que ele está considerando o financiamento". Não adiantou fazer mais perguntas. Mas eu confiava em Horst e acreditava que ele nos ajudaria mais uma vez. Horst tinha a visão, o entusiasmo e a confiança em nossa ciência para ajudar a materializar uma cura para a aids.

No Marsh (jogo de palavras com "em marcha")

No último dia de nossa visita, mudamos da casa de Horst para The Marsh, um hotel e spa corpomente de primeira, onde daríamos a última palestra antes de voltar à capital.

O edifício foi fundado por Ruth Stricker, pioneira holística que se curou de lupus por meio de exercícios e abordagens mente-corpo, e depois projetou um ambiente para juntar o melhor do Oriente e do Ocidente. A nossa estadia em The Marsh, que Jane havia arranjado com Ruth, pretendia ser um interlúdio relaxante – "férias", ela disse. Mas a dor do machucado e o ritmo frenético dos fatos culminaram em nosso interlúdio terapêutico ser tudo *menos* isso. Estávamos desorientados com a mudança e tivemos problemas em nos orientar no novo ambiente quando aconteceu o desastre.

A apenas algumas horas antes da minha apresentação, eu estava no chuveiro pensando sobre o Peptídeo T e como eu planejava apresentar o último capítulo de seu desenvolvimento à plateia naquela noite. Perdida em pensamentos sobre as muitas voltas da história do que estava nos impedindo, saí do chuveiro, escorreguei no chão molhado e caí duro entre a pia e a beira da banheira. Michael ouviu meu grito e correu para me socorrer. Foi doloroso e humilhante e fiquei com o osso sacro muito machucado. Agora eu não podia nem andar nem ficar sentada!

Mas havia outra lição para mim nesse último acidente. O sacro é a base da coluna espinhal, uma estrutura vinculada à sobrevivência e a questões financeiras no sistema indiano de chakras. Ao cair e machucar esta parte do corpo, coloquei total atenção numa região em que eu ainda carregava minhas lembranças emocionais antigas não resolvidas que me mantinham num estado permanente de preocupação e inquietação com a falta de dinheiro. Era a história da estagnação do Peptídeo T, do descrédito quase total nas duas últimas décadas.

Elevando a consciência monetária

Sincronisticamente, Horst foi o meu primeiro mentor monetário que me ajudou a ver o dinheiro de forma nova. Lá pelos anos 1990, quando estive com ele, Andy Weil e Deepak Chopra numa mesa redonda no palco da Radio

City Music Hall, Horst falou sobre o dinheiro como energia espiritual que, uma vez liberada, poderia fazer as coisas acontecer para o melhoramento do planeta. "Quando o dinheiro flui, a transformação é possível", ele havia dito.

Eu fiquei chocada quando ouvi Horst falar sobre dinheiro como energia, porque isso entrava em conflito com minhas crenças inconscientes de que o dinheiro era sujo, um mal necessário a ser suportado e depois afastado. Enquanto conversávamos, pela primeira vez percebi a riqueza como instrumento, um poder que poderia ser usado positivamente em benefício dos outros e trazer resultados desejados. Foi uma experiência que me abriu os olhos, mostrando que na minha infância e na minha família de origem a visão do dinheiro havia adquirido a cor de desconfiança, medo e perigo.

A família do meu avô materno era de judeus lituanos abastados que emigraram em meados do século XIX. Estabelecendo-se na Pennsylvania, minha mãe e a irmã foram educadas no seio do luxo, até o último ano de ensino médio da minha mãe, em 1929. Depois do desastre das ações, avô Rosenberg, um generoso e compassivo proprietário de terras, deixou ficar os inquilinos que não podiam pagar o aluguel, até que ele perdeu sua propriedade e foi forçado à falência.

Durante a Depressão, os irmãos do meu avô investiram em um pequeno negócio, uma loja de doces e refrigerantes em Atlantic City, Nova Jersey, que entregaram para o meu avô tocar, fornecendo-lhe renda e um pequeno apartamento no fundo da loja. Meus avós logo receberam meus pais, um jovem casal com um bebê novo – eu – quando a guerra acabou e era difícil encontrar casa e trabalho. Eu passei meus primeiros anos na área atolada e caótica da família, nos fundos da loja do meu avô.

Só que não era apenas uma loja de doces. A turba gradativamente obrigou meu pai a permitir que aparelhos de jogo funcionassem lá. Uma das minhas lembranças mais antigas é meu avô introduzindo fichas na máquina de pinball, me colocando sentada numa caixa de madeira e me observando alegremente, enquanto eu puxava as alavancas e gritava de prazer, vendo as bolas rolarem. Mas esse uso extra de fichas atraiu atenção indesejada. E meu avô deixou de me dar fichas para brincar. Lembro também de caixas de charuto cheias de dinheiro e eu desenvolvi uma subpersonalidade que ligava dinheiro com medo, ansiedade e até perigo. Dinheiro vivo era tudo menos energia positiva; um problema que era melhor deixar aos outros, sempre que possível.

O choque que minha mãe sofreu por passar, de uma hora para outra, da riqueza para a pobreza, a ameaça e a violência de gangsters no único lar que eu conhecia, e o estresse pós-traumático que meu pai sofreu depois de voltar da guerra foram acontecimentos emocionais que construíram minhas lembranças mais tenras, e todas estavam relacionadas a questões de sobrevivência básica e dinheiro.

Logo depois da minha visão sobre o dinheiro que ampliou minha consciência, topei com uma antiga amiga de escola, Olívia Mellan, num momento muito triste. Numa sincronicidade muito esquisita, Mike e eu descobrimos minha amiga, sentada atrás de nós, durante a viagem de trem que fizemos carregando as cinzas de Wynne para o cemitério da família em Lyme, Connecticut.

Olívia, que sempre foi brilhante e se formou em segundo lugar da classe, era psicoterapeuta, cuja especialidade era ajudar casais com questões de dinheiro. Ela escreveu um livro *Money Harmony* (Harmonia do Dinheiro) e esteve no programa de *Oprah*. Eu lhe telefonei quando voltamos para a cidade, marquei consulta, e Mike concordou em me acompanhar.

"Veja, temos uma droga que pode levar à vacina da cura da aids", lembro de ter lhe dito, "mas ficamos estagnados porque não temos dinheiro para financiar seu desenvolvimento. Cada derrocada envolveu falta de dinheiro, então, como você pode nos ajudar a lidar com nossas questões financeiras de maneira que possamos progredir..."

Em poucas sessões, Olívia ajudou cada um de nós a determinar o que ela chamou de nossa "personalidade monetária" individual, o estilo ou abordagem que uma pessoa usa na sua relação com o dinheiro. Aprendemos que, como casal de longa data, estávamos polarizados neste aspecto, Mike sendo um "Carregador/Evitador" e eu uma "Gastadora/Acumuladora". Esses extremos faziam parte de uma luta no nosso casamento que se refletia tristemente nos negócios referentes ao Peptídeo T.

Com sua severa orientação e sabedoria, Olívia nos ensinou a nos comunicarmos respeitosamente para resolver questões de dinheiro. Comecei a mudar minha maneira de ser com relação ao assunto e progredi bastante, mas ainda estava no processo de desenvolver e transformar essa região da minha vida enquanto perseguíamos o financiamento para o Peptídeo T. Percebi que a chave era perdoar e respeitar todos os meus eus, e assim aprender a perdoar e respeitar as outras pessoas que eu atraí para a minha vida (especialmente Michael), que eram, afinal, espelhos da minha mente.

"Dinheiro é a raiz de todo o mal", é isso que costumávamos ouvir, mas quando citamos corretamente a Bíblia, a expressão é: "o amor ao dinheiro é a raiz de todo o mal". O objeto em si é neutro, mas amá-lo e não o próximo nem a Deus é a fonte de muitos problemas. Num novo paradigma, a riqueza pode ser uma força poderosa do bem no mundo, a soma de tudo que funciona ou não funciona ao nosso redor.

A queda no meu sacro chamou minha atenção consciente para o que, exatamente, eu precisava fazer naquela ocasião. Nos meses seguintes, focalizei meus esforços em conseguir novos testes clínicos do Peptídeo T, e levantar dinheiro para manter Mike e eu na superfície enquanto fazíamos tudo isso acontecer. E é claro, eu continuaria me curando e aprendendo a me perdoar totalmente.

O PERDÃO É DIVINO

Minha palestra no The Marsh foi uma das sessões mais informais, na qual eu me permiti sair da caixa mais do que de costume. Cheguei ao palco com uma bengala e logo a joguei de lado, afirmando que meu pé estava curado, mas sem revelar que meu tornozelo estava me matando. Eu tinha de tomar cuidado para não cair do palco, lembrando de como Ann-Margaret uma vez mergulhou na plateia, no meio de um número de dança e canto em Vegas.

Jane ficou entusiasmada com a minha apresentação "Candace Desplugada", como ela a denominou mais tarde, que deu à plateia uma vivência da pessoa por trás da ciência e um vislumbre do meu pensamento atual sobre a vida e o meu futuro livro. Eu tive de admitir que minha fala foi definitivamente mais intimista (um tanto desconectada) do que o contexto usual de cientista séria.

Mas o que eu não mencionei foram meus pensamentos sobre o perdão – em especial, minha teoria sobre *auto*sperdão – e como o assunto se relaciona com as nossas muitas subpersonalidades. Portanto, ao término da minha palestra, na hora das perguntas e respostas, joguei a pergunta: "Qual é a única coisa que você pode fazer para instantaneamente alterar sua consciência e sentir-se bem?".

Um homem se levantou na plateia e gritou: "Psicoterapia!".

"Não", respondi. "É *perdão*. Quando você perdoa, você experimenta uma emoção profunda, verdadeiramente transformadora. Sem emoção, não há verdadeiro perdão. Uma das minhas citações favoritas é 'Errar é humano, perdoar é divino', dita por Alexander Pope, há algumas centenas de anos. Essas palavras apontam para o que acredito: você pode nascer de novo – com ou sem religião – quando você perdoa aos outros e a você mesmo. E, para alguns de nós, é uma grande tarefa." Eu já havia compartilhado minha teoria das subpersonalidades com a plateia, portanto, quando eles riram, presumi que entenderam quão complexo isso pode ser.

Pensei num filme de Hollywood que assisti recentemente sobre como o perdão pode alterar completamente a personalidade de alguém, transformando-o literalmente numa nova pessoa. Numa performance que ganhou o prêmio Oscar, Jamie Foxx retrata em *Ray* o cantor Ray Charles, que percebe que a morte de seu irmãozinho não foi culpa sua e finalmente abandona seu vício em heroína. Numa cena profundamente comovente, o irmãozinho de Ray aparece numa sequência onírica e diz ao irmão mais velho: "Não foi culpa sua!" (Interessante, a cegueira do cantor parece ter sido precipitada pelo trauma de ver o irmãozinho afogado numa tina de lavar roupa.)

É interessante a relação entre a drogadicção e o perdão, retratada no filme. Muitos dependentes recuperados tomaram o caminho da religião como recurso para se manter limpos e sóbrios. Precisamos desse tipo de fé para perdoar? Talvez – estudos mostram que a crença num Poder Maior costuma ser a chave para as pessoas se recuperarem da dependência de drogas e de álcool. No bem-sucedido programa dos doze passos para tratar alcoolismo (AA), a entrega a um Poder Maior costuma ser o crucial ponto de mutação.

Em outro filme, *Good Will Hunting* (Gênio Indomável), Robin Williams faz o papel de um psiquiatra que abraça o atormentado gênio durão, representado por Matt Damon, enquanto ele chora, ouvindo seu médico repetir as palavras mágicas: "Não é culpa sua", referindo-se ao abuso que o jovem sofreu na infância, perpetrado pelo pai alcoólatra. A liberação emocional que ele vive o liberta para seguir seus objetivos e desfrutar a vida, algo que não acontece sem o momento profundo do autoperdão.

Soltar a culpa exige uma mudança quântica na qual o corpomente inteiro é alterado, uma verdadeira mudança de estado que afeta todo o sistema. Não é algo pequeno feito gradativamente, mas uma reviravolta de corpo inteiro. Quando você perdoa a si mesmo e aos outros, você passa a viver numa nova realidade. Você é livre e experimenta a verdadeira felicidade. Você pode também se tornar mais saudável, porque a inflamação física do seu corpo diminui (deixa de ser continuamente disparada por ressentimento e fúria).

Se você experimenta um estado constante de raiva reprimida em seu corpo durante muitos anos, segurando mágoas e não perdoando pessoas por incidentes que aconteceram no passado, é bem provável que está usando energia para fabricar anticorpos, mantendo-se num estado de inflamação crônica. Como resultado, você obriga seu sistema imunológico a reagir excessivamente, agravando distúrbios autoimunes tais como lupus, esclerose múltipla e artrite reumatoide.

O perdão limpa e revitaliza; cura processos que contribuem muito com sua saúde. Quando você perdoa alguém, a mudança penetra até as células do seu sistema imunológico, tornando-se uma mudança quântica instantânea em sua fisiologia. Em algum lugar ao longo do caminho, quando as células estão sendo recarregadas, toma-se uma decisão para produzir mais para o sistema imunológico ou mais para o cérebro. Quando você abriga ressentimentos, a decisão pode ser fabricar mais células imunológicas que ativam a inflamação. Quando você não culpa ou não carrega mágoa e não precisa de uma reação imunológica esquentada, a decisão vai para produzir mais células cerebrais e abrir a possibilidade de estados mais elevados de consciência.

Como perdoar

Minha plateia ficou intrigada ao ouvir uma cientista promovendo o perdão e queria saber a maneira mais rápida de perdoar que não por meio da psicoterapia. Eu não havia planejado dar um sermão, mas essas pessoas queriam conselhos práticos, então busquei dentro de mim os recursos que me havia ajudado no período muito penoso dos últimos quinze anos.

"Primeiro, quero deixar bem claro que a psicoterapia pode ajudar as pessoas a perdoar, mas os processos psicológicos podem demorar muito e serem difíceis, enquanto que outras abordagens podem ajudar as pessoas a fazer dessa liberação um modo de vida", eu disse.

"Acredito que a forma mais rápida de perdoar a si mesmo e aos outros é estudar e abraçar ensinamentos dos grandes mestres e sábios, como Cristo ou Buda, conforme encontramos na literatura sapiencial do mundo. Dessa maneira, você aprende gratidão e humildade, ideias ressaltadas em qualquer religião. É importante praticá-las a fim de experimentar a 'reparação', um estado de consciência profundamente magnânimo.

"A meditação e a oração apoiam a liberação de velhos traumas, experimentados sozinhos ou em grupo. Mas assim como a vibração se transfere entre dois violinos ressoando numa sala, o perdão 'pega' mais facilmente em lugares onde se reúnem pessoas de mentalidade semelhante – como igrejas, sessões de terapia de grupo, ou uma reunião espiritual para culto, palestras ou meditação.

"Afirmações positivas faladas por você mesmo, ou ouvidas num CD ou fita, podem ajudar também. Uma das minhas favoritas é: *Sei que, perdoando a mim mesma e aos outros pelos erros do passado, me permite que eu me cure.* Esta afirmação me ajudou a me recuperar do pesar e da depressão depois da morte repentina da minha irmã. Funcionou por causa da profunda ressonância emocional que eu sentia toda vez que ouvia ou dizia essas palavras. O ponto importante é que a expressão emocional é transformadora, seja com respaldo religioso ou não. Você até pode chorar ou ficar furioso antes de perdoar, mas permita-se expressar suas emoções autenticamente e sem julgar, e você estará a caminho de se sentir melhor... e sentir Deus."

Mais tarde, depois dos autógrafos (que eu dei em pé), Jane me disse: "Candace, a última sessão de perguntas e respostas foi fabulosa. As pessoas vieram para ouvir ciência, mas receberam uma dose polpuda da velha fé ao mesmo tempo! Adorei como a casa inteira mergulhou no silêncio quando você falou de perdão. Todos nós precisamos aprender a perdoar, e ouvir alguém que também é cientista falar sobre isso... é muito importante. Agradeço!"

Eu me contive para não desmerecer o gentil reconhecimento de Jane e aceitei o meu próprio conselho. "Eu que *agradeço*", disse, com humildade surpreendente. "Sou muito grata por ter tido a oportunidade de compartilhar o que sei que funciona, porque é isso que eu posso fazer."

Milagre de dinheiro

Uma vez em casa, cuidei dos meus machucados doloridos, usando uma cadeira de rodas quando precisava e ficando na horizontal quando podia. Em duas semanas, Mike e eu viajaríamos para a Itália, a fim de fazer uma apresentação a um grupo de psicoterapeutas junguianos na reunião anual deles, e eu queria estar totalmente sarada. Eu estava reclinada numa espreguiçadeira na varanda de trás, absorvendo os raios da tarde, quando Mike me chamou de dentro da casa.

"Horst vai nos financiar", ele disse. "Acabei de desligar o telefone falando com sua fundação. Nós estamos bem por mais uns seis meses pelo menos."

"Isso é fantástico!" respondi. Mas antes de pular para compartilhar o triunfo com ele, dei um profundo suspiro e fechei os olhos. Pássaros cantavam e cigarras estrilavam na tranquilidade do nosso quintal. Eu sorri, soltando-me e deixando que o calor da gratidão inundasse minha fisiologia inteira. O apoio de Horst nos permitiria prosseguir com a nossa pesquisa e voltar aos trilhos, mas ainda iríamos precisar de mais investidores para nos ajudar a realizar testes em grande escala que planejávamos para o futuro próximo.

Muita coisa pode acontecer em seis meses, ponderei. Eu estava começando a experimentar, não só acreditar, que de fato qualquer coisa podia acontecer num mundo de infinitas possibilidades. Eu me levantei da espreguiçadeira, plantando os dois pés direto no chão, e me precipitei para dentro da casa, para dar ao Mike um grande e caloroso abraço de comemoração.

7
ASSIS: SONHOS, ESPIRITUALIDADE E SINCRONICIDADE

Io amo Italia! Eu estive presente em muitos congressos científicos nesse país estiloso e fabuloso e agora Mike e eu nos aprontávamos para ir a Assis, Itália, falar sobre a conexão mente-corpo, numa reunião anual dos psicoterapeutas junguianos. Nosso assistente anterior havia feito as reservas das passagens aéreas, e esperávamos encontrar tempo para brincar e passear, uma necessidade premente depois de nossa produtiva, mas cansativa, viagem a Minneapolis.

No caminho de volta de Minneapolis, eu havia topado com um antigo colega, um pesquisador em psicologia que ainda estava em NIMH a quem, enquanto aguardávamos a nossa bagagem, mencionei meus planos iminentes de viagem. Ele me olhou espantado e perguntou: "Com todo o devido respeito, por que um grupo de terapeutas junguianos convidaria você para a reunião deles? Até onde sei, eles não fazem nem seguem pesquisa alguma". Sombras da professora universitária! Como se a pesquisa fosse o único interesse disponível para uma cientista "de verdade" como eu!

Os junguianos, porém, estão menos interessados em realizar pesquisa do que ouvir as últimas novidades que a ciência tem a oferecer sobre sonhos, sincronicidade e o inconsciente coletivo – todas as áreas nas quais me sinto muito confortável, usando dois chapéus, o chapéu da cientista e o chapéu da mística. Eles, na qualidade de terapeutas, querem trazer a ciência de ponta para sua prática, ajudar as pessoas a curar traumas, transformar questões-chave em suas vidas e explorar diferentes estados de consciência. Eu sabia que, fazendo a apresentação junto com Mike, que é definitivamente bem fundamentado em causalidade – "a constante conexão por meio do efeito", segundo Carl Jung –, os terapeutas teriam a palestra bem organizada sobre consciência e cura de que precisavam, e nós nos divertiríamos muito.

Na fronteira do Peptídeo T, as coisas começaram a acontecer quando voltamos de Minneapolis. Não mais preocupados com a necessidade pessoal de um salário, poderíamos apresentar a nossa petição ao governo para a posse da licença há muito impedida, a fim de desenvolver a nossa droga e procurar investimentos, para então começar a próxima rodada de testes clínicos. Meus machucados se curaram, nossas preocupações financeiras imediatas serenaram, e Mike e eu aguardávamos semiférias em Assis, uma terra antiga e atemporal de colinas, bosques de oliveiras e terraços de vinhas.

Quando abri o guia turístico que Mike havia tirado da pasta e deixado em cima de minha mesa, a primeira coisa que li foi: "Assis – o lugar onde a natureza e o misticismo se encontram". Eu sabia que era a cidade da Itália central onde São Francisco viveu no século XII. Ele era filho de um rico mercador, mas havia renunciado a todas as posses materiais para pregar um estilo de vida pobre, simples, obedecendo aos preceitos originais dos Evangelhos. Nessa região conhecida como Úmbria, nasceu não só este homem santo, mas também Santa Clara, que emprestou seu nome ao ramo da ordem franciscana para mulheres, chamada Clarissas Pobres. E para acrescentar ao bolo, São Valentino, santo patrono dos amantes e do coração, também provinha dessa região. Assis estava começando a parecer o meu tipo de lugar!

Mesmo sabendo que a ideia faria minha mãe judia e vovó Rose se virarem em seus túmulos, eu havia adquirido uma forte identidade eclética cristã. Eu gostava de comungar e participar dos rituais com Michael em todos os tipos de igrejas perto de casa e nas minhas viagens.

PARA SEMPRE JUNG (TROCADILHO ENTRE CARL JUNG E JUNG = JOVEM)

Quando adolescente, eu ficava fascinada com a interpretação dos sonhos feita por Freud, mostrando que a fonte deles era a satisfação de desejos e o subconsciente reprimido. Mais tarde descobri que Carl Jung entendeu o que Freud não havia entendido, que os sonhos eram portais para outra realidade. Jung acreditava que, nesse estado alterado de consciência, nos conectamos com a nossa essência espiritual, a nossa alma, que mora no que chamamos de "inconsciente coletivo".

Para Jung, este conceito explicava muitos fenômenos místicos, como amor à primeira vista, *déjà vu*, experiências criativas, compartilhadas por artistas e músicos, e experiências espirituais de místicos de todas as religiões. Ele acreditava que os sonhos nos permitem acessar o nosso inconsciente pessoal e assim nos aproximarmos cada vez mais do verdadeiro eu, residente no inconsciente coletivo.

A física quântica ajuda a entender a sincronicidade. Num mundo quântico, os limites de tempo e espaço se expandem, permitindo infinitas possibilidades e oportunidades. Jung colaborou com Wolfgang Pauli, um físico renomado de sua época, na tentativa conjunta de integrar os princípios da psicologia. Em seus esforços, eles inventaram o nome *energia indestrutível*, que se manifesta no universo não quântico, no qual a causalidade impera, quando acontece a sincronicidade. Eu acredito que o fato de que sincronicidades ocorrem com maior frequência do que o esperado estatisticamente aponta para a existência de Deus, a derradeira fonte de energia e informações indestrutíveis.

Na fisiologia do novo paradigma, o corpomente humano é um fenômeno informativo elétrico, pulsante, mais parecido com uma chama bruxoleante do que com uma máquina sólida. Essa natureza permite que as pessoas compartilhem uma vibração emocional ressonante, talvez explicando como indivíduos se reunem em coincidências aparentes que são de fato sincronicidades, atraídos por algum propósito terapêutico, ou para receber orientação sobre o que fazer a seguir.

A sincronicidade tem sido um tema poderoso na minha vida, orientando muitas descobertas científicas que fiz, bem como pontos de mutação importantes no meu crescimento pessoal. Ultimamente, eu tenho experimentado ocorrências sincronísticas muitas vezes ao dia, e cheguei a um ponto em que antevejo "coincidências" que revelam direções significativas para mim. Penso que a prática de perceber esses fenômenos vincula o profano ao divino na minha vida diária, abrindo portas para um futuro que tenho cada vez mais forças de criar. Um dia, tenho certeza de que, por meio de um estudo científico de sincronicidade, nos aproximaremos da prova de Deus.

Conflito criativo

Eu estava pensando sobre sonhos e sincronicidade ao preparar a minha palestra em Assis, quando Nancy me telefonou. Estivemos trabalhando no nosso livro de costa a costa, ela na Califórnia e eu na capital, falando durante o que denominamos a "hora sagrada", um tempo reservado para a nossa comunicação diária. Ultimamente, nossas conversas focaram a estrutura, voz e outros elementos literários envolvidos na organização e escrita de um livro.

De vez em quando, no decorrer do processo, brigávamos como irmãs. Costumávamos trocar de papéis, uma de nós fazendo a abordagem típica do lado esquerdo do cérebro, exigindo que seguíssemos um esboço ou que acrescentássemos mais conteúdo informativo. Revesávamo-nos, insistindo que o melhor caminho era seguir a corrente, confiar no processo e deixar brotar tudo o que parecesse interessante na ocasião. Invariavelmente, a esse ponto de vista se opunha a voz da razão, mais austera, portanto íamos e vínhamos, dançando para produzir nossa criação.

No telefonema daquela manhã, Nancy defendeu a abordagem direta e definida, insistindo em que eu apresentasse aplicações práticas da minha ciência na forma de conselhos, sugestões e "como fazer". Mas eu não via dessa maneira. Para mim, o livro era sobre minhas respostas às perguntas que as plateias têm feito desde a publicação do meu primeiro livro e desde que apareci em *Quem somos nós?!* E a grande maioria incluía: "Por favor, dra. Pert, diga-nos como é que podemos nos sentir bem!" A minha resposta a esse pedido teria de estar em constante evolução, surgindo de meu próprio crescimento e de minhas incursões na consciência, aventuras que ainda estavam em processo.

"*Não, não, não!*" Nancy estava chegando ao limite de sua frustração, depois de ouvir pela quinta vez minha livre associação de ideias, num espaço de dez minutos. "Eu não quero ouvir mais nada dessa conversa sobre tópicos que não se encaixam no nosso esboço! Estamos adiantadas demais no processo para introduzir todo esse material novo!".

"Relaxe e só ouça, tudo bem?" Tentei acalmá-la. "O livro está se escrevendo sozinho; está evoluindo conforme nós evoluímos, portanto, sempre será uma obra em progresso", eu propus. "Não é um livro apenas sobre informações e conselhos, porque isso é simplista e tedioso demais. Eu não tenho todas as respostas. Sou cientista, não guru, lembra? Este livro é sobre viagens, e você embarcou nessa comigo."

"É claro, eu concordo com você", Nancy respondeu, contando com suas habilidades relacionais e parecendo mais conformada. "Mas estou preocupada que não estamos dando aos leitores um conteúdo mais prático e pronto para ser usado. Você não pode levá-los apenas para as Aventuras de Candace no País da Consciência, saltar, a cada capítulo, por todos os lugares, num novo congresso. Você precisa parar, preparar e entregar-lhes o conteúdo. Fale com seus leitores e lhes diga-"

"- aonde os estou levando", interrompi, concluindo a frase de Nancy. "Que estão descendo pela toca do coelho – *comigo*! O livro vai relatar como é que o meu entendimento das emoções e da consciência acaba me fazendo entender e compreender a espiritualidade. Eu lhe disse: estou saindo do armário. Vou falar sobre Deus, e vou fazer isso como cientista. Lembre-se, o título original menciona *sentir-se bem*, mas também *sentir Deus*. Estou chegando a um lugar em que não me sinto mais separada."

Fez-se silêncio do outro lado da linha. Eu continuei, "Eles adoram isso e, de qualquer forma, é a verdade. É mágico e místico, não simplesmente prático. Seria muito precário eu pregar e dar uma fórmula para sentir-se bem. Estou compartilhando com os leitores minhas experiências, que é tudo o que possuo. Tenho de ser honesta ou não sou nada. Por favor, entenda..." supliquei.

"Ok, mas eu não entendo..." ela desconversou, percebendo que seus melhores esforços em encurralar minhas "viagens" mais malucas, fazendo seu trabalho de uma editora e escritora consciente, não iriam ganhar o dia.

"Confie em mim", assegurei. "No final, estaremos falando que sentir-se bem não é apenas físico ou emocional, mas espiritual, que é onde Deus – ou qualquer aspecto de divindade com que você seja capaz de se relacionar – entra. Hoje, eu gostaria de falar sobre sonho, por mais impraticável que pareça. Penso que os sonhos são a chave para entender como o científico e o místico se juntam, e –"

"Ok, então vou parar de brigar com você e só ouvi-la", Nancy interpos, passando para o meu lado e entendendo. "Vamos em frente, eu quero ouvir o que você tem a dizer sobre como os sonhos podem ajudar as pessoas a sentir-se bem e sentir Deus."

E eu tinha muito a dizer sobre o assunto. Eu sabia que estava prestes a fazer algo com este tópico novo porque, nos últimos dias, as sincronicidades haviam começado a acontecer com mais frequência, sinal de que eu estava entrando numa zona criativa. Naquela mesma manhã, topei "acidentalmente" com um livro chamado *The Emerging Mind* (A Mente Emergente), uma coleção de palestras sobre a consciência, dadas no Smithsonian Institute em 1999 e editadas pela dra. Karen Shanor. Michael deixou o livro (atualmente esgotado) em cima da mesinha de centro da nossa sala. Ele o havia encomendado com o pai, Robert, por ocasião da visita a ele na Flórida. (Meu sogro, que vive muitos anos depois do diagnóstico de um câncer ameaçador e cirurgias múltiplas, assiste a missa matutina todos os dias e é um grande exemplo de força da oração e da amizade.) Peguei o livro e abri ao acaso numa seção em que meus olhos pousaram sobre as palavras *REM, sonhar lúcido* e *consciência superior*.

"Nossa próxima aventura, é claro!" disse em voz alta, em pé no meio da sala. Confiando na sincronicidade, nosso livro com certeza se escreveria por si mesmo; Nancy e eu só tínhamos de sair do nosso caminho e seguir as dicas fornecidas pelo universo. E foi perfeito, pois o tópico do sonhar se encaixava na minha próxima palestra aos terapeutas junguianos em Assis. Eu me sentei no sofá e passei duas horas lendo sobre sonhos e organizando meus pensamentos para compartilhar com Nancy durante a nossa "hora sagrada" ao telefone naquele dia.

Sonhos e realidade

Sempre me fascinou a imprecisa linha divisória entre o sonho e a realidade. Fico tonta ao contemplar que eu poderia estar andando dentro de um sonho que tenho, sonhando que estou acordada. Você pode ter tido um sonho que parecia mais concreto do que a realidade, levando-o a ponderar a mesma possibilidade. Em determinadas culturas aborígenes, as pessoas levam tão a sério suas aventuras oníricas quanto seu estado de vigília, deixando o conteúdo sonhado informar e guiar sua vida cotidiana. Mas, na nossa sociedade, é perigoso tratar um sonho como se fosse realidade. Acreditamos que a sanidade depende de manter os dois distintos!

Em algum lugar no arco-íris, onde os sonhos de fato se realizam, está a visão que Dorothy tem de Oz, que todos nós adoramos. "Um sonho é um desejo que o nosso coração faz..." Walt Disney repetiu isso para a minha geração de expectadores do Mickey Mouse Club, e suas palavras ainda evocam para mim o aspecto metafísico dos sonhos.

Será que o que acontece nos nossos sonhos influencia a nossa realidade em vigília? Será que eles curam o passado, concertando traumas que podemos ter experimentado quando crianças ou adultos? Será que eles podem nos ajudar a desenvolver estados de consciência superior? Será que resolvemos problemas, criamos novas possibilidades e vemos novos futuros por meio dos sonhos? Acredito que a resposta a todas essas perguntas é sim, e existe muita ciência boa para apoiar isto.

Segundo meu entendimento de que o corpomente é uma rede de energia e informação, vejo o sonhar como uma conversa entre a psique e o soma (mente e corpo). É a dramatização noturna de lembranças e emoções que irrompem do nível celular a caminho da consciência. Quando nos lembramos dos nossos sonhos, podemos processar traumas ou experimentar aquilo com que não conseguimos lidar em estado de vigília, integrando os eventos para sermos mais íntegros. O sonhar também é um subproduto do conserto e da renovação celular.

Escrevi no meu primeiro livro sobre meu sonho essencial, que me levou a uma profunda e duradoura cura de uma desavença com meu mentor científico, dr. Sol Snyder. O sonho aconteceu num mundo tipo Oz, no qual Sol era a Bruxa Malvada do Oeste, em quem eu joguei água. Fiquei observando enquanto essa presença gigante derretia e desaparecia, deixando de ser uma ameaça para mim. Na minha consciência em vigília, parei de me ver como vítima e fui capaz de largar a raiva. Minha necessidade quase obsessiva de recuperar nosso relacionamento rompido começou a esmaecer. Eu me vi perdoando Sol e tocando minha vida.

Os sonhos podem resolver problemas e criam novas realidades para o sonhador e para os outros. Existem muitos casos de descobertas científicas que vieram dos sonhos dos pesquisadores, que forneceram soluções a problemas especiais, dando assim um novo futuro para a humanidade. Um deles aconteceu com o químico russo do século XIX, Dmitri Ivanovich Mendeleev que, durante anos, tentou classificar os elementos fundamentais de acordo com os pesos atômicos. Uma noite em 1869, Mendeleev teve um sonho no qual ele viu uma tabela com todos os 63 elementos conhecidos em seus devidos lugares. Ao acordar, ele anotou o que lembrou e, espantosamente, apenas uma localização precisou ser corrigida mais tarde. Assim veio a existir a tabela periódica dos elementos, uma descoberta fundamental da química moderna e uma página conhecida em qualquer livro didático de ciência do ensino médio.

Lembrando de sonhos

Há anos mantenho um diário de sonhos, registrando o que consigo lembrar quando acordo de manhã. Depois leio e examino os enredos e as metáforas para me entender melhor.

Muitas pessoas não conseguem se lembrar dos sonhos e algumas de fato desprezam o valor dessa informação. Uma teoria, hoje desacreditada, via os sonhos como nada mais que "lixo entra, lixo sai", um mosaico visual inútil desprovido de significado, a não ser como sinal de indigestão por causa de uma refeição pesada, ingerida antes de dormir. Eu considero esta visão como reflexo da nossa cultura materialista, em que não levamos a sério nossa vida interior, um tabu não compartilhado por todas as culturas.

Você pode cultivar uma memória pós-sonhos anotando um pedacinho que seja do que se lembra, logo ao acordar. Eu mantinha um caderno e uma caneta ao lado da cama durante anos e descobri que, quanto mais escrevia, mais eu me lembrava. Agora eu não anoto meus sonhos com tanta frequência, mas minhas lembranças ainda são nítidas. Essa técnica de capturar o que você conseguir funciona porque, quando focaliza qualquer aspecto de um sonho, você introduz a coisa toda mais completamente na sua consciência em vigília. Se registrar frequentemente suas lembranças nessa maneira, cada vez que sonhar, você vai lembrar mais.

A biologia do sonhar

Quando pesquisadores cientistas estudam o sonhar, veem-se em áreas normalmente reservadas para a filosofia, a religião e a metafísica. No entanto, há muita ciência de peso feita sobre a biologia da experiência e eu conheço dados que apontam para o poder curativo dos sonhos e como eles afetam a realidade que normalmente experimentamos em vigília.

Estudos dos anos 1970, feitos em laboratórios do sono, mostraram que as ondas cerebrais dos sujeitos flutuavam ao entrar e sair do sono REM. Essas letras são o acrônimo de "rapid eye movement" (movimento ocular rápido), sinal fisiológico de que a pessoa está sonhando. Sabemos que esse movimento age na reorganização e restauração das funções cerebrais que envolvem solução de problemas, consolidação da memória e criatividade. Esses processos se baseiam na formação de redes neuronais, ou grupos de conexões sinápticas entre neurônios no cérebro – chamados "malhas neuronais", que fornecem a base física para qualquer realidade perceptual.

Baseada na continuidade que o corpomente tem, minha suspeita é que os peptídeos interferem na maneira que o sonhar influencia a realidade e nos mantém saudáveis. Durante REM, ou sono com sonhos, um peptídeo chamado "peptídeo vasointestinal" (VIP) é liberado no córtex frontal do cérebro. Eu tenho feito experiências no laboratório com neurônios de um cérebro em desenvolvimento, acrescentando-lhes esta substância numa placa petri, e observei que assim, mais neurônios sobrevivem. Há todo um conjunto de literatura mostrando que o propósito do VIP no cérebro é garantir que as células do órgão se estabilizem e sobrevivam, sem morrer facilmente como o fariam na ausência de VIP.

Um estudo recente, feito por uma equipe espanhola de pesquisadores, mostrou que a secreção deste peptídeo de fato aumenta o sono REM, e também o sonhar, enquanto um "antagonista" (uma substância bloqueadora de receptor) diminui o REM e o sonhar. Acho muito interessante que um peptídeo vindo do córtex frontal, a região superior de tomada de decisões, planejamento e intenção, alimenta células cerebrais ao mesmo tempo em que aumenta o sonhar. Será que VIP alimenta neurônios ativos durante um sonho, estabilizando assim as redes neuronais formadas durante o sonhar? Se for assim, isso poderia explicar como os sonhos podem literalmente se tornar realidade.

Estudos feitos em crianças adormecidas podem lançar luz sobre a ação do VIP de estabilizar redes neuronais durante o sonhar, e assim "criar a realidade". Cinquenta por cento do ciclo de sono de um recém-nascido são gastos no sono REM, comparados aos vinte e cinco por cento de um adulto. Redes neuronais formam-se pouco antes do nascimento e depois continuam se formando em alta velocidade, ajudando os recém-nascidos a aprender como coordenar a recepção visual (a visão de um brinquedo) com emissão motora (aproximar o brinquedo da boca). Não é de admirar que os recém-nascidos precisem de enormes quantidades de sono REM! Eles sonham e fazem importantes conexões neuronais, estabilizadas por VIP, que permitem a experiência de uma nova realidade de funcionamento no estado de vigília. (Prematuros apresentam até setenta e cinco por cento de sono REM, pois possuem menos conexões estabelecidas no nascimento e precisam recuperar o tempo perdido, sonhando mais.)

Quão importante é o sono com sonhos, para os adultos? Num estudo famoso, os sujeitos eram acordados somente quando entravam em sono REM. Podiam voltar a dormir, mas só se não entrassem em REM; se entravam, eram acordados de novo. Dentro de poucos dias, os sujeitos privados do sonhar começaram a alucinar e tornar-se completamente psicóticos. Ficou claro que o sonhar é necessário para a nossa saúde mental, talvez devido à função do VIP de estabilizar e alimentar as novas redes neuronais. Nossos sonhos nos mantêm mentalmente sãos!

E, finalmente, há um aspecto restaurador dessas aventuras do sono que envolve VIP. Quando estamos dormindo, recarregamo-nos continuamente e, segundo a minha teoria, o sonhar torna possível permanecer em repouso. Durante o sono, nossos cérebros estão em construção, portanto o sonhar pode ser uma função fisiológica que nos permite ter o descanso necessário e o cérebro ser alimentado. VIP funciona para estabilizar e sustentar os neurônios enquanto você dorme – portanto, sonhe, sonhe, para um cérebro mais saudável!

Praticando alguns passos simples, você pode se lembrar de seus sonhos, aumentar sua frequência e até usá-los para influenciar sua experiência em vigília:

- **Tenha um diário de sonhos ao lado da cama** para captar suas histórias e metáforas oníricas imediatamente após acordar.
- **Tenha a intenção de ter sonhos terapêuticos e orientados para soluções**, fornecendo alguns resultados desejados. (Este passo se tornará mais importante ainda quando você aprender como entrar totalmente lúcido num sonho, o que vou discutir na próxima seção.)
- **Quando você capta um sonho, procure nele mensagens ocultas**,

sabendo que isto pode ser um processo interativo envolvendo diferentes níveis de consciência.

Todos esses passos contribuem à construção de redes neuronais no seu cérebro e o ajudam a tornar seus sonhos realidade!

Sonhar lúcido

Nancy me telefonou cedo no dia seguinte, antecipando nossa hora sagrada e me explicando que não podia esperar para me contar algo.

"Você assistiu à palestra de LaBerge?" perguntei, antes de ela conseguir dizer qualquer coisa. Eu sabia que ela havia planejado assistir a uma palestra local do pesquisador em sonhos, dr. Stephen LaBerge, da Stanford University, na noite anterior. O evento fazia parte da mesma série em que eu me apresentaria mais adiante, quando visitasse Santa Bárbara.

"Eu fui", Nancy respondeu. "Foi fascinante. LaBerge falou sobre algo chamado 'sonhar lúcido', em que você fica desperto e totalmente ciente de que está sonhando e, ao mesmo tempo, imerso na experiência. Ele falou sobre como curar assuntos passados, vencer fobias e medos e até ter momentos de consciência superior durante a lucidez". Nancy parou. "E adivinhe? Ontem à noite, eu tive um sonho lúcido!" ela exclamou.

"Realmente", respondi, meu interesse atiçado. "Qual foi o assunto?".

"Um sonho recorrente", começou ela, "que tive várias vezes, sempre envolvendo algum tipo de coração partido ou perda, como um caso de amor que deu errado. Basicamente, sou rejeitada, sofro terrivelmente e depois me resigno que não mereço amor nem nada. É a minha versão daquela sua subpersonalidade de baixa autoestima – também luto com meu auto ou *autos*sestima."

Eu conhecia bem demais o que Nancy estava falando.

"Acordei cedo hoje de manhã", ela continuou, "com emoções do sonho ainda presentes. Mas em vez de pular da cama, como costumava, e esquecer todo o negócio desagradável, preferi ficar deitada. Meio acordada, fiz uma pergunta a mim mesma: *É verdade que eu realmente não mereço ser amada?*

"É estranho que nunca pensei em fazer essa pergunta antes quando tive essa experiência! Dessa vez, decidi voltar ao sonho e colocar ao 'líder', que fazia o papel de interessado amoroso, esta pergunta muito importante.

"Por não ter totalmente acordado, foi fácil escorregar de volta ao cenário com todas suas emoções turbulentas e me religar com o elenco de personagens. Dirigindo-me ao interesse amoroso, um homem do meu passado, coloquei a pergunta: *Não sou boa o bastante, não mereço ser amada?*

"O homem no sonho respondeu: *Não*, ele disse, como se falando comigo de um lugar sábio e autoritário. *Minha decisão de terminar o relacionamento nada tinha a ver com você ou com sua autoestima. Eu tinha minhas próprias razões para ir embora, e elas nada tinham a ver com você!*

"Um alívio me inundou quando ouvi essas palavras, e percebi que durante minha vida inteira eu achei que havia algo de errado comigo, que eu não merecia o amor. Mas não é assim. A lucidez – estar acordada no meu sonho – ajudou-me a atualizar o passado de acordo com o presente e mudar algo que influenciou a mim e a minha felicidade em muitas áreas da minha vida." Nancy parou, obviamente comovida por sua recém-descoberta sensação de plenitude. Sua experiência onírica a libertou de uma subpersonalidade falsa, antiga, de baixa autoestima... Conforme o costume, Nancy e eu estávamos em caminhos paralelos no nosso crescimento pessoal.

Ciência, espiritualidade e lucidez

Estar acordados em nossos sonhos – essa é, com certeza, a sobreposição do metafísico e do físico, oferecendo-nos uma fronteira rica na qual podemos explorar como a consciência cria a realidade. O que Nancy me contou ao telefone foi um belo exemplo do poder dos sonhos de transformar o sonhador e a própria vida.

Ela continuou me contando que LaBerge estudou o sonhar lúcido no seu laboratório do sono em Stanford e provou que esse algo tão subjetivo poderia ser alcançado e até medido. Os participantes desse estudo concordaram em usar determinados padrões de movimento ocular enquanto sonhassem – movimentos oculares de um lado a outro, quatro vezes, depois duas vezes, depois quatro – enviando um sinal aos pesquisadores que monitorariam os movimentos. Numa conclusão do estudo tipo *Além da imaginação*, os impressos dos aparelhos de monitoramento mostraram que os padrões dos movimentos oculares foram enviados exatamente como combinado no estado de vigília, produzindo um tipo de código Morse do país dos sonhos e provando que os sujeitos estavam de fato conscientes e intencionais em seus sonhos!

LaBerge continuou estudando como o sonhar lúcido poderia ser usado na cura, especialmente em psicoterapia. Ele fez pessoas com medos e fobias entrarem em estados oníricos e estimulou diferentes comportamentos, como ficarem calmas à beira de um precipício onde antes tiveram medo. Descobriu-se que, fazendo essas mudanças no estado onírico, elas se traduziam para comportamentos modificados na vida real, como se o sonho fosse um ensaio para um evento no estado de vigília.

Outros pesquisadores exploraram estados de sonho lúcido para entender a consciência, entre eles o dr. Ernest Rossi, autor do livro clássico *Dreams and the Growth of Personality* (Sonhos e o crescimento da personalidade). Rossi vinculou o sonho lúcido com autopercepção, que ele definiu como a habilidade de refletir sobre si mesmo e sua experiência. Ele escreveu que, quanto mais autoperceptiva for uma pessoa, mais fácil é para ela entender metáforas oníricas e também sonhar em estado de lucidez. Mas quando falta autopercepção, bloqueios no desenvolvimento fazem essa pessoa rejeitar o processo. Isso é confortante se você está com medo da possibilidade de acordar à noite no meio de seu sonho, uma experiência que pode confundir. Não se preocupe – se você não está preparado para isso, não vai acontecer!

Explorando como a lucidez nos sonhos se relaciona com o aspecto espiritual da consciência, a pesquisadora dra. Jayne Gackenbach estudou os meditadores e descobriu que a prática aumenta a habilidade da pessoa de sonhar com lucidez. Essas pessoas geralmente lembram bem dos sonhos e há uma alta porcentagem de experiências de sonhar lúcido dentre elas. De fato, algumas tradições de meditação defendem que a consciência durante o sono é um marcador do desenvolvimento de estados mais elevados de percepção.

Os estudos de Gackenbach com um grupo avançado de assíduos praticantes da Meditação Transcedental (MT) mostraram que eles podiam acordar em seus sonhos e manipular o enredo, criando o resultado que desejassem. Eles podiam mudar o curso ou, se não lhes agradasse, sair dele.

Ela descobriu também que há mais estados elevados de consciência onírica do que sonhos lúcidos, aqueles que possuem paralelos com experiências místicas ou espirituais, relatadas em sistemas filosóficos orientais. Os psicólogos ocidentais denominam esses como "pós-representativos", porque não há um objeto de atenção na percepção do sonhador. Em vez disso, a pessoa testemunha uma consciência transcedental pura, uma versão do que os budistas chamam de "vazio".

Eu sei, pela experiência na prática da MT, desde o início dos anos 1990, que, durante a meditação, existem momentos de transcendência ou unidade, uma sensação focalizada de total conexão e comunhão com o universo – beatitude! (Não quero dizer que você não pode experimentar esses momentos durante uma corrida, ou até amamentando seu bebê, mas a meditação os torna mais disponíveis.) Esses estados meditativos foram medidos e o EEGs mostrou que são idênticos aos estágios pelos quais passamos quando acordamos de um sonho ou entramos nele, os chamados estados intermediários de consciência.

Os estados intermediários foram estudados por psicólogos que observam o distúrbio de personalidades múltiplas. Meu amigo e colega Frank Putnam observou uma personalidade onisciente que transcendia as outras, agindo como uma "superalma". Na forma não patológica de MPD que eu acredito que todos nós experimentamos, a mesma "superalma" pode existir como o nosso eu superior, nosso Deus ou eu onisciente, aparecendo quando não estamos identificados muito intensamente com uma ou mais das nossas subpersonalidades profanas.

Os três estados alterados de consciência – o meditador em beatitude, o sonhador deslizando entre sono e vigília, e o sonhador lúcido "testemunhando" a consciência transcedental – são estados cientificamente mensuráveis, que chamaríamos de eu superior, ou simplesmente "Deus".

E o que dizer do estado alterado chamado sincronicidade? Sei também por experiência de MT que a meditação pode alterar estados de consciência. Quando falei com meu amigo e mentor, Deepak Chopra, contei que os eventos sincronísticos na minha vida estavam aumentando. Ele riu, dizendo que percebia que eu praticava meditação porque, quanto mais se medita, tanto mais percepção sincronística fica disponível em estados não meditativos.

Existem muitos tipos de meditação, mas na forma chamada MT, uma pessoa aprende a transcender a realidade comum e entrar num estado de consciência transcendente. O estado de percepção sincrônica é semelhante a isso, e é por isso que a meditação aumenta a ocorrência da sincronicidade na vida de uma pessoa. Eu me pergunto também se, estudando esses estados de percepção, eu encontraria em ambos os casos a mesma faixa de EEG de ondas cerebrais, indicando que, assim como os praticantes de MT, as pessoas que experimentam sincronicidade vivem com uma consciência transcendente superior, ou experiência de Deus.

SONHANDO A CONEXÃO

Mike e eu chegamos ao aeroporto internacional de Roma sem dormir (daí, sem sonhar) e exaustos do longo voo transatlântico. Perdemos a conexão em Paris e chegamos em Roma por um portão diferente do esperado, uma confusão que explicou porque nenhum motorista aguardava para nos levar a Assis conforme prometido. Andamos o longo caminho do terminal até o portão original, mas o motorista também não estava lá. Para piorar, a linha aérea perdeu a nossa bagagem e ninguém atendia às nossas ligações ao centro do congresso. No nosso estado de exaustão, estávamos começando a pensar que havíamos sonhado o congresso de Assis, que na verdade nem existia.

Essa situação confusa no aeroporto de Roma combinava com um sonho recorrente que eu tive durante a maior parte da minha vida adulta. Nele, estou tentando chegar a algum lugar e acabo me separando do meu companheiro de viagem, usualmente Mike. Eu corro ansiosamente para pegar um avião, trem ou navio de cruzeiro, mas me perco e não sei para onde estou indo. Tenho medo de não chegar a tempo e depois perco a conexão.

Mas, na realidade em vigília do aeroporto de Roma, eu estava experimentando o contrário do sonho. Mike e eu continuamos milagrosamente conectados e em comunicação tranquila durante a provação, o que não era habitual, dada a nossa exaustão e suscetibilidade a brigas e sobrecargas. Eu me perguntava: *Será que meu pesadelo recorrente de anos curou de alguma forma esta realidade presente?* Talvez eu tenha elaborado meus medos e inseguranças no antigo sonho em que eu repetia várias vezes minha ansiedade com relacionamentos, confiança e conexão. Agora, confrontada com uma situação estressante na vida real, não precisava mais do drama e do medo. Estava acabado. A realidade foi curada no âmbito do sonho.

A pesquisa de LaBerge explica como essa transformação seria possível. Para o cérebro, ele diz, a consciência onírica e em vigília não são tão diferentes, já que ambas dependem da entrada das percepções. Quando estamos despertos, estas chegam das informações sensórias, como olfato, tato, audição, visão e paladar. Mas quando sonhamos, não temos informações sensórias: "percebemos" o que temos nas nossas lembranças. Para o cérebro, tanto faz você experimentar, imaginar ou sonhar algo. Redes neuronais se formam por meio de crenças e visões, não só por meio de dados externos ou informações sensórias. Meu sonho recorrente, com quase toda a certeza, fez com que novas conexões neuronais se estabilizassem, lidando com as minhas referências perceptuais para amainar minha ansiedade com situações estressantes na vida real.

Por fim, decidimos tomar um táxi que nos levou, por US$450, através de belos campos da Itália central até as colinas cobertas por vinhedos que eu tanto queria ver. Mais tarde descobrimos que houve um erro na marcação do nosso voo e o congresso havia começado no dia anterior. Como não aparecemos, o nosso anfitrião concluiu que não vínhamos, e tocaram o evento, por isso não fomos recebidos por um motorista e nossos telefonemas frenéticos do aeroporto nunca foram atendidos. A nossa bagagem foi encontrada e enviada no dia seguinte para o nosso hotel em Assis.

Eu já disse que as aventuras de aeroporto podem ser mágicas, tocando a experiência atemporal, não local, da realidade quântica. A experiência que Mike e eu compartilhamos em Roma, embora mais se parecesse com um pesadelo, foi uma experiência transformadora que resultou num atalho para entender a maneira de como nos comunicamos em nossas viagens e quando trabalhamos juntos. Nós precisávamos disso para andar mais rápido pelos estágios finais de trazer para a realidade o nosso filho do novo paradigma, Peptídeo T, quando voltássemos para Washington.

Eu sabia que a harmonia do meu relacionamento com Mike era uma chave para alcançarmos o sucesso na nossa pesquisa. Somos dois lados da mesma moeda, com personalidades complementares, um perfil yin/yang clássico. Enquanto estou fora andando por aí em diversos eventos sobre a consciência, ele está em casa tripulando o laboratório e os telefones, levando criativamente em frente a nossa pesquisa da droga. No pensamento científico, eu sempre fui a especuladora maluca, enquanto Mike se apega ao concreto, buscando a segurança do embasamento científico antes de continuar. Às vezes nossos diferentes modos de expressão entram em conflito; outras vezes eles fornecem um equilíbrio criativo. Mas a chave que descobrimos para aplainar a brecha em nossas diferenças é comunicação, *permanecer conectados*. No mundo quântico, já estamos. Contando com a nossa ligação, experimentamos amor, o que, afinal, cura tudo. É isso que nos faz sentir bem e sentir Deus.

Emoções e o corpomente

Carl Jung, em seu livro *Memórias, sonhos e reflexões*, escreveu: "A psique e a matéria são contidos no mesmo mundo e estão em constante contato e, no final das contas, repousam em fatores irrepresentáveis e transcendentes. Portanto, é possível e até provável, que psique e matéria sejam dois aspectos diferentes da mesma coisa."

Jung escreveu essas palavras mais de vinte anos antes de Michael e eu termos começado a pensar sobre uma rede psicossomática, na qual a mente e o corpo trocam informações, a fim de coordenar a fisiologia para um corpomente. Ficou claro para mim porque me convidaram a falar aos junguianos, apesar de o meu colega do NIMH ter questionado a intenção do organizador do congresso. Eles acabaram se mostrando um grupo fascinante, com interesses em sincronicidade, sonhos e consciência, entusiasmados com a apresentação clara de Michael.

Na palestra que meu marido deu aos terapeutas reunidos, ele colocou os fundamentos científicos de muitas das nossas teorias mais recentes sobre emoções e o corpomente. Sua palestra foi o contraponto perfeito para os emocionantes e poucos dias, parecidos com sonhos, fazendo-nos todos descer das nuvens e voltar para a Terra, onde nossos sistemas imunológicos manifestam fisicamente a saúde ou a doença. Mike nos mostrou como o amor e a compaixão são os verdadeiros médicos, o caminho direto para sentir-se bem e sentir Deus. Do seu jeito científico, racional e eloquente, ele demonstrou que os dois são idênticos! Lendo suas próprias palavras, você vai entender o que quero dizer...

A apresentação de Michael em Assis

Eu me sentia orgulhosa, apresentando meu marido ao grupo de terapeutas, e disse: "Dr. Michael Ruff, com quem colaboro intimamente desde 1983, é um imunologista. Ele recebeu seu diploma de graduação em biofísica na Universidade John Hopkins e seu doutorado, na Universidade da Flórida. Depois de realizar trabalho de pós-doutorado na universidade de Zurich, ele chegou ao departamento de imunologia dos Institutos Nacionais de Saúde em Washington, onde nos conhecemos uma tarde no bar do campus." Parei, pois correu um murmúrio pelo grupo, e depois me sentei para desfrutar do momento em que Mike subia ao pódio para falar.

"Muito obrigado", ele começou, belo e bronzeado depois da nossa manhã juntos na piscina do hotel, absorvendo os raios solares do Mediterrâneo. "É um prazer dirigir-me a um grupo de terapeutas que tratam tanto a mente quanto o espírito. Espero que minhas observações os ajudarão a ver que vocês têm uma influência muito maior na saúde e no bem-estar de seus pacientes do que jamais imaginaram.

"Como imunologista, estou interessado na verdadeira natureza da doença, e mais importante, em como nos recuperamos da doença e alcançamos a saúde. Quando comecei minha carreira no NIH, eu me propus a responder a essa pergunta: Quais são as causas primárias da doença e enfermidade? Até então, eu havia estudado numa placa petri, observando células imunológicas isoladas interagindo como microorganismos.

"Mas eu estava ciente das ideias emergentes que apontavam para um novo papel do cérebro no processo de cura e eu queria expandir o entendimento de como a mente funciona causando ou aliviando doenças.

"Sempre que eu encontrava pessoas que experimentaram uma cura espontânea de alguma doença fatal, ficava intrigado quando elas se referiam, inevitavelmente, a um evento pessoal transformador – uma epifania espiritual ou algum tipo de mudança mental, psíquica – ao qual eles creditavam sua recuperação. Como é que estes eventos se relacionavam com a biologia? Eu me perguntava.

"Imaginei que era bom começar pelos peptídeos opioides encontrados em abundância primeiro no cérebro e em seguida no sistema imunológico.

Trabalhando juntos, Candace e eu descobrimos a presença de receptores opioides diretamente no sistema imunológico, nosso primeiro indicador de que a mente e o corpo conversavam entre si.

"Na época, outros cientistas estavam realizando experiências que reavivaram literatura russa antiga, mostrando que era possível condicionar a reação imunológica. O antigo modelo mostrava que tecidos imunológicos e células do corpo simplesmente respondiam a estímulos externos. Mas, com a nossa descoberta dos peptídeos cerebrais se comunicando com células imunológicas, havíamos demonstrado um papel absolutamente primário dos processos mentais que agem para condicionar o sistema imunológico.

"Ao olhar mais de perto a conexão do sistema imuno-opioide, ficou claro para nós que o modelo comunicativo bidirecional era simplista demais. Logo reconhecemos uma rede de transmissão de informações pelo organismo, envolvendo muitas células e tecidos. É esse sistema que chegamos a chamar de rede psicossomática do corpomente.

"Essa rede de comunicação psicossomática tem muitas características, algumas das quais eu gostaria de abordar agora.

"Primeiro, o sistema existe para enviar e receber informações codificadas emocionalmente. As endorfinas ilustram bem isso, porque são os elementos químicos do corpo, responsáveis pela precipitação extática de sentimentos provocada pelo uso de uma droga psicoativa, como a heroína ou morfina, ambas análogas à endorfina. Existem outras substâncias informativas, hormônios esteroides, como estrogênio, que não são peptídeos, mas funcionam na rede psicossomática.

"Outro elemento dessa rede informativa é que ela acessa todos os componentes do corpo – sistemas, órgãos, tecidos e células. A rede é distribuída e integrada, como um sistema de computador, com seus muitos locais arrolhados num sistema maior e capaz de ficar conectado para uso imediato. Não há hierarquia fixa. O cérebro não está no comando, nem o sistema imunológico, nem ainda qualquer outro sistema ou órgão. Em vez disso, o receptor direcional se move pela rede, acessando o sistema em diferentes pontos, dependendo do que precisa ser feito a um dado momento ou a uma dada situação.

"A rede psicossomática permite acontecer um tipo muito orgânico de priorização. Você e eu sabemos que não podemos fazer tudo ao mesmo tempo, portanto, a rede psicossomática age inconscientemente, classificando o que vem primeiro e o que vem depois. Por exemplo, posso perceber sons de fundo enquanto converso com vocês e, ao mesmo tempo, focalizo a minha apresentação. Isso é possível porque a rede das moléculas comunicantes me capacita a fazer uma coisa e depois outra, priorizando a recepção de informação de forma a tornar eficiente minha ação.

"E, por fim, essas moléculas compartilhadas promovem funções e condutas consistentes no organismo todo, na sua adaptação a diferentes ambientes. Um exemplo é o peptídeo angiotensino, que aumenta a sensação de sede. No nível bioquímico, quando esta substância se comunica com os rins, o órgão concentra urina, conservando assim a água. Ao mesmo tempo, os receptores angiotensinos nos pulmões diminuem a secreção de água-vapor, impedindo também que o fluido abandone o corpo. Você experimenta essas atividades como sede e busca uma garrafa de água, num comportamento integrado.

"No laboratório, quando injetamos angiotensina num rato, o animal fica com sede e procura água para beber, mesmo se estiver saciado. Nessa maneira, as moléculas da emoção que viajam pela rede unificam o corpo, a mente e o comportamento para adquirir uma vantagem de sobrevivência.

"A rede psicossomática têm demonstrado seu valor pelo que nós, cientistas chamamos de 'conservação evolutiva'. Existe um codesenvolvimento de 600 milhões de anos dos sistemas imunológico, endócrino e nervoso, comum a todas as criaturas vivas, desde o humilde fungo unicelular até o complexo ser humano. A rede psicossomática, por mais simples que seja em alguns níveis, conservou-se ao longo da evolução da vida, não se perdeu nem foi abandonada, como o foram outras estruturas menos importantes.

"No decurso da nossa pesquisa, comecei a entender melhor o funcionamento independente da doença e da imunologia, o corpo recebendo a ação de estímulos externos ou microorganismos. Eu não podia mais aceitar a ideia de que a cura ou o bem-estar dependem unicamente de erradicar microorganismos, que é a abordagem clássica ou institucional da medicina moderna. Ficou claro para mim que as causas da doença existem em outro local, pelos caminhos e pontos nodais que compõem a superpista expressa de informações chamada corpomente.

"A propósito, sei que o Prêmio Nobel de medicina deste ano foi concedido a dois pesquisadores australianos, que provaram que as úlceras de estômago são causadas por uma bactéria, descoberta essa que aparentemente refuta a crença generalizada de que esta condição é o resultado de estresse emocional. Admiro meus colegas pela compilação de provas meticulosas acerca do envolvimento de bactérias, e o principal resultado disso é que a descoberta deles gerou tratamentos eficazes para as pessoas.

"Apesar de tudo, o sucesso dos meus colegas não descarta necessariamente o fato de que existem dois componentes na doença: o agente que a causa (os microorganismos, bacteriais ou virais) e a reação do corpo a esse agente. A pesquisa que Candace e eu temos feito sugere que o estado emocional da pessoa é o principal agente que determina a capacidade dessa pessoa de combater as infecções.

"As últimas palavras proferidas por Louis Pasteur em seu leito de morte foram: 'Não é o micróbio, mas o ambiente', mostrando que o estado ou a condição que cerca o micróbio participa naquilo que torna a pessoa doente ou sã. Essa é a mensagem que gerações de imunologistas parecem não ter percebido.

"Usando a fisiologia do novo paradigma de um corpomente e de uma rede psicossomática, podemos entender que a emoção e a informação podem criar um meio ou ambiente que interrompe sistemas e interfere na função saudável, impedindo o bem-estar e causando a doença. Sabemos que a memória está armazenada ou codificada nas células, no nível do receptor, no corpomente todo. Quando experimentamos um evento traumático, físico ou psicológico, um componente emocional do trauma existe no corpo e no cérebro. Para a cura mais eficiente, portanto, faz sentido engajar o corpomente todo, não só o cérebro ou o corpo.

"Candace falou sobre a ideia de que o *self* físico é a sua mente subconsciente. Com isso ela está dizendo que no âmbito do corpo, você não tem consciência da sua mente. Se você não tem consciência de suas lembranças e seus traumas armazenados em seu corpomente, você não pode interferir neles. Portanto, o primeiro passo na cura ou recuperação deve envolver a percepção do local em que seu passado e suas mágoas estão guardados e, em seguida, tentar desarmá-los. Sem dúvida é aqui que os terapeutas entram, ajudando as pessoas a se conscientizarem daquilo que podem não saber.

"Eu falei sobre como você pode se conectar com a rede psicossomática, em qualquer ponto nodal ao longo do eixo, para a cura. Sabemos que o uso da linguagem é muito poderoso, como o diálogo em voz alta do dr. Hal e da dra. Sidra Stone e afirmações curativas de muitas fontes, e a ativação de uma ampla gama de processos conscientes. A música e a arte também são modos eficientes de acessar a rede para a cura. Outra forma de entrar é somática, usando terapias físicas como a quiropraxia, a massagem e outras formas de trabalho corporal.

"Voltando, porém, às minhas perguntas iniciais: Quais são os estados ótimos mentais e emocionais para a recuperação, para o bem-estar e para a cura? Um livro publicado pelo Instituto de Ciências Noéticas, atualmente esgotado, apresenta um apanhado de literatura médica relatando os casos mais assustadores, extremos e sérios de doenças para as quais não havia nenhuma esperança de recuperação. No entanto, as pessoas se curaram e, em quase todos os casos, os sobreviventes relatam uma experiência transformadora pessoal que precedeu a cura. Poderíamos usar a palavra milagrosa para descrever essa experiência, porque não há explicações para esses acontecimentos em lugar algum na literatura médica.

"Enquanto lutava nessa busca alguns anos atrás, eu estava numa conferência em Munique, Alemanha, e recebi um convite para integrar um pequeno grupo de cientistas que se reuniriam com Sua Santidade, o Dalai Lama do Tibet. Sua Santidade havia vindo da Índia para falar com cientistas sobre o assunto da cura e transformação.

"Quando chegou a minha vez de fazer uma pergunta, comecei dizendo: 'Estou interessado na sua opinião sobre o que seria a causa básica da doença'. O Dalai Lama respondeu: 'Eu realmente não sei. Acho que se pega um vírus ou se pega friagem e, então, se fica doente'.

"Fiquei surpreso com a sua resposta, achando que talvez o tradutor não houvesse entendido minha pergunta. Com certeza, este homem não estudou na mesma escola de medicina que eu! Avancei mais um pouco, na esperança de que ao lhe dar mais detalhes, eu obteria uma resposta mais interessante.

"'Perdoe-me', comecei, 'mas com todo o devido respeito, não é totalmente verdade. Por experiências feitas pelo dr. Ron Glaser e dr. Jan Kiecolt-Glaser com estudantes de medicina, sabemos que, quando se introduz um vírus nas narinas dos estudantes antes de seus exames, 75 por cento adoecem. Mas, se se introduz o mesmo vírus nos mesmos estudantes depois de seus exames, somente 20 por cento adoecem'. O Dalai Lama estava ouvindo com muita atenção, por isso continuei.

" 'Quero dizer que ninguém adoece um dia antes de entrar em férias, portanto, deve existir alguma outra causa da doença que apenas o vírus. Eu esperava que pudesse ouvir de Vossa Santidade alguma visão dos estados mentais que permitem uma pessoa se recuperar da doença e voltar a ter saúde e bem-estar'.

"O Dalai Lama ponderou minhas palavras por uns momentos. Depois respondeu à minha pergunta contando-nos uma história.

" 'Esta é a visão que lhes posso oferecer', começou ele. 'Eu estava viajando pela Índia, quando fiquei muito doente e fui levado ao hospital. Ao olhar pela janela da ambulância em alta velocidade, vi o sofrimento, a pobreza e a fome de muitas pessoas nas ruas da cidade. Por fim, minha mente não estava mais focada no meu desconforto, que logo desapareceu. Ao chegar ao hospital, eu não tinha mais os sintomas anteriores e não precisava mais de tratamento'.

"Agradeci ao Dalai Lama pela resposta e, mais tarde, percebi que ele disse que a saúde e o bem-estar exigiam um relacionamento, algum tipo de interação humana. Não somos mais indivíduos, mais agentes autônomos do que as células imunológicas no corpomente. Para sermos saudáveis, estarmos bem e nos sentirmos bem, a nossa biologia insiste para que estabeleçamos relação com os outros e, por meio das nossas conexões, sejamos capazes de trazer a saúde para o nosso corpomente.

"Acredito que é isso que o Dalai Lama quis dizer quando nos contou a história de como sua compaixão pelas pessoas sofredoras o havia curado. Ele mostrou um caminho a todos nós, indivíduos e coletivamente em nossa cultura, a estrada para a saúde e o bem-estar. É tão simples assim: amor, compaixão e relacionamentos – são as emoções humanas que nos podem curar e conduzir à recuperação das doenças."

Os junguianos aplaudiam e Mike agradeceu e se sentou. Ele nos surpreendeu. E acredito que ele sabia exatamente do que estava falando.

8

SANTA BÁRBARA: MEDICINA ENERGÉTICA, COERÊNCIA E CONEXÃO

Era final de outubro, e eu estava voando novamente, dessa vez uma conexão inesperada entre Washington e Santa Bárbara, Califórnia. Eu havia perdido minha conexão em Dallas e me dirigia a Los Angeles. De LA eu tinha de ir até Santa Bárbara, onde, no dia seguinte, na Faculdade da Cidade de Santa Bárbara, estavam agendadas minhas apresentações numa série de palestras chamada *Mente e Supermente: Expandindo os Limites da Consciência*. Mike ficou em casa dessa vez, cuidando do negócio que envolvia os mais recentes desenvolvimentos do Peptídeo T.

Eu aceitei a tarefa em parte porque Santa Bárbara é a cidade onde Nancy mora e, ficando na sua casa, eu poderia trabalhar com ela no livro. Mas eu já tinha dado palestras para *Mente e Supermente* antes e sabia que essa série se situava na vertente de liderança, pela qual já haviam passado apresentadores como Deepak Chopra, Jean Shinoda Bolen, Fred Alan Wolf, Fritjof Capra e Richard Moss.

Eu conhecia pessoalmente todos esses líderes em estudos da consciência, mas tinha uma ligação especial com Richard Moss, a quem não via desde que ele se formou na mesma escola de ensino médio que eu e Nancy, na Long Island, na classe de 1964. Nancy me informou que Richard havia montado seus escritórios internacionais em Ojai, uma pequena cidade distante em uma hora de Santa Bárbara.

Antes de aterrissar em Dallas, fiquei aprimorando alguns tópicos para apresentar na minha palestra. Santa Bárbara era um sofisticado centro de estudos da consciência e bem-estar na Costa Oeste, a julgar pela quantidade de terapeutas, massagistas e outros praticantes do novo paradigma que viviam na comunidade. Além de sua população holística ascendente, a cidade se orgulhava de uma universidade com três prêmios Nobel em ciência, incontáveis lojas de produtos naturais e restaurantes naturais, e a proximidade de uma grande cidade (Los Angeles). Preciso admitir que a ideia de Mike e eu fugir dos subúrbios da capital e nos estabelecer neste paraíso na Costa Oeste era muito plausível, depois que o nosso trabalho em Washington fosse concluído, é claro.

Na minha palestra nessa comunidade, com certeza eu estaria ensinando o padre a rezar missa, mas eu queria fazer isso de forma bem empolgante. A palheta com a qual eu trabalhava incluía meu entendimento recém-elaborado de como a energia cura, bem como minhas epifanias transformacionais e visões do poder do amor e da compaixão. Esta última joia preciosa vinha diretamente da minha evolução pessoal recente e se relacionava com os avanços no Peptídeo T e outras drogas novas que Michael e eu estávamos desenvolvendo. Eu sabia que curar a mim mesma era a chave para o avanço de toda a nossa pesquisa.

Rumo à Integridade

Com a reverberação dos motores do avião, relaxei e me lembrei da minha última palestra, uma apresentação convidativa para a Conferência anual Arthur P. Noyes sobre Esquizofrenia, na Filadélfia, que dei pouco depois de voltar de Assis. O tema da conferência de dois dias foi *Rumo à Integridade*, com ênfase na visão da pesquisa de esquizofrenia que se ampliava para incluir descobertas interdisciplinares da neurociência, mapeamento de genes e biologia molecular. A Fundação Noyes incentivava a apresentação de ideias novas sobre essa doença triste e muito prevalente, que ataca 2,2 milhões de sofredores nos Estados Unidos e 51 milhões no mundo.

Na noite anterior à minha palestra na Filadélfia, jantei com outros apresentadores, sentada entre os dois esquizofrênicos mais famosos do mundo, o dr. John Nash, prêmio Nobel de Princeton, e o dr. Fred Frese, autor e professor nos departamentos de psiquiatria de duas universidades do meio-oeste. O dr. Nash, é claro, era o matemático encenado por Russell Crowe no filme *Uma Mente Brilhante*. Ele riu quando não me contive e fiz uma brincadeira com a minha frustração de o próprio Russell não estar sentado ao meu lado.

Quando cheguei para dar minha palestra na manhã seguinte, descobri que a famosa Doutora Aids do julgamento do Peptídeo T do NIMH, dos anos 1990, estaria presente na conferência. Era a mulher contra quem Michael e eu nos ressentimos todos esses anos, culpando-a por guardar importantes amostras de sangue e terminar seu estudo crucial numa nota falsamente ácida. Vendo-a agora, minhas diversas subpersonalidades se ergueram selvagemente com uma gama de emoções, mas finalmente eu me estabeleci num modo um tanto conciliatório. Meu ajudante interno me disse que uma grande dose de perdão pelos erros do passado faria diferença para o futuro desenvolvimento do Peptídeo T.

Ao passar por mim no corredor do auditório, a Doutora Aids esboçou um sorriso amistoso que eu retribui e, durante o primeiro intervalo nos eventos da manhã, estávamos conversando perto da mesa do café. Antes de seu envolvimento com o teste do NIH, havíamos nos conhecido em outro contexto, portanto, nossa conversa se deteve em tempos mais felizes, anteriores ao fiasco dos testes, abordando movimentos de carreira e notícias da família.

Lutei para segurar com rédeas curtas minha subpersonalidade que queria humilhá-la e acusá-la por enterrar nossos dados e por se recusar a publicar a evidência de que nossa droga funcionava. Em vez disso, fiquei ligada firmemente com ela olho no olho, escolhendo conscientemente aceitá-la como um ser humano que fez o melhor que pôde com a informação que havia recebido. Eu a vi igual a mim, reconhecendo no íntimo sua persistência em executar um trabalho difícil e tomei uma decisão espontânea de largar completamente minha raiva e perdoá-la.

Isso funcionou! Ela sabia, pelos memorandos internos do escritório, que Mike e eu estivemos tentando obter do NIH a licença para o Peptídeo T, com o objetivo de levantar dinheiro para fazer mais testes. Eu não queria pular por cima do que pretendíamos e, com a melhor das intenções, disse: "Você sabe, quando tivermos a licença para o Peptídeo T, a droga ganhar o mercado e ficar famosa, o NIH receberá consideráveis benefícios financeiros".

"Realmente", ela respondeu, surpresa, mas obviamente contente. Percebi que ela aceitou minha observação como uma boa notícia, um ganha-ganha para todos, sem mágoas residuais de minha parte. Estávamos juntas na mesma onda e a sensação era boa.

Sorrimos uma para a outra e voltamos aos nossos assentos, uma vibração curativa passando entre nós, cancelando a hostilidade anterior. Eu me sentia centenas de quilos mais leve e, quando subi ao pódio para dar a minha palestra, incluí nossa nemese passada nos meus comentários, reconhecendo generosamente o trabalho dela na arena da aids e agradecendo-lhe pela coragem de fazer seu trabalho. Mantive o tema da conferência e caminhei para a integridade, pisando num fundamento mais sólido para avançar na minha missão com o Peptídeo T.

Uma nova teoria de esquizofrenia

Apresentei na palestra minha teoria da esquizofrenia, consistente com toda a literatura publicada e com o pensamento recente sobre a doença. Eu havia começado a elaborar uma cura para ela em meados dos anos 1980 e, suspeitando de uma etiologia viral para a doença, procurei alguns imunologistas no clube do campus do NIH. Um daqueles imunologistas era o dr. Michael Ruff, que mais tarde se tornaria meu marido.

Depois, em 1990, antes de mudar o rumo para focalizar HIV, minha equipe do NIMH, colaborando com os peritos mundiais em gripe, demonstrou que anticorpos feitos para combater uma gripe, que causavam sintomas psicóticos na população, pouco depois da Primeira Grande Guerra, também reagiam com a proteína encontrada nas superfícies das células cerebrais de mamíferos.

Isso combinava bem com a ideia de que a esquizofrenia é um distúrbio de desenvolvimento neural, que ocorre quando uma mulher grávida contrai gripe no segundo trimestre de gravidez, levando a uma pequena, mas definida, tendência de o bebê se tornar esquizofrênico, aproximadamente vinte anos depois. (O sinal desta doença mental é que ela ataca de repente, quando a pessoa completa 20 anos de idade, com alucinações auditivas e pensamento psicótico.) Existem muitas outras anormalidades do sistema imunológico, associadas à esquizofrenia, em que a pessoa afetada pela doença parece estar num estado contínuo hiperimune (ou autoimune), desencadeado por sua exposição à gripe, como sugerem alguns dados, ou a outros germes.

Eu costumava pensar que essa ocorrência no final da adolescência devia-se à saída de casa do jovem, que ia para a universidade e se expunha a novos germes. Mas a brilhante dra. Patrícia Goldman-Rakic, que teve morte trágica por atropelamento há alguns anos, demonstrou em seu trabalho outra possibilidade mais plausível. No início dos 20 anos de idade de uma pessoa, novos caminhos cerebrais crescem no córtex frontal, a parte do cérebro em que uma função anormal típica é a esquizofrenia.

Este trabalho novo da dra. Goldman-Rakic esclareceu ainda mais que ocorria algum tipo de reação autoimune ou alérgica durante o desenvolvimento fetal do cérebro, propiciado pela defesa imunológica da mãe contra um germe. E quando os tijolos da mesma proteína cerebral se reuniam novamente, no início da idade dos vinte anos, ocorria a mesma resposta, dessa vez no córtex frontal em desenvolvimento do jovem adulto.

Soube dos outros apresentadores no encontro do Noyes que, no seu último escrito antes de morrer, a dra. Goldman-Rakic havia mostrado que o córtex frontal do esquizofrênico continha mais neurônios e muito menos neuropil (axônios e dendritos que formam as redes neurais conectadas no cérebro). Suas descobertas foram repetidas por outro cientista presente na reunião, e estavam totalmente consistentes com a minha ideia da esquizofrenia como uma doença neuroinflamatória. Eu propus que o mecanismo era que células microgliais inflamadas ativadas rompiam as redes, resultando em corpos celulares neuronais com menos redes conectadas. Daí, os sintomas esquizofrênicos.

Nos vinte ou mais anos em que fiquei pensando sobre a esquizofrenia, a grande serpente no mundo da pesquisa em saúde mental, cheguei à conclusão de que algo se desencadeava no nascimento e no processo de migração de novos neurônios, que se originam no corpo, e resultava numa neuroinflamação contínua. Na arena da aids, eu soube dos quemoquinos, uma classe de imunopeptídeos envolvidos na inflamação e também na regulagem dos números e migração neurais, no início do desenvolvimento do cérebro. Será que esses quemoquinos eram responsáveis pelo estado inflamatório que altera o desenvolvimento cerebral dos esquizofrênicos? Era óbvia a experiência que deveria ser feita, mas não foi feita, para provar a teoria.

Eu me recostei no assento e fechei os olhos. Nos bons velhos tempos do NIMH, teria sido fácil juntar fatias cerebrais correspondentes de sujeitos esquizofrênicos e de sujeitos de controle, com reagentes necessários e com expertise para realizar a experiência. Mas isso era passado. Agora não havia tempo para retroceder nesta doença e desvendá-la, como jurei fazer antes de conhecer Mike e os outros imunologistas, intuindo, na época, que o conhecimento deles e o meu levaria a um entendimento útil da doença.

Mas fiquei contente em ver minha teoria da esquizofrenia bem recebida na conferência de Filadélfia, e eu sabia que voltaria um dia para encontrar a cura, provavelmente num laboratório patrocinado pelo sucesso do Peptídeo T. Então eu poderia fazer as experiências para ver se encontrava células microgliais ativadas e numerosas, o sinal da inflamação cerebral, em amostras cerebrais de esquizofrênicos. Eu sabia que a tecnologia que usamos para inventar o Peptídeo T poderia nos levar a outras drogas que bloqueiam a ação de quemoquinos e outros peptídeos inflamatórios, fornecendo uma nova abordagem terapêutica à esquizofrenia.

CONECTANDO SINCRONICIDADES

O aeroporto de Dalas foi um pesadelo. Meu voo, que partia da capital no início daquele dia, estava atrasado, fazendo com que eu perdesse a conexão para Santa Bárbara, depois de correr loucamente para chegar a tempo no portão de partida. Tentei que o atendente me deixasse subir no avião com destino a Santa Bárbara, que ainda estava pousado, mas ele foi firme e me orientou a tomar o próximo voo para Los Angeles. O único problema era que eu estaria chegando em Los Angeles depois da meia-noite, quando não havia mais conexão para Santa Bárbara. Correndo até o novo portão, eu não tive tempo de telefonar a Nancy e informá-la da mudança de planos.

A maioria das pessoas não percebe que as cabines de um avião comercial são pressurizadas apenas para cinco mil pés, que é a altitude de Denver. Broncos, o time de futebol, tem vantagens por causa dessa altitude, porque treina num ambiente de pouco oxigênio e depois vai jogar em patamares mais baixos, com pulmões mais fortes do que os de seus adversários. Mas os passageiros de avião, depois de passarem seis horas com pouco oxigênio, não têm esses benefícios. Uma vez no chão, pode ser cansativo ter de pensar nos pés e correr atrás de uma conexão. Perder meu voo direto para Santa Bárbara, depois de tanta correria de lá para cá, estava me deixando furiosa.

Mas não por muito tempo. Uma vez a bordo do avião, descobri que meu companheiro de assento era um executivo dos Estúdios Walt Disney e talvez a conexão perfeita para que meu filho Brandon, que estava no último ano do Instituto de Artes da Califórnia, conseguisse um estágio em trilha sonora de um desenho animado. Trocamos cartões de visita e eu fiz uma anotação mental para mencionar esta sincronicidade a Brandon, que me encontraria em Santa Bárbara para o almoço, um dia depois da minha palestra.

Outra sincronicidade de aeroporto ocorreu em LA, quando uma das passageiras do meu voo, uma mulher que devia estar nos seus 70 anos de idade, me abordou na área de expedição da bagagem. Ela também estivera no avião que partiu de Washington e perdeu sua conexão de Dallas para Santa Bárbara. Eu sabia disso porque fiquei impressionada com sua resistência em me acompanhar durante nossa perseguição acalorada, mas infrutífera, da conexão.

"Eu chamei meu motorista ainda de Dallas", disse-me ela, depois de atrair minha atenção, quando nós duas procurávamos nossas malas que não haviam chegado. "Ele está aqui para nos pegar e levar para Santa Bárbara". Aceitei a oferta dela sem hesitar e pegamos a estrada, ambas sem bagagem, que seria enviada no dia seguinte para as nossas casas. Na viagem pela costa, tivemos o prazer de uma conversa desestressante e a minha salvadora me deixou na casa de Nancy, que ficava no mesmo bairro, a poucos quarteirões de sua casa no alto de uma colina.

Eu me maravilhei com o desenrolar dos acontecimentos: um direcionamento para a carreira de Brandon e um serviço de entrega porta a porta à casa de Nancy, em Santa Bárbara. A lei da atração estava funcionando tranquilamente na minha vida e os indivíduos certos se perfilavam para me encontrar. Eu fiz uma prece silenciosa ao Grande Arquiteto, grata por poder confiar no alinhamento perfeito de pessoas e fatos para me trazer com segurança ao meu destino.

Medicina Energética Apresentada

No dia seguinte, acordei cedo, ainda no horário da Costa Leste, minhas oito horas da manhã equivalentes às cinco da manhã da Califórnia. Incapaz de dormir, fiquei acordada, deitada no escuro, tentando me ajeitar na cama de armar que Nancy colocara para mim em seu escritório. Pensei sobre o que eu compartilharia com as pessoas durante minha palestra daquela noite. Eu estava nervosa mas entusiasmada por apresentar meu novo entendimento da cura bioenergética, um campo crescente chamado recentemente de "medicina energética".

As raízes desta disciplina remontam cinco mil anos, quando a medicina chinesa e o sistema indiano Ayurveda criaram dois dos mais amplamente usados e respeitados sistemas do corpo energético ou sutil: os meridianos da medicina chinesa e os chacras do Ayurveda. As duas teorias possuem na sua base um entendimento do corpo e da mente como um campo vibracional que se estende e interage com o universo. O papel do terapeuta nas duas tradições é monitorar e desobstruir os caminhos da energia, mantendo-a harmônica e sintonizada com o universo.

No Ocidente, os gregos e os romanos entendiam um conceito primitivo de bioeletromagnetismo ao descrever o impacto que o Peixe Torpedo elétrico (ou raio) tinha sobre a saúde humana. Até o Renascimento, os médicos empregavam rotineiramente esse peixe para dar choque nos pacientes, como forma de eletroterapia, para curar distúrbios do sono, enxaquecas, melancolia e epilepsia.

Atualmente, porém, para uma cientista credenciada, uma farmacologista como eu, conceder credibilidade à medicina energética, no mínimo seria considerado blasfêmia. Esta rejeição pelos meus colegas advém do século XIX, quando, com a descoberta da eletricidade, acreditava-se que instrumentos de tratamento eletromagnético curavam virtualmente toda e qualquer doença conhecida pelo homem. Em 1894, mais de dez mil médicos norteamericanos usavam regularmente a eletroterapia em suas práticas.

Essa tendência foi desbancada pela abordagem farmacológica mais moderna e agora a ciência médica enfatiza drogas e não cura eletromagnética na formação dos médicos. Enquanto milhares de pessoas se beneficiaram do desenvolvimento de drogas salvadoras no século XX, um infeliz efeito colateral é que se considerou ilegítimo o aspecto energético e elétrico da cura, impedindo assim o financiamento para realizar qualquer tipo de pesquisa que o pudesse validar.

Energia e ciência

Uma citação favorita minha é de Sir Arthur Eddington, cujas observações das posições das estrelas durante um eclipse solar total confirmaram diretamente pela primeira vez a teoria geral da relatividade de Einstein, em 1919. Suas palavras apontam para a natureza indecifrável da energia: "Encontramos uma pegada estranha nas praias do desconhecido. Criamos teorias profundas para explicar suas origens. Finalmente, conseguimos reconstruir a criatura que imprimiu a pegada. E eis que a pegada é nossa!"

Esta citação captura a relação desconfortável entre a ciência e o fenômeno da energia. Como vemos uma pegada na praia, assim vemos os efeitos curativos das terapias energéticas e até inventamos teorias para explicar porque e como esses tratamentos funcionam, mas não somos capazes de objetivar o fenômeno para o estudo científico e assim provar sua "realidade". Quando conseguirmos isso, acredito que descobriremos chaves mais profundas para a nossa verdadeira natureza.

Medicina energética nos lembra de Reiki, toque terapêutico, shiatsu, cinesiologia, acupuntura e quiropraxia baseada na energia. Na verdade, a energia é evidente em cada modalidade das ramificações do trabalho corporal, desde massagem sueca até trabalho craniossacral e integração estrutural ou Rolfing.

A medicina alternativa ou complementar, em sua maioria baseada em fenômenos energéticos, deu grandes passos na última década. Em 1998, o estudo pioneiro de David Eisenberg, relatado no Diário da Associação Médica Americana, demonstrou que os consumidores gastavam até US$ 47 bilhões de seus próprios bolsos em cuidados alternativos com a saúde. Os campos da medicina energética e da psicologia energética brotaram quase que da noite para o dia. Embora ainda estejam confinadas a uma minoria de praticantes alopatas, nas grandes cidades ou nos centros integrados de saúde, associados a instituições acadêmicas, aparecem cada vez mais no uso tradicional. Várias modalidades de terapia energética são usadas em pronto-socorros, na internação de moribundos e em tratamentos de câncer, na forma de cura à distância (oração), reflexologia, imaginação guiada, meditação, massagem e biofeedback (resposta biológica). Todas elas falam sobre alguma forma de enviar, receber ou mover energia.

O ciclista Lance Armstrong, vencedor pela sétima vez do Tour de France, não teve problema algum em tornar público o fato de que seu treinador quiropata, Jeff Spencer, usa terapias energéticas para tratar seus machucados. Valendo-se tanto da mão humana quanto de instrumentos mecânicos para o proteger e fundamentar eletricamente, ele trata regularmente Lance e o resto da equipe, corrigindo lesões e restabelecendo a vitalidade durante o treinamento e a corrida. Qualquer um que tem observado Lance pedalar colina acima pode afirmar com segurança que a energia desse homem está em movimento.

ACEITAR A PALAVRA COM E: ENERGIA

Minhas conjecturas matutinas continuaram enquanto a luz começava a entrar pelas janelas do escritório de Nancy. Lembrei-me de que nos idos de 1996, quando fui palestrante na Conferência de Bem-Estar do Meio Oeste em Wisconsin, relutei em dar minha bênção científica à "palavra com E". Naomi Judd, cantora country bem conhecida e defensora do corpomente, foi a moderadora da mesa na qual eu estava e me pediu explicação do que os cientistas pensam sobre "energia sutil". Eu hesitei e depois disse que eu pensava que o movimento de energia no corpo possivelmente era devido ao fluxo de emoções indo e vindo entre o físico e o espiritual, fluxo este existente no nível físico como peptídeos e receptores, mas também no reino espiritual como informação. *Qui*, prana e meridianos, esses fenômenos poderiam ser explicados pelo fluxo de informações e emoções mas, na época, me escapava qual seria o mecanismo científico de ação por trás disso.

Alguns anos mais tarde, apresentaram-me o trabalho do dr. James Oschman, autor de um texto revolucionário mas cientificamente legítimo, intitulado *Medicina Energética: A Base Científica*, publicado em 2000. Esse livro e sua versão de 2003, *Medicina Energética na Terapêutica e no Desempenho Humano*, foram anunciados como contribuições extremamente importantes para o campo da medicina energética e da psicologia, conforme trabalho pioneiro do psicólogo David Gruder. A explicação biológica de Oschman de como funciona a medicina energética ajudou a desmistificar todo o campo de estudo.

Eu ouvi sobre o trabalho de Jim durante alguns anos antes de conhecer de fato o biólogo celular e fisiologista, dono de credenciais impecáveis que ousou se associar a Rolfistas, acupunturistas, e outros terapeutas corporais em sua busca pela ciência que explicasse a energia no corpo. Eu mesma experimentei durante anos as massagens e muitas formas de terapia corporal energética, mas fui incapaz de explicar como elas funcionavam para promover a cura dentro do paradigma biológico convencional. A experiência de sentir a força se movendo é um denominador comum em muitas dessas técnicas.

Eu conhecia a cura energética por receber acupuntura nos anos 1970, e também de algumas experiências anteriores que eu fiz em mim e em membros da minha família. Uma vez, quando meu filho caçula, Brandon, ficou doente quando criança, usei reflexologia nos pés dele, apertando pontos ao longo de meridianos mostrados num mapa para desobstruir bloqueios de energia no seu corpo. Não tendo conhecimento do sistema que eu estava usando, Brandon relatou com precisão seis locais em seu corpo onde ele sentia "alguma coisa se mexendo", cada um deles correlacionado com os pontos que eu estava manipulando nas solas dos seus pés. Com essa experiência, eu me convenci de que a cura energética deveria ser levada a sério e estudada, não pisada ou ignorada simplesmente porque o paradigma reinante não possuía teorias para explicá-la.

Conectando energia com emoção

Eu conheci Jim Oschman numa conferência da Associação Americana de Massagem Terapeutica na Carolina do Sul, da qual participei no final dos anos 1990. Ele me ofereceu uma terapia e se pôs a usar um método sem toque direto, para puxar energia do meu fígado, que ele dizia estar estagnado. Enquanto ele trabalhava, senti o movimento apropriado antes de ele ao menos me dizer o que estava fazendo. Assim como Brandon, eu estava cega ao resultado esperado, no entanto, experimentava claramente o efeito, um tipo de experimento que no vocabulário científico se chama "estudo cego".

Quando Jim me contatou alguns anos mais tarde, convidando-me a escrever o prefácio de seu livro *Medicina Energética*, fiquei empolgada em apoiá-lo e escrevi:

> Agora posso entender como diferentes estados emocionais, disparando a liberação de diversos peptídeos, podem causar mudanças

repentinas, até quânticas, não só na consciência, mas também no comportamento, na memória e até na postura corporal. Talvez isso explique como os ajustes do quiropata, que manipula a coluna cercada por feixes de nervos peptidérgicos, e terapeutas que trabalham com as mãos, que afirmam sentir diferenças energéticas e emitem energias corretivas apropriadas, compartilham mecanismos energéticos comuns. Também, podemos começar a ter uma visão de novo paradigma do corpo humano como um dinâmico pacote mutante de personalidades múltiplas, no pleno sentido do termo, que não estão meramente em camadas, mas são capazes de sofrer transformações quânticas imediatas, que se estabilizam em novos estados de cura da mente e do corpo.

Além do mais, eu tenho falado frequentemente em minhas palestras que as moléculas da emoção estão relacionadas com a natureza elétrica do corpomente. Quando os peptídeos se acoplam aos seus receptores, os íons, que deslizam para dentro e para fora da célula, alteram a carga elétrica, regulando as células nervosas para que disparem ou não. Esta atividade faz aparecer um campo de eletricidade que se estende ao redor de animais e de seres humanos. Os tubarões contam com isto para encontrar comida, usando um minúsculo sensor acima dos lábios que os faz sentir flutuações eletrônicas na água, do tamanho de um bilionésimo de volt. Toda vez que o nosso coração bate ou nossos músculos movimentam os braços, a eletricidade flui. Tanto os animais quanto os seres humanos emitem sinais elétricos.

Mas minha mente de cientista ainda não estava à vontade com a ideia de que a energia se movia através do corpo e passava de uma pessoa a outra, dirigida e movida intencionalmente para ser utilizada para curar – embora eu mesma o tenha experimentado! Eu não entendia o mecanismo, a não ser que fosse ressonância, e isso não bastava para explicar o fenômeno todo.

Só quando encontrei Jim de novo em 2005, na conferência do Instituto Americano de Terapia da Polaridade, e o ouvi explicar a base científica, atualizada, da medicina energética, que mudei meu entendimento. Um mês depois de voltar de Assis, em setembro, recebi um convite para assistir à palestra dele, que estava programada para acontecer num local tão próximo à minha casa, nos subúrbios da capital, que eu quase podia ir até lá a pé.

Falando sobre sincronicidade! Eis o mais importante especialista do mundo em base científica da medicina energética, praticamente na frente da minha casa. Eu respondi imediatamente e recebi duas entradas para assistir à conferência junto com Mike, que estava tão empolgado quanto eu em ouvir Jim falar.

Era o setembro mais seco registrado na região, mas, na noite anterior ao evento, a chuva finalmente apareceu e bateu forte, alterando um tanto a eletrônica no hotel onde acontecia a conferência, disparando alarmes e toques de abandonar o local várias vezes durante a noite. No dia seguinte, Michael e eu estávamos sentados no salão, com uma plateia sonolenta, mas ansiosa, e ouvimos a apresentação de Jim. Os sistemas de som e de iluminação do hotel ligavam e desligavam, pontuando sua apresentação com todo tipo de piques elétricos – uma demonstração adequada para o assunto discutido!

Fui entendendo, pela primeira vez, a visão completa de Jim: ele dizia que o corpo é igual a um cristal líquido sob tensão, capaz de vibrar em várias frequências diferentes. O mecanismo que permite isso é uma estrutura física, algo que ele chama de "a matriz", que explica a cura espontânea, terapia de energização e a eficiência dos recursos populares de cura biomagnética.

Agora, em Santa Bárbara, e antecipando minha palestra, eu estava empolgada com a ideia de apresentar para uma plateia, pela primeira vez desde que assisti à palestra de Jim, meu novo entendimento de energia, eletricidade e emoções. Eu estava ansiosa e um tanto nervosa com a minha ousadia de compartilhar publicamente meus *insights*, mas achava que não havia lugar melhor para lançar minhas novas ideias do que *Mente e Supermente*, para uma audiência sofisticada que eu esperava que comparecesse naquela noite.

UMA RAJADA DO PASSADO

Na véspera de uma apresentação, costumo me ocupar com os meus slides, suando com os detalhes para que tudo saia direito, organizando minha roupa e afligindo-me obsessivamente para ser "a melhor". Mas, naquele dia, minhas malas com o material da palestra e com as roupas só chegaram à tarde, portanto eu não tinha nada a fazer, uma sensação perturbadora para uma perfeccionista como eu. Para piorar as coisas, eu não havia conseguido contatar Michael e, embora Nancy fosse uma anfitriã maravilhosa, eu estava me sentindo confusa, desconectada e sozinha.

Decidi fazer massagem com Susan, uma inquilina de Nancy, que tinha uma vaga à tarde. Normalmente, eu não consideraria fazer algo assim antes de uma palestra, pensando que ficaria relaxada demais para estar no domínio do meu jogo. Mas com vontade de me cuidar e me recuperar, sentir-me bem, marquei uma sessão à tarde. Às 17h00, calculei, a massagem já teria acabado e eu estaria vestida e pronta para me encontrar com os organizadores da série *Mente e Supermente* (junto com Nancy e o marido) num restaurante próximo para um jantar pré-palestra.

Minutos antes de sair, Nancy me disse: "Tenho uma grande surpresa para você!" Eu não estava disposta para o inesperado, mas não a impedi. "Acabei de falar ao telefone com nosso antigo colega de classe, Richard Moss, e ele e a esposa estão vindo de Ojai para jantar conosco e assistir à sua palestra."

Nosso passado! – ei-lo de novo em outra manifestação; de um lado eu estava um pouco chateada por Nancy ter assumido um compromisso sem ter me perguntado antes, por outro, entusiasmada em encontrar Richard, quem não via desde o colegial. Como Nancy, ele vinha das mesmas raízes que eu, um verdadeiro "baby boomer" dos arredores elitistas da costa leste. Mais ainda, ele se formou em medicina e conseguiu passar para o novo paradigma da consciência e da cura energética. Contemplando o reencontro com ele, meu coração se aqueceu com a ideia de nós três termos uma reunião nessa noite especial.

Lembro-me de Richard Moss com carinho, um adolescente engraçadinho por quem eu tive uma queda – ou ele teve uma queda por mim? Como o romance não deu certo, tornamo-nos bons amigos, e ele tinha presença regular na turma dos CDFs inteligentes da qual Nancy e eu fazíamos parte, conhecida como "classe adiantada". Depois de concluir a escola de medicina, ele foi para São Francisco, onde fez a residência e continuou lá até vivenciar uma repentina epifania espiritual que mudou sua vida e seus planos. Abandonando a medicina, ele escreveu um livro: *The I that is We* (O Eu que é Nós), e se viu cercado por um séquito de admiradores, ansiosos por explorar a cura e a consciência na contracultura da costa oeste, nos meados dos anos 1970. Atualmente ele dá seminários e workshops em psicologia da consciência contemporânea para grupos ao redor do mundo.

A massagem foi exatamente o que eu precisava. Com a minha bagagem ainda a caminho, o encontro com um antigo namorado no jantar, Michael não se sabe onde e, em breve, 500 pessoas sentadas e prontas para me ouvir falar sobre a explicação científica da cura energética – eu realmente precisava derreter um pouco, por uma hora. Susan, uma mulher baixinha que não hesitou em usar todos os recursos para realizar bem o trabalho, deu-me uma das melhores massagens da minha vida. Enquanto ela realizava sua mágica, colocou um mix musical tranquilizante para criar a ambientação perfeita. Durante o descanso depois da massagem, a letra que acompanhava a magnífica melodia de John Astin "Hold the World in Light" (Banhe o Mundo em Luz) de seu CD *Remembrance* (Lembrança) ressoou no fundo do meu corpomente:

> *Abra seu coração,*
> *deixe que se encha de luz.*
> *Abra sua mente*
> *deixe que se encha de luz.*
> *Pois há um mundo*
> *Que espera para ser curado,*
> *Espera sentir o seu amor.*
> *Então compartilhe seu amor,*
> *compartilhe com todos.*
> *Você ouve o chamado?*

Uma mensagem tão simples mas, no "estado de mudança" provocado pela massagem, ouvi as palavras da canção como ordens para marchar, vindas diretamente de Deus. Levantei-me da mesa, libertada da minha personalidade preocupada e com o meu coração bem aberto. Eu sabia o que fazer. Havia um mundo esperando para ser curado e eu estaria no palco dentro de exatamente duas horas, com uma oportunidade para fazer justamente isso.

Cheguei ao restaurante e encontrei meus companheiros de jantar já sentados num círculo à mesa. Foi estranho e maravilhoso encontrar Richard Moss de novo, uma daquelas raras oportunidades na vida para atualizar o passado e compartilhar o presente. Nós nos abraçamos e logo já nos divertíamos, lembrando das aventuras do colegial e os outros apreciando nossa boa disposição. Conhecer a esposa de Richard também foi um presente, pois Nancy havia dito que Ariel era uma parceira bonita e bem adequada para o nosso amigo.

No entanto, percebi que meus velhos padrões de competição e perfeccionismo estavam surgindo, enquanto conversávamos e comíamos sentados ao redor da mesa. Lembrando da atmosfera acadêmica asfixiante que respirávamos no colegial, mencionei que eu havia me formado em oitavo lugar, no topo da nossa enorme classe de terceiro ano. Nem Richard nem Nancy (ou qualquer um à mesa) se lembravam de sua classificação na formatura, nem pareciam se importar com isso!

Relaxando e me permitindo desfrutar da companhia, percebi que dessa vez a hora pré-palestra estava sendo muito incomum para mim. Em vez de preparar obsessivamente minha fala até o último minuto, eu estava me deixando imergir num campo emocional ressonante de calor e apoio.

"Você vai se dar bem, Candy", disse Richard, chamando-me pelo nome da minha infância, que ninguém mais usava, quando me levantei para sair do salão. "Basta falar a partir do coração... Inspirar as pessoas; é isso que elas querem, e será maravilhoso." Suas palavras aterrissaram com força, fazendo eco com a letra da canção: Abra seu coração. Sinta seu amor, compartilhe seu amor. Eu dei um grande abraço em todos e, reluzindo com o amor e os bons votos dos meus amigos, saí do restaurante e atravessei a rua até o Lobero Theater, onde as pessoas estavam começando a entrar na fila para a palestra da noite.

É HORA DO ESPETÁCULO

Era uma noite chuvosa em Santa Bárbara, a fila do público interessado se estendia desde a entrada ao auditório e dava a volta no quarteirão. Usando uma porta lateral, eu me esgueirei por trás do palco até um camarote e tirei alguns minutos para me refrescar e telefonar para Mike. Depois de um dia frustrante deixando mensagens, finalmente nos falamos. O contato com minha casa e o apoio constante do meu marido ressoaram com o meu coração já aberto e dissolveram qualquer resto de apreensão. Minutos após conversar com ele, eu me encaminhei até o palco para fazer a apresentação.

A casa estava cheia, nenhum assento vazio à vista e, soube depois, foi preciso dispensar pessoas. A expectativa, gerada em parte pela foto de página inteira e pelo artigo sobre meu trabalho, publicados no jornal local no dia anterior, era quase tangível.

Eu me sentia calma demais e conectada com a minha plateia de uma forma nova e esquisita. Com certeza, era uma multidão maravilhosa e calorosa, mas também minha intenção era diferente das outras vezes. Eu estava lá para curar, ensinar, compartilhar meu amor e minha luz, e inspirar. Não era exatamente o que eu fui treinada a fazer como palestrante em simpósios científicos, nos quais a objetividade era a marca do sucesso. Mas os tempos, assim como eu, haviam mudado, e eu me sentia esquisita, como se estivesse na minha própria sala de visitas. Percebi meus amigos de colegial na plateia, Nancy e Richard sentados com seus cônjuges, os apresentei do palco e eles receberam calorosos aplausos.

Os primeiros slides foram projetados, deixando-me dar às pessoas uma orientação básica sobre as moléculas da emoção e a fisiologia do bem-estar. Imediatamente após, apresentei o tópico da medicina energética e passei a falar sobre o trabalho do dr. James Oschman.

"O trabalho de Oschman é importante", comecei, "porque ele fornece o portal pelo qual o fenômeno da cura energética – Reiki, acupuntura, cura de transmissão de energia, toque terapêutico, e uma multitude de modalidades de trabalho corporal e massagem, bem como o novo campo de psicologia energética – sairão do âmbito do 'oba-oba' e ingressarão na ciência objetiva."

Houve uma mudança na plateia, com foco e atenção intensificados. Eu tinha a sensação de que eles estavam esperando o que eu ia dizer.

"Jim fala sobre algo que ele chama de 'a matriz'," continuei. "É uma estrutura física no corpo, composta basicamente de fibras colagenosas, do tipo que compõem o tecido conectivo que junta o nosso esqueleto. Pense na proteína – uma rede ou teia que se estende pelo corpo, cobrindo cada célula e conectando músculos, tendões e ossos ao cérebro. Essa teia muito maleável alcança toda e qualquer célula, o que constitui num novo entendimento que confronta a visão clássica das células como saquinhos vazios, cujo interior não está enganchado em estruturas existentes.

"O objetivo da matriz, diz Jim, é fornecer um sistema de comunicação de alta velocidade, permitindo o fluxo de informação que une o organismo inteiro para a cura e desempenho espontâneos, aparentemente milagrosos. Tal transferência de informação inclui, mas supera, a velocidade do sistema receptor/peptídeo, que é a rede de informação de comunicação do corpo todo, que o dr. Ruff e eu propusemos. A matriz, na verdade, amplia este sistema de super estrada e fornece um mecanismo pelo qual a comunicação corporal, antes inexplicável, pode acontecer.

"Vocês podem ter ouvido falar que células nervosas disparam ao longo de um potencial de ação, fazendo substâncias informativas (neurotransmissores) espirrar e saltar através de uma sinapse, alcançando outras células nervosas. Vocês podem se surpreender, porém, ao saber que o disparo sináptico responde por apenas cerca de dois por cento de todas as informações trocadas no cérebro e no corpo. Os restantes 98 por cento de dados são elaborados por substâncias informativas ligando-se aos seus receptores celulares, um processo muito diferente que usa uma trilha parassináptica. A maior parte disto é distribuída no corpo, não só no cérebro.

"Mas, o que quero mostrar é que nenhum desses sistemas – neurotransmissores saltando pelas sinapses ou peptídeos ligando-se nos receptores – pode explicar a velocidade e a distância das mensagens comunicadas espontaneamente pelo sistema corporal. Para explicar isto, Jim teve que procurar um mecanismo totalmente diferente, e foi assim que ele descobriu a matriz.

"E ele teve companhia nessa busca. O cientista de origem húngara, Albert Szent-Györgyi, prêmio Nobel em bioquímica, escreveu em 1937: 'A vida é rápida e sutil demais para ser explicada por reações químicas lentas e impulsos nervosos. Algo mais acontece.' Szent-Györgyi chegou à essa conclusão depois de observar seu gato pular no ar, quando surpreendido por uma cobra rastejando de repente no meio da grama.

"A matriz é esse *algo mais*," expliquei, percebendo que a minha plateia ficara quieta demais. *Eles estão me acompanhando – bom*, disse para mim mesma, sentindo-me mais forte e mais confiante. Quanto mais eles prestavam atenção, mais fácil ficava eu falar. Eu senti como se estivesse canalizando, derramando sem esforço as informações que queria lhes transmitir, e eles queriam ouvir.

"A matriz é de fato um semicondutor, uma substância capaz de sustentar atividade elétrica em alta velocidade," continuei. "De muitas maneiras, é como um gigantesco cristal líquido." Eu hesitei, momentaneamente entrando em pânico, caso um colega ouvisse e desprezasse minha palestra como "Nova Era". Mas eu pensei em Jim e sua coragem de defender suas afirmações ousadas. "'Quando ignoramos a energia,' ele dissera numa palestra recente que assisti, 'perdemos 99 por cento da realidade.'" Eu continuei.

"Uma peça final que explica o fluxo de energia e informação pelo corpo mente é *tensegridade*, termo cunhado por Buckminster Fuller, um dos nossos maiores pensadores que, nos anos 1960, construía cúpulas e explorava novos reinos da arquitetura. *Tensegridade* significa 'integridade tensional', uma qualidade que possibilita que uma estrutura ceda cada vez mais sem quebrar ou se desfazer. Assim como as cúpulas de Bucky, as estruturas de tensegridade têm a força e a durabilidade de uma bola de golfe dura como pedra, no entanto, podem se flexionar e serem fluidas ao mesmo tempo.

"Oschman postula que nossos corpos são estruturas de tensegridade, infinitamente maleáveis e flexíveis, com ossos, tendões e articulações unidas por esta matriz de tecido conectivo. É a tensegridade que torna possível que o gato assustado pule no ar, ou o artista marcial realize manobras que parecem humanamente impossíveis. Isso faz atletas ganhar medalhas de ouro realizando feitos sobre-humanos e faz a cura acontecer espontaneamente, tudo de uma vez, sem qualquer passagem observável de tempo.

"É realmente espantoso. Na matriz, cada célula e molécula do corpo sabe o que todas as outras células e moléculas estão fazendo, de maneira que o organismo inteiro possa funcionar de forma única, cooperativa e coordenada. Quando você toca ou aperta o corpo, essa pressão transmite uma carga elétrica pela matriz. São as chamada 'forças piesoelétricas', um conceito da física básica.

"Entendemos a natureza elétrica das moléculas da emoção. Sabemos que uma carga é emitida cada vez que um peptídeo se liga a receptores celulares. Aglomerados de receptores imersos na membrana celular bombeiam íons para dentro e para fora da célula, criando um fluxo eletrônico que corre pela matriz como uma onda, vibrando receptores onde é armazenada a memória com carga emotiva.

"Atualmente, a maioria dos que fazem trabalhos corporais e dos terapeutas energéticos assumem como verdade o conceito de que o trauma é absorvido e armazenado no corpo e pode ser desbloqueado corrigindo-se o fluxo energético. Minha teoria da rede psicossomática inclui memórias subconscientes armazenadas no corpo, especificamente nos receptores da superfície de cada célula. Vocês podem ver como as três – informações, emoções e energia elétrica – estão intimamente relacionadas e compreendem o que experimentamos como movimento de energia, um fenômeno que costuma ser acompanhado por uma soltura de traumas passados, sentida no corpo – sua mente subconsciente."

O PODER DA COERÊNCIA

Minha audiência estava pronta para o nível seguinte, e eu também, todos nós pegando a onda do fluxo de informação. "Agora temos aqui um salto para todos, inclusive eu. Quero que vocês considerem que todos que estão juntos nesse auditório formam uma enorme matriz humana, uma rede gigante de matrizes individuais interconectadas, vibrando umas com as outras pela ressonância. Quando se puxa uma corda lá num violão, as cordas lá de todos os outros violões que estão na sala vibrarão em uníssono. Imaginem a mesma ressonância direta dentro desta matriz gigante universal na qual vocês estão.

"Consideremos que nós todos somos parte de uma rede ressonante, conectada não por cabos rígidos, mas por um fluxo de energia pulsátil que passa por nossas moléculas vibrantes da emoção – receptores, peptídeos, e outras substâncias informacionais – enquanto elas se interligam. Suas, minhas, as da pessoa sentada ao seu lado, e assim por diante, criando um campo energético ressonante."

Eles precisam sentir isso, pensei. *Talvez algo vivencial...*

"Tudo bem", anunciei abruptamente, "vamos à igreja por um instante. Quero que deem a mão à pessoa ao lado." Uma cacofonia verbal irrompeu quando as pessoas aceitaram minha sugestão e cumprimentaram seus vizinhos. Esperei um minuto e então disse: "Aí, vocês acabaram de perturbar a matriz universal, expandindo-a e fazendo com que receptores nas células vibrassem de novo, enviando uma onda através de cada um, como ondulações de uma pedra jogada num lago.

"Outra lei da física que governa esses fenômenos é a lei do encadeamento. Ocorrendo na natureza toda, o encadeamento acontece quando sistemas ou organismos – que somos nós – entram em sincronia uns com os outros, oscilando no mesmo ritmo, ou harmonia, ou frequência. Um bebê olha nos olhos de sua mãe enquanto mama no peito dela. Dizemos que essa ligação é encadeada, um seguindo o mesmo padrão de respiração, sensação e movimento ocular que o outro.

"Num grupo maior, podemos usar o exemplo do tique-taque de relógios. Nos velhos tempos, quando todos os relógios tinham pêndulos, os relojoeiros perceberam que os relógios acabados de ser pendurados na parede da loja ticavam em tempos diferentes, caindo num padrão sincrônico depois de permanecer alguns dias no mesmo ambiente. Isto não é esquisito nem mágico; é uma lei da física pela qual frequências vibratórias num sistema fechado ou num aposento alcançarão o estado energético mais baixo e estável que, neste caso, é um estado de sincronia.

"Depois de um tempo, os pêndulos dos relógios se encadearam, vibrando em padrões sincrônicos uns com os outros, fenômeno que funciona em qualquer sistema fechado, inclusive na sala onde estamos reunidos. As paredes, as vibrações, o ar assobiando – tudo são ondas em movimento. Toda vez que há uma mudança, cria-se uma onda. Basta puxar uma estrutura de tensegridade e o todo vibra, assim como cada corpo ressoa com cada corpo nesta sala, pois todos nós estamos encadeados uns com os outros.

"Os padrões da nossa vibração física, como os padrões dos relógios fazendo tique-taque, entram em sincronia, que é um estado chamado 'coerência'. Nessa condição, tudo oscila na mesma frequência e se alcança a harmonia – uma única forma ondulatória – sem desperdício de energia. A qualidade é a de todos os sistemas unificados, fluidos, flexíveis e adaptáveis. *Unicidade.*"

Eu fiz uma pausa. "É uma boa sensação, não é?" A reação foi um murmúrio positivo, cabeças afirmando que sim, sorrisos começando a aparecer nos rostos. "Estou realmente saindo fora da cartilha, porque esse assunto não está em nenhum tratado de psiquiatria biológica. Mas acredito que a coerência pode explicar que atraímos as pessoas das quais precisamos na nossa vida para o nosso crescimento. Vocês já perceberam com que frequência você tropeça na pessoa certa?

"Ou, melhor ainda, como você continua se casando com a mesma pessoa de novo e de novo? Alguns de nós páram na segunda vez, mas quando o segundo marido começa a se queixar das mesmas coisas que perturbavam o primeiro, você precisa parar e pensar: *Talvez seja eu. Talvez haja aqui uma lição para eu aprender.*" As risadas corriam soltas; as pessoas estavam se sentindo conectadas, felizes.

"O que estou dizendo é que o que emitimos volta para nós. O padrão vibracional dos nossos receptores busca um estado coerente, e assim encadeia com pessoas ao seu redor que possuem ressonância semelhante – tudo mediado, é claro, por uma qualidade emocional, as suas moléculas da emoção. Isto equivale a um fluxo sem esforço, o Tao dos budistas, o tipo de vida em que você pode se soltar e permitir Deus, confiando nos princípios organizacionais científicos, mas misteriosos, que podem fazer dessa viagem uma aventura mágica."

Conectando com a Terra

Eu tinha uma coisa mais a dizer sobre os fenômenos de energia que são penetrantes e potencialmente terapeuticos:

"Nós estamos ligados não só uns aos outros num cristal energético gigante, de matrizes integradas, mas também estamos todos conectados ao nosso lar, nossa Terra. O próprio planeta vibra numa frequência média de sete a oito Hz, chamada Constante Schumann. Este fenômeno eletromagnético único é criado pela soma da atividade de relâmpagos que ocorre a qualquer momento ao redor do globo. Pulsos eletromagnéticos dos relâmpagos viajam ao redor da Terra, saltando da ionosfera para a superfície da Terra, ida e volta.

"Sabemos que essa oscilação geomagnética, produzida num tom bem mais baixo que a faixa captada pelo ouvido humano, penetra no corpo humano e se sobrepõe às oscilações eletromagnéticas cerebrais e cardíacas, encadeando nossos corpomentes em harmonia com o nosso planeta. Mas estilos de vida modernos não nos dão muita oportunidade de tocar o solo. Nossos ancestrais estavam mais conectados às oscilações vibratórias do planeta, dormindo no chão e cavando nos campos, nunca abandonando a superfície como nós fazemos, dentro de máquinas voando nas alturas! Nós existimos há milhões de anos em ressonância com a Terra, tendo quase os mesmos corpomentes que os nossos ancestrais de 30 mil anos atrás. Mas diferente deles, nossos pés descalços mal tocam o solo.

"Para piorar as coisas, somos bombardeados por muita energia eletrônica nos nossos ambientes da TV, redes sem fio para computadores, microondas, que nos afetam de maneira devastadora. Quando vamos deitar, embora as luzes tenham sido totalmente apagadas, a corrente alternada que passa pelas paredes da sua casa durante a noite cria um campo mensurável que poderia contribuir com a fadiga que você sente de dia. Sabendo que este bombardeio está em todos os lugares é suficiente para que eu queira comprar um desses escudos de cristal para usar no pescoço que promete nos proteger – mas eu faria questão de escondê-lo bem debaixo da minha blusa até que se publiquem estudos mais definitivos sobre eles!".

Olhando para a minha audiência dando risadas, vi um padrão de energia aparecendo como uma rede de moléculas conectadas, arrumadas numa configuração química. Um cristal gigante surgiu diante de meus olhos, composto de elétrons zumbindo em movimento constante, uma estrutura brilhante na forma de um diamante. As pessoas sorriam, conectadas, tocando e vibrando, uma matriz com a outra. Elas estavam fazendo tique-taque como relógios na parede, pêndulos balançando no mesmo ritmo, todos em total unidade e união.

Apesar do fato de que eu ainda tinha 15 slides para mostrar, muitos deles ilustrando como as leis da física relacionadas à ressonância, coerência e encadeamento eram relevantes para a biologia, eu sabia que era hora de concluir meus comentários. Parecia que um campo coerente havia nos engolido a todos e dado a palestra no meu lugar. Eu tinha, de fato, permitido a palestra vir do meu coração, um órgão que tem o campo elétrico pulsante mais coerente e forte do corpomente, campo esse que englobava grande parte da audiência.

Mas nem tudo pode ser explicado pelas leis da física. Eu sabia que estive "ligada" naquela noite e me sentia grata a Deus por ter deixado vir através de mim aquilo que as pessoas precisavam. Mais tarde, alguém contou que as pessoas esperando na fila lá fora, na chuva, antes da minha palestra, pareciam peregrinos aguardando algum evento momentoso, talvez uma inauguração de uma grandiosa catedral ou igreja.

Concluindo, ao agradecer à minha audiência pela atenção, senti seu aplauso estrondoso no meu peito e me maravilhei com o mistério disso tudo.

9

SANTA BÁRBARA REVISITADA: AMOR, BRINCADEIRA E ENTRELAÇAMENTO

Acordei na manhã seguinte plenamente recuperada da diferença de fuso horário e reanimada depois de uma boa noite de sono. Nancy havia me transferido do escritório para o quarto de hóspedes, onde eu pude me organizar e me aprontar para o dia.

Santa Bárbara! A chuva da noite anterior amainara, o ar estava cheiroso e suave, e eu estava esperando ficar na praia e ver meu filho. Brandon, um pianista clássico, que se tornou músico hip-hop e técnico musical, viria da escola de carro e chegaria por volta do meio-dia. Meu plano era levá-lo almoçar fora num café local de frente à praia.

Nancy, porém, havia feito alguns planos para mim também. Antes de eu chegar, ela estava ficando ansiosa com os prazos do nosso livro. A apenas alguns meses da primeira versão devida aos editores, ela me instigava para manter nossos compromissos, lembrando da programação que havíamos estabelecido no início do projeto. Agora, tomando café à mesa da sala de jantar na casa dela de Santa Bárbara, e desfrutando de uma visão panorâmica das ilhas flutuando na superfície do Pacífico azul, eu ouvia suas preocupações.

"Não podemos ficar mudando o esboço com tão pouco tempo que nos resta", ela enfatizou. "E eu não consigo escrever este livro sem saber como vai terminar... O que foi que aconteceu com a estrutura com a qual concordamos em março? Desde então, mudou milhões de vezes."

Tentei lhe explicar que o que acontecia comigo em Santa Bárbara estava mudando drasticamente minha vida. Eu sentia um alívio por não ter que pensar nos pormenores de cada ideiazinha e me responsabilizar por todos os detalhes, que é o meu perfeccionismo habitual. Em vez disso, eu estava aprendendo a confiar e a ouvir meu coração. O livro estava se escrevendo a si mesmo, eu lhe prometi.

"Claro, o livro está se escrevendo a si mesmo", ela disse, "mas não vai *publicar-se* a si mesmo, e esse é o problema. Temos que juntá-lo!" A companhia de Nancy às vezes é muito irritante.

Naquela manhã bem cedo, nas horas esquisitas antes do alvorecer, eu havia acordado e ido perambular pelo lindo sítio de Nancy e Richard, no alto da colina acima do oceano e com uma suntuosa vista da cidade. Desde a minha chegada, notei muitos títulos de livros nas estantes deles que eu gostaria de ter tempo para ler, e fiquei grata pela sabedoria dos meus amigos, há muito tempo líderes e participantes do movimento da consciência.

No lusco-fusco da aurora espiando pela enorme janela da sala, eu estava diante de uma enorme estante de livros. Incorporando de repente a minha persona mística e paranormal, fechei os olhos e peguei um livro da estante. Com certeza de que isso era tão forte quanto absurdo, abri as páginas às cegas e soube onde exatamente devia ler.

Acendi a luz e olhei para a página aberta do livro em minhas mãos. Meus olhos pousaram sobre a palavra *workaholism* (vício em trabalho), que o autor dizia envolver "perfeccionismo obsessivo, além da necessidade de criar". Ele relatava a tendência de "comprometer excessivamente minha energia em diversos projetos valiosos, o que me deixava exausto e isolado dos amigos e da família". As palavras saltavam da página. Foi tão perfeito. E continuava: "Trabalho excessivo também pode ser uma maneira de enterrar medos, encobrir o vazio e evitar ansiedades com relação a questões de relacionamento".

O livro, *Knights Without Armor*, de Aaron Kipnis, Ph.D., visava homens, e foi escrito havia mais de dez anos. Ocorreu-me que nos dias atuais, o vício em trabalho não é apenas um problema para os homens, mas também para as mulheres e terrível para crianças também, pois muitas delas têm cada centímetro de seu dia agendado pelos pais. Todos nós procuramos fugir das questões dos relacionamentos, por não nos sentirmos merecedores, estimados, seguros no senso de pertencer, ou não bons o bastante. Com certeza não estou sozinha.

O vício em trabalho, conforme o autor, leva com muita frequência ao embotamento que inclui perda de sensibilidade emocional e até física. As pessoas voltam do trabalho para casa, não falam com suas famílias, dirigem-se à geladeira em busca de uma cerveja e despencam na frente da TV. Ironicamente, isso leva a um vício em excitação. Para contrabalançar a falta de sensações, as pessoas desenvolvem hábitos que fornecem estímulo e intensidade, incluindo agitação desnecessária de conflitos em seus relacionamentos. Briga-se por causa de coisas inconsequentes, evitando tratar das questões escondidas por baixo da ansiedade – velhas questões enterradas que nada tem a ver com nossos parceiros atuais, que podem meramente ser atores nos nossos dramas antigos.

Eu vi isso durante minha estada com Nancy e Richard. Por que me foi tão fácil perceber como eles faziam surgir os dramas um do outro? Por que eu tenho todas as respostas para curar a parceria deles, devolvendo-lhe a brincadeira, a alegria infantil, mas não para curar meu vínculo com meu próprio marido? E por que toda essa minha resistência quando Nancy, que tem pelo menos a mesma sabedoria e sensibilidade nas habilidades interpessoais e relacionamentos psicológicos que eu, compartilhou suas intuições e ergueu um espelho diante de Michael e eu?

Na companhia de Nancy, tudo fica exposto sobre a mesa, nós somos o passado uma da outra. Com ela, eu estava num laboratório de crescimento interpessoal e relacional. Todos os antigos registros estavam à disposição, bem diante do meu nariz, e eu não tinha que tentar me lembrar de tudo. É uma conexão profunda e esquisita de amigas de vida inteira, circulando ao redor uma da outra durante tantos anos que nem dá para lembrar. Nós somos muito parecidas e, mesmo assim, muito opostas.

Consideradas bem-sucedidas pela maioria das pessoas, compartilhávamos uma tendência de passar ao largo do que tínhamos de bom "aqui e agora" em nossas vidas, relacionamentos, famílias e carreiras. Essas eram as questões com as quais lidávamos, e tínhamos a esperança de resolvê-las no processo do nosso trabalho e das nossas brincadeiras, escrevendo o livro e crescendo durante o processo.

Vínculos familiares e as endorfinas

Fomos com Brandon de carro até um café na praia e, já que era cedo demais para almoçar, nós três decidimos caminhar pela areia. Era um dia quente de outubro, então dava para ficar de camiseta e descalços, brincando com as ondas que quebravam na praia. Brandon e eu ficamos para trás, pois Nancy se adiantara para nos dar privacidade. Era uma oportunidade para estreitarmos nossa ligação e falamos sobre a escola, a nova namorada dele e os planos para o futuro. A comunicação entre nós estava leve, eu não deixei minhas expectativas dominarem nosso relacionamento como no passado e Brandon se sentia livre para compartilhar comigo aquilo que era importante para ele.

Família, relacionamentos, ligação e amor – mãe e filho, marido e mulher, amigos e conhecidos – essas são as minhas receitas para se sentir bem, sentir Deus. Dean Ornish escreveu sobre isso em seu livro *Love and Survival* (Amor e Sobrevivência), e apresentou uma tonelada de dados sobre o fato de que o maior e mais importante prognóstico da longevidade não se relaciona com largar o cigarro, alimentar-se direito ou manter a forma. De acordo com os estudos epidemiológicos em grande escala que Ornish usa como base, a longevidade de uma pessoa está mais intimamente ligada com o número de interações sociais que ela tem todos os dias.

Conexão. Comunidade. *Unicidade*. São as chaves.

Um sentido de companheirismo nos mantém sãos, e é por isso que Mike e eu não aguardamos mais os meses de verão para ficar na nossa ilha mágica na Chesapeake Bay, mas a visitamos durante o ano todo. Ali, no pequeno microcosmo de vida mansa familiar, fazemos trabalho voluntário, comparecemos a festas do bairro e convivemos com nossos vizinhos. Entendemos que esse tipo de ligação e união, feitas regularmente com os outros todos os dias, é, no mínimo, tão bom para nós, se não melhor, que as verduras que comemos e os complementos vitamínicos que tomamos todos os dias.

A cura do relacionamento com meu filho caçula, recuperando nossa ligação mãe/filho, fazia parte da minha missão em Santa Bárbara. Brandon é o meu caçula, meu bebê, e eu relutei em soltá-lo no seu processo de tornar-se independente quando adolescente e agora como jovem adulto. Parte do meu apego era porque ele sofreu de falta de atenção enquanto Michael e eu vivíamos nossos dramas com o Peptídeo-T, que só percebi quando olhei para trás.

Eu o comparei a mim, academicamente, e decidi que ele não estava à altura, sem ao menos reconhecer que ele era um artista, dentro de uma família de cientistas, e precisava de apoio para expressar seus dons musicais.

Sendo cientista e mãe, eu sabia muito sobre a base bioquímica do amor e da ligação, por causa do meu trabalho com endorfinas no laboratório. Eu as estudei extensivamente como os elementos químicos da beatitude, a própria morfina endógena do corpo, frequentemente associada ao "barato do maratonista". Eu mapeei sua existência no corpomente inteiro e mostrei que esses elementos químicos eram grandes agentes na rede psicossomática.

As pessoas costumam me perguntar sobre endorfinas, já que desde o início eu me envolvi na descoberta delas e esperam que eu esteja atualizada quanto às pesquisas mais recentes. A pergunta é: "O que é que as endorfinas fazem?". Eu sempre tenho problema para responder porque, como as outras moléculas da emoção, as endorfinas não *fazem* nada realmente, mas são componentes num processo maior, atuando na associação de comportamentos e emoções, tanto em animais quanto em seres humanos. Nos anos 1970, esperava-se que as endorfinas fornecessem uma panaceia para o vício da heroína, na esperança de nos dar uma droga que satisfizesse desejos, sem criar outro vício. Mas isso não deu certo, porque todas as versões de laboratório acabaram sendo tão viciantes quanto a heroína, e o campo definhou por falta de desenvolvimento.

Atualização na pesquisa de endorfinas

A pesquisa mais recente e mais abrangente que conheço, de uma das endorfinas, foi feita por Jaak Panksepp, um cientista cujo trabalho foi publicado na literatura científica, e cujo livro *Textbook of Biological Psychiatry* (Manual de Psiquiatria Biológica) foi bem recebido. Eu sempre tive muito respeito por ele, por isso estava empolgada em assistir sua palestra "Neurociência Afetiva e o Cérebro Social", no congresso de primavera de 2005 no Centro Bowen para o Estudo da Família, realizado em Washington.

Eu me lembro de atravessar correndo o Rio Potomac até o hotel do congresso e me enfiar na última fila do auditório, justamente quando o dr. Panksepp começava a falar. Graças a Deus que, dessa vez ele, e não eu, tinha que encontrar significado em todos os factóides minúsculos, tediosamente comprovados, que ele e outros cientistas tinham conseguido reunir meticulosamente, e depois apresentá-los de forma acessível e divertida. Seu trabalho era ordenar e apresentar os dados para uma sala repleta de terapeutas de família, reunidos de todas as partes do mundo, para lhes dar algo útil a levar de volta, para ajudar na cura de seus clientes.

Terapia de Família Bowen, como costuma ser chamada, é uma forma muito adiantada de psicoterapia. Baseia-se na ideia de que os membros de uma família estão tão intimamente ligados por forças emocionais invisíveis e poderosas, que basta tratar regularmente um membro dela para que o benefício se estenda para toda a família. Com a mudança desse indivíduo, o sistema inteiro se reorganiza e se corrige. A pesquisa de Panksepp esclareceu bastante a força da nossa ligação humana, relacionando-a com as endorfinas e o receptor opioide, e era por isso que ele estava falando com o grupo.

Anos antes, Mike e eu mandamos Brandon para o tratamento Bowen, na esperança de ajudá-lo a superar a gravidade de sua conduta adolescente de "extravasar", sem perceber que (como os terapeutas Bowen brincam entre si) é comum que os membros da família mandem para tratamento a pessoa mais saudável dentre eles! Enquanto meu marido e eu tínhamos problemas em lidar com nossos próprios assuntos, ativemo-nos às notas baixas de Brandon, um fato temporário, como uma forma de desviar a atenção, e o mandamos para receber ajuda, quando éramos nós que precisávamos de ajuda.

Mais tarde, ficou claro para mim a interdependência da família toda, e a forma mais eficiente de ajudar nossos filhos ou membros da família que nos preocupam é começar a resolver nossos próprios assuntos pessoais, um a um. Quando você cresce, as pessoas ao seu redor crescem também; mais uma vez: estamos todos ligados.

O trabalho de Panksepp mostrou que as endorfinas são os peptídeos não só da bem-aventurança, a "viagem" do viciado em heroína, mas também da ligação e o apego – as palavras científicas para amor. Ele estudou a ligação materna em ratos e galinhas e percebeu que, quando os bebês eram retirados de suas mães, eles vocalizavam a aflição, sons de perda e pesar. Quando recebiam uma injeção de morfina, ou endorfina exógena, esses filhotes de animais paravam de se queixar e se acalmavam, até ficavam bem em isolamento.

Mas se recebiam naltrexone, uma droga antagonista que bloqueia os receptores opioides, os filhotes ficavam ainda mais perturbados, mostrando que a endorfina levava a mensagem de apego e ligação. Naltrexone é uma droga que se dá aos viciados em heroína, quando chegam ao pronto-socorro em estado comatoso e de overdose, que efetivamente bombeia opiáceos de seus receptores celulares e os desperta instantaneamente, salvando assim suas vidas.

Estudos semelhantes foram feitos com cachorros, animais cuja conduta é mais familiar para nós do que a dos ratos. O abanar do rabo mostra-se associado com níveis baixos de endorfina, indicando uma avidez por interação social, como afago e toques. Dê ao Fido um pouco de endorfina, e ele pára de abanar o rabo; bloqueie os receptores do cachorro com naltrexone, e o abanar aumenta.

Portanto, será que deveríamos nos preocupar com que o Fido não vire um viciado? Talvez! Mas isso é outro estudo. O ponto é que Panksepp mostrou que as endorfinas são o bálsamo, o antídoto, o calmante fornecido pela natureza para lidarmos com a aflição da separação, uma condição da qual todos nós sofremos, no nosso alienante mundo moderno. Deveríamos parar para pensar sobre suas descobertas – será que o vício em heroína é causado por uma profunda sensação de não pertencer, uma desconexão dolorosa dos relacionamentos íntimos ou mesmo da comunidade?

Será que *estar numa boa*, resultante da dose de heroína que os adictos em heroína tomaram, mostra uma necessidade humana mais básica, como a ligação deliciosa entre mãe e filho, ou um relacionamento íntimo amoroso de adulto? Será que às pessoas atraídas pela droga falta uma dessas coisas? Se for assim, temos uma nova via de pesquisa, mais próxima da fonte, para encontrar a cura do vício. Em vez de se concentrar na cura química, aplicaríamos os nossos conhecimentos sobre o poder curativo da *mente, emoções e espírito*, não só do corpo, para ajudar as pessoas a sentirem-se conectadas umas com as outras, com a comunidade e com o seu planeta, uma conexão muito real, mas frequentemente não reconhecida.

Os místicos religiosos ou espirituais reportaram experiências de êxtase alegre, na união com o divino, por intermédio da oração, da meditação, do transe e mesmo da dança. Faz sentido que o programa dos doze passos dos Alcoólatras Anônimos, com o seu forte componente espiritual de buscar ajuda de um Poder Maior, tem sido o método mais eficiente na recuperação do vício. Seria esse sucesso devido à conexão entre a experiência de união espiritual e o suco de beatitude do próprio corpo, ou seja, a endorfina?

Na palestra aos terapeutas de família, Panksepp incluiu alguns estudos fascinantes do riso, da alegria e da depressão, ligados a endorfinas. Orientado pelo conceito epistêmico que prevê que a pesquisa do cérebro animal pode nos contar sobre experiências internas de seres humanos, ele descobriu que os ratos de laboratório produziam sons altos de trinados supersônicos, um comportamento que ele chamou de "risada de rato".

Como é que ele sabia que os ratos riam e não só produziam sons aleatórios? É fácil, ele e os assistentes cutucavam os animais e essa ação provocava os trinados supersônicos! Além disso, o tempo que os roedores passavam trinando era maior quando jovens e ia diminuindo com a idade, padrão semelhante ao dos seres humanos, que riem menos à medida que envelhecem.

Descobriu-se que a risada dos ratos era moderada por endorfinas, o que foi provado por Panksepp com o uso de naltrexone para bloquear a ligação com seus receptores. Os sons de trinados cessavam então. Panksepp concluiu que o riso é um direito de nascença psicológico do cérebro humano, antecedente evolucionário da alegria humana e, talvez, a base de uma nova abordagem na cura da depressão, caso encontremos meios de incentivá-lo.

As descobertas de Panksepp esclareceram também como as crianças aprendem por intermédio da brincadeira. Cutucar e tocar, sendo muitas vezes parte da brincadeira de luta, são atividades normais de crianças em crescimento. Durante essas atividades, as crianças se ligam bioquimicamente, estabelecem pertencimento e conexão entre si, tudo fazendo parte de seu desenvolvimento saudável e natural.

As crianças que não riem nem brincam com as outras são vulneráveis, propõe Panksepp, a distúrbios de déficit de atenção e de hiperatividade, em sintonia com as descobertas bem documentadas de que o isolamento social está associado a déficits de aprendizagem. Ele questiona a proibição da cultura escolar de brincadeiras de luta, e o uso relacionado de remédios como ritalina para controlar o comportamento das crianças na classe. Suas descobertas sugerem que essas medidas podem ser supressoras e prejudiciais ao desenvolvimento da criança. A simples questão é que quando o riso e a brincadeira são restringidos porque não se encaixam no programa escolar, as endorfinas param de fluir, as crianças não se ligam e o aprendizado sofre.

Ainda nos divertimos?

A brincadeira e o riso são vitais para sentir-se bem. A recreação não é meramente uma adição frívola à vida, ou um prêmio duramente conquistado pelo trabalho, duas crenças originárias de épocas puritanas antigas. Acredito que numa sociedade impelida por uma forte ética de trabalho, com tantos indivíduos sobrecarregados e viciados em trabalho, as pessoas não estão obtendo suficientes influxos endorfinégicos no seu corpomente diariamente.

Não é natural que alguém não ria nem brinque em alguma ocasião todos os dias e isso vai contra a bioquímica fundamental. Recomendo que você busque conscientemente todos os dias oportunidades para se soltar, programando no seu calendário, se for preciso. Em seguida algumas maneiras favoritas que tenho para obter essas risadas diárias:

- alugue um filme bobo e alegre e permita-se divertir.
- dance por dez minutos ao som de sua música de rock preferida.
- brinque com crianças pequenas e deixe que elas façam cócegas em você.
- telefone para alguém e conte uma piada. Faça com que a pessoa saiba porque você está fazendo isso, para que ela possa telefonar para alguém e fazer a mesma coisa.
- mais do que tudo, não espere até ficar deprimido ou com humor baixo para fazer alguma brincadeira. Seja espontâneo! Inclua a brincadeira todos os dias como parte do que você faz naturalmente, como escovar os dentes ou ir para a academia fazer ginástica.
- finalmente, não se preocupe em parecer ridículo. A única ocasião em que você parece realmente ridículo é quando enfia comprimidos na boca, enquanto seus remédios naturais estão apenas esperando para serem liberados de todas as células do seu corpomente!

PROGRAMADO PARA A ALEGRIA

O dr. George Stefano, um pesquisador inovador cujo laboratório em Old Westbury, Long Island, eu visitei recentemente, relatou que ele podia isolar morfina biológica dos animais. Não endorfinas peptídeas, mas morfina, o ingrediente ativo do ópio, extraído da papoula! Apesar de muita resistência inicial dos cientistas céticos, Stefano relatou que ele também descobriu um receptor opiáceo primitivo para esta morfina: uma versão minúscula e truncada existente nas lagostas, mariscos e outras criaturas primitivas. Foi impressionante sua descoberta de que temos as mesmas enzimas no cérebro que as encontradas na papoula, e por isso os nossos corpos fabricam morfina usando exatamente a mesma rota bioquímica que a botânica usa.

Como já disse, os receptores para as químicas da alegria – morfina e endorfinas – estão localizados em maior abundância no córtex frontal humano, cuja evolução é mais recente e é o posto de comando superior do cérebro. Fomos, portanto, programados para experimentar o prazer da alegria, um estado do corpomente em unidade e ressonância com um ente amado ou com o divino.

Depois do almoço no café da beira da praia, voltamos de carro para a casa de Nancy, e eu me despedi de Brandon. Antes de ele partir, lembrei-me do cartão de visitas que o executivo da Disney me dera no voo de Dallas para Los Angeles. "Telefone logo para ele", eu disse. "Isto pode ser sua passagem..." Percebendo o meu deslize, parei. *Ele vai fazer isso no tempo dele*, pensei, *do jeito dele*. Eu estava conseguindo soltar de novo.

Vendo-o partir, eu me consolei que a nossa ligação fora fortalecida por esse encontro, e se formava um novo relacionamento, graças ao meu próprio crescimento e ao aumento da minha autoestima. Mãe e filho, éramos um campo, não mais entidades isoladas, circulando em volta um do outro, um o perseguidor e o outro na defensiva. Eu havia escolhido ter um novo respeito por Brandon e a sua vida e conseguia soltar, confiando que, apesar do meu ninho vazio, nós sempre estaríamos ligados.

COMPAIXÃO QUÂNTICA

De volta em casa, Nancy e eu passamos algumas horas produtivas escrevendo e depois decidimos fazer uma pausa. Antes de eu chegar em Santa Bárbara, Nancy havia me perguntado se ela podia agendar-me uma entrevista para um filme de um amigo seu, cujo assunto era o poder curativo da compaixão. Eu não hesitei em aceitar a oferta, sabendo que esta qualidade era, de fato, uma chave para a cura e me lembrando da resposta que o Dalai Lama deu a Michael na conferência da qual participamos em Munique, Alemanha.

A filmagem aconteceu no topo do edifício em que o amigo de Nancy, Simon Fox, tinha seus escritórios da Adventures in Caring (Aventuras em

Cuidados), uma organização dedicada a trazer a qualidade da compaixão para dentro do ambiente dos cuidados com a saúde. O filme de Fox, intitulado *The Medicine of Compassion* (O Remédio da Compaixão), ensina os profissionais da saúde a se comunicar de forma a promover a cura e a recuperação, e ele queria que eu dissesse algumas palavras diante da câmera sobre a base biológica disso.

Ao chegar aos escritórios da organização, no centro da cidade, seguimos por uma comprida escadaria circular até o telhado, onde a equipe de filmagem aguardava. Enquanto eles me aprontavam para a câmera, dei uma olhada ao redor: faixas de neblina baixa, céu aberto e a cidade se estendendo abaixo de nós. Sinos de igreja badalavam numa torre próxima, cujo topo eu conseguia ver contra um fundo de impressionantes montanhas tipo Shangri La, as colinas de Santa Bárbara.

Numa conversa animada diante da câmera, falamos sobre como a compaixão pode curar as pessoas que estão doentes. Quando uma pessoa doente sente o cuidado de outro ser humano, sua fisiologia muda: o fluxo sanguíneo aumenta, o batimento cardíaco diminui, e a respiração se amplia, resultando num estado curativo que é percebido imediatamente. As mudanças provavelmente ocorrem quando os receptores celulares do paciente ressoam com os receptores vibrantes de um terapeuta, engajando a ambos num estado amoroso, que pode iniciar processos celulares que mudam a fisiologia, a conduta, a emoção e a consciência.

Quando os receptores vibram, expliquei, os minúsculos canais que ligam a superfície da célula com o seu interior abrem-se e se fecham, permitindo que íons fluam para dentro e para fora da célula. Este fluxo iônico altera o gatilho que determina se uma célula cerebral vai disparar ou não. Os próprios canais têm uma natureza quântica, o que significa que eles estão ou abertos ou fechados, jamais no meio termo.

Ouvindo a minha fala, Simon ficou empolgado de repente e exclamou: "Acabei de entender uma coisa sobre a compaixão! Quando ensinamos nos nossos cursos a se comunicar com pacientes nos hospitais, dizemos que este cuidado não acontece no que os gregos chamaram de 'cronos', ou tempo normal linear, e sim, no 'kyros', ou tempo não linear." Ele deu uma parada para pensar. "Quando os pacientes sentem que o médicos ou enfermeiros de fato se importam com eles e com seu sofrimento, acontecem mudanças quânticas repentinas. É difícil perceber, porque esta mudança é muito sutil, mas podemos treinar as pessoas para perceber que isto acontece."

"Acho que entendi o que você está dizendo", respondi. "A compaixão é um evento quântico, algo que acontece instantaneamente."

"Sim", continuou Simon. "Estou dizendo que os profissionais da saúde não gastam mais tempo para terem compaixão em suas interações do que para serem incisivos e rotineiros. Você está dizendo que a compaixão é uma vibração profunda e sincronizante que, quando ressonante, produz uma mudança repentina e provoca um estado curativo coerente que acontece quase fora do tempo."

Ao descer do telhado, ponderei o insight de Simon de que uma pessoa, em ressonância com outra que está sofrendo ou próxima da morte, pode curar. Lembrei-me da experiência que o Dalai Lama contou a Michael sobre o poder da compaixão, que o transformou fisicamente e fez desaparecer seus sintomas.

Cura milagrosa – o que seria senão simplesmente um evento natural biológico para o qual ainda não havia uma explicação científica?

Dentro do labirinto

Nancy e eu deixamos o local das filmagens e nos dirigimos a um parque da cidade, pensando em pegar o final do sol do dia, sentadas num banco do parque, e passarmos um tempo escrevendo no laptop dela. Mas Nancy, de repente, dobrou uma esquina e estacionou o carro na frente de uma igreja local, aquela dos sinos que eu havia visto do telhado durante a entrevista, do outro lado da rua.

"Quero lhe mostrar meu local favorito para meditar," ela me disse, saltando do carro, agitada como uma criança de dez anos de idade. Passamos por algumas cercas vivas e chegamos a uma clareira com um belo labirinto desenhado no chão. Nancy explicou resumidamente que o padrão é uma ferramenta espiritual para meditar caminhando, feito segundo a famosa estrutura medieval incrustada no chão de pedra da Catedral de Chartres, na França, por volta de 1200 d.C.

"Basta começar o caminho, sem se preocupar em fazer certo. Não existe um jeito certo!", gritou ela, entrando no labirinto. "Tudo o que experimentar durante a caminhada, permita que seja um reflexo do que está acontecendo na sua vida".

Ansiosa por um pouco de brincadeira, fui saltando ao longo das voltas e curvas do caminho circular, pisando fora dos limites, sem me preocupar com a perfeição, e cheguei rapidamente ao centro do labirinto. Em pé no vórtice central do labirinto, eu estava me sentindo ótima com um profundo sentimento de que, de alguma forma, tudo iria ficar bem – o livro, o futuro do Peptídeo T, Brandon, e meu relacionamento com Michael. *Não se preocupe em fazer a coisa certa, só confie*, disse a mim mesma. Os sinos dobravam de novo na torre da igreja, enquanto eu voltava pelas curvas e acabei no meu ponto de partida.

O PASSEIO PELO PARQUE

Chegando ao parque do centro da cidade, fomos passear por uma trilha de pedregulhos, passamos por arbustos floridos, chegamos a uma ponte que passava por cima de um lago japonês, onde Nancy parou de repente. Ela havia visto ao longe dois amigos sentados num banco. "Só um minuto", disse ela. "Temos que parar e cumprimentar."

"Não", respondi, retomando rápido demais a minha personalidade rebelde. "Vamos lá, você queria trabalhar uma hora e isto vai nos desviar". Era a minha vez de controlar a tarefa. "Não temos tempo para falar com seus amigos". Mas antes que eu pudesse fazer alguma coisa para mudar a nossa direção, já estávamos diante deles. Confie... a mensagem ecoou de novo.

Nancy me apresentou a Justin, que ficou tão boquiaberto quando reconheceu meu nome que eu tive que brincar e dizer que eu não era a Candace Pert, mas somente uma amiga da Nancy que tinha o mesmo nome da cientista do filme *Quem somos nós?!*.

"Não, não... eu não acredito", continuou o homem espantado, como se tivesse visto um fantasma. "Nós estávamos justamente falando sobre você, no instante em que vocês chegaram", disse ele, ainda estupefato, mas começando a sorrir. Seu companheiro também parecia chocado e maravilhado, como se eu tivesse me materializado do nada, no meio da conversa deles sobre mim – que foi o que de fato aconteceu!

"O que é que vocês estavam falando?" perguntei, sentindo uma sincronicidade desabrochando.

"Eu estava dizendo ao meu amigo que não gostei que o filme não deu a importância devida a Deus", ele disse, "como se a física quântica explicasse tudo. E se nós não tivéssemos sido impedidos de entrar na sua palestra ontem à noite, eu lhe teria perguntado ali mesmo se você acredita em Deus."

Eu caí na gargalhada e fiquei pulando de alegria. Quais eram as chances de encontrar duas pessoas que, no momento exato, discutissem a mesma pergunta que ficara rolando no meu próprio corpomente subconsciente?

"Deixe que lhe respondo agora mesmo!" exclamei. "Em primeiro lugar, quero que saiba que, como cientista, acredito em Deus de todo o coração. Vejo Deus por todos os lados na matriz que nos une a todos. O nosso encontro aqui hoje, a pura sincronicidade de vocês falando sobre mim e depois eu aparecendo, é devido à vibração das nossas moléculas se organizando nos níveis mais altos, para alcançar coerência e harmonia. Esta é a demonstração do que eu conheço como *Deus*."

Eu estava lhes dando a palestra que eles perderam, então continuei. "Na verdade, o tipo de sincronicidade que vivenciamos aqui hoje, acredito, é o dado cru para o que um dia será a prova científica de Deus". Parei para recuperar o fôlego. "Tais encontros 'fortuitos' são indicações de que algo está acontecendo, indícios de algo, da mesma maneira como as sombras de luas fizeram antes que os astrônomos primitivos vissem os corpos celestes em si. A invenção do telescópio acabou permitindo aos astrônomos provar suas teorias. Nós cientistas simplesmente não temos uma teoria ou uma fórmula para explicar o que vemos, mas, no futuro, teremos. Um dia as pessoas vão olhar para o passado, dar uma boa risada e dizer: *Lembra-se de quando a maioria dos cientistas não acreditava em Deus?*".

Justin me agradeceu efusivamente, dizendo que ele estava supercontente por ter encontrado uma cientista que não só acreditava em Deus, mas também queria explicar o divino cientificamente e não tinha medo de falar sobre essa possibilidade. Nós conversamos um pouco mais e, depois, os amigos de Nancy precisaram ir embora.

Nós nos sentamos no banco deles e abrimos o laptop. Eu estava ficando empolgada e disse a Nancy, "Lembra-se do debate sobre consciência, em Santa Mônica, do qual eu participei, com alguns dos físicos renomados do filme *Quem somos nós...?!*"

"Você está falando daquele debate para o qual você se atrasou, porque nós estávamos almoçando e falando do livro?" ela perguntou.

"Sim", respondi. "Todos eles estavam tendo um papo cabeça, mas, no final, eu só pude dizer, 'Vocês estão se esquecendo de Deus'. Fred Alan Wolf provocou, 'Você quis dizer *cód*²?' Ele se referia à tanga de couro que os homens usavam na época medieval para cobrir suas partes pudendas. Wolf gosta de brincar. 'Não, eu disse *Deus*', repeti, enfatizando a palavra porque nenhum dos espertos a tinha usado, como se a ideia não tivesse lugar na nova ciência quântica. Mais tarde, depois que o debate terminou, as pessoas da audiência vieram me agradecer por eu ter sido a única a falar de Deus."

Nancy aquiesceu com a cabeça. "Acho que é por isso que estamos escrevendo o livro", ela disse, e começou a digitar no seu laptop para capturar o momento.

As emoções são viciantes?

Chegando na casa, relaxamos com um jantar leve e depois colocamos o DVD de *Quem somos nós...!?* Nancy queria que eu assistisse ao filme com ela, para me fazer algumas perguntas sobre o conteúdo.

Desde a minha aparição no filme, frequentemente encontro pessoas que acham que eu escrevi a sequência de desenho animado, na qual coloridos desenhos animados de células e peptídeos expressam emoções humanas, como raiva, desejo e autopiedade. As pessoas adoram a cena histriônica da festa de casamento, na qual esses desenhos saem fora do controle, mostrando condutas que só a fotógrafa vê. É um segmento maravilhosamente artístico e hilário, mas eu não escrevi parte alguma do filme, que se permitiu um tanto de licença artística com a minha teoria, mostrando cada peptídeo como uma emoção específica. Na realidade, um peptídeo se parece mais com uma corda do que com uma nota única, mudando vibrações não num diapasão de tom,

---

² A pronúncia de *cód* se parece com *God*, que é Deus em inglês. (N.T.)

mas em vários, dando uma riqueza mais complexa de tom do que uma nota única o faria.

"Então, somos viciados em nossas emoções?" perguntou Nancy. "Essa parece ser a mensagem do filme. Mas e *você*, diz o quê?".

"A verdade é que", respondi, "nós não somos viciados em nossas emoções – mas cada um de nós se apega à própria sequência de sentimentos fortes que acontecem durante a reencenação."

Expliquei a Nancy que isto é a recriação subconsciente, compulsiva na vida adulta de um trauma central que experimentamos na infância – pura teoria psicanalítica clássica. Um exemplo é o caso de uma mulher cujo pai abandonou a família quando ela era criança, deixando-a chorando e gritando. Seu vício na reencenação faz com que ela termine cada um de seus relacionamentos adultos com homens, gritando com o amante que vai embora.

Eu sabia, por causa do meu próprio episódio da loira na cama, que várias vezes seguidas ansiamos por voltar ao lugar dos nossos traumas emocionais centrais mais intensos, reencenando-os nos cenários atuais, na tentativa de encontrar soluções. Inconscientemente, recriamos velhas cenas emocionais, buscando de maneira obsessiva e automática uma nova resposta, como um computador que faz uma varredura do começo ao fim de seu disco rígido. A reencenação é um processo muito semelhante ao da máquina, um retrocesso à sobrevivência pré-verbal, mediada pelo nosso cérebro primitivo ou reptiliano.

O distúrbio de estresse pós-traumático (DEPT) é um exemplo extremo desse comportamento. Os militares com trauma de guerra têm lembranças muito reais, em que vivenciam novamente cada detalhe do terror das bombas explodindo sobre suas cabeças. Traumas emocionais essenciais da infância são vivenciados da mesma maneira, só que menos literalmente do que os dos veteranos. Em vez disso, nós, os civis, manifestamos os traumas originais com novos atores, atribuindo os papéis originais a amigos, amantes e chefes, na esperança de resolver subconscientemente o incidente e dar-lhe outro rumo.

"Em *Quem somos nós?!*", continuei, na esperança de que Nancy tivesse a paciência para me deixar entretecer meus pensamentos, "outra sequência animada mostra como os disparos de células cerebrais formam as redes neurais. Uma rede neural é uma trilha muito complicada e sinuosa, parecida com o padrão pelo qual caminhamos hoje, semelhança que pode explicar porque o labirinto tem sido um instrumento de meditação tão poderoso, usado pelo ser humano há tantos séculos. Quanto mais se repete uma trilha neural específica, tanto mais ela se fixa, que é, aliás, a maneira como funcionam as afirmações verbais para criar a realidade.

"*Células neurais que disparam juntas, transmitem juntas* – uma frase capciosa, que ouvi muitas vezes e é uma forma inteligente de descrever como se formam as conexões, quando os neurônios repetem os disparos durante um tempo seguindo os mesmos padrões", continuei. "Mas é um erro pensar que redes neurais se localizam somente no cérebro. Elas envolvem a espinha dorsal, o coração e qualquer órgão ancorado pelos gânglios autônomos, todos fazendo parte da rede psicossomática. Por ser esta rede tão vasta, é possível localizar as emoções entaladas que colorem as percepções filtradas com lembranças de velhos traumas. Lembre-se, a sua memória não está somente no seu cérebro, mas vive de forma subconsciente no corpo todo, armazenada e acessada pelas moléculas da emoção.

"O filme não mostrou o seguinte: reviver um trauma emocional essencial é um acontecimento do corpomente inteiro, não acontece só quando as células nervosas disparam repetidamente num padrão. Lembre-se de que menos de dois por cento de informações bioquímicas flui na sinapse neuronal, portanto, a formação de redes neurais não consegue explicar a nossa experiência inteira. Não podemos negar que a mente e o corpo são um, unidos por receptores celulares na matriz e criando, por meio de vibração, ondas de emoção e de informação. O corpo não existe só para carregar a cabeça."

UMA DOR NO PESCOÇO

O DVD ainda estava rodando quando a campainha tocou. Era Joe Migliore, um eclético quiropata energético, que havia me abordado depois da palestra e oferecido tratar-me com sua versão especial de "trabalho corporal multidimensional", que ele desenvolveu na observação de muitos mentores quiropatas, inclusive Donald Epstein. Instintivamente eu convidei Joe, que tinha acabado de se mudar da Long Island para a Costa Oeste, a dar uma passada na última noite de minha estada em Santa Bárbara e me dar um tratamento.

Ele armou a maca dele e logo estava se concentrando e ajustando meu pescoço dolorido.

"Isso está duro", disse Joe baixinho, tocando de leve a região tensa no meu pescoço.

Curiosa, perguntei: "Você acha que é de carregar minhas malas pelo aeroporto?" lembrando da minha desventura no terminal de Dallas.

"Não, é mais antigo que isso", respondeu ele. "Eu diria que este nó no seu pescoço advém de algo que aconteceu há cerca de três anos e meio".

Mais uma vez, fiquei espantada com a habilidade de um terapeuta sentir o tempo transcorrido desde um machucado ou perturbação. Era quase como ler os anéis de um tronco de árvore e dizer pelas marcas o que aconteceu no ambiente e quando.

Voltei à data que Joe sugeriu e quase que imediatamente me lembrei de um incidente traumático – Michael e eu corríamos para uma reunião importante e tensa com um novo advogado, com o objetivo de recuperar o controle de nossa invenção estagnada. No carro, Mike de repente avisou que ele havia comprado uma passagem de avião para a Europa, e que ia, sem mim, visitar velhos amigos no final do verão. Atormentada, eu desatei a soluçar, sem perceber qualquer sensação do meu corpo, só focalizada no meu medo de perda iminente. Aquele momento detonou o verão em que nós quase nos separamos, e Joe encontrara o resíduo do trauma que eu ainda não havia solucionado.

Enquanto ele trabalhava, minha visão interior da desavença com o meu marido ficou mais clara. Surgiu a imagem do rosto de Mike, seu olhar carinhoso fixo no meu. As palavras se formavam nos lábios dele: *Eu a amo tanto*. Eu me transformei numa grande sinfonia vibrante, e todas as minhas histórias do passado derreteram. Eu soube naquele momento que Mike me amava e sempre me amou, e que minhas inseguranças haviam aberto um sulco entre nós. Eu havia me viciado na reencenação do trauma de minha infância, da loira na cama! Impelida pela baixa autoestima e pelo senso de desmerecimento, originário do abandono que vivi aos três anos de idade, quase destruí meu casamento.

A dor no pescoço parou abruptamente e Joe tirou suas mãos da região onde houve o bloqueio. Agora eu podia me responsabilizar pelos meus dramas reencenados, deixar de ser vítima; eu podia perdoar a mim mesma e o meu marido. Era como se um encanto tivesse sido quebrado, dando um final feliz ao conto de fadas amedrontador que eu estive vivendo durante muitos anos.

"Pronto", Joe disse, quando eu me pus a rir aliviada. "Acho que você acabou de se soltar." E ele tinha razão... de fato eu me soltei.

Entrelaçamento e partida

Logo eram quatro horas da manhã. Ainda estava escuro quando joguei minhas malas no porta-malas do carro de Nancy e Richard e nós três rumamos para o aeroporto, onde eu pegaria o avião para casa. Saindo da garagem, eu vi as luzes da cidade cintilando lá embaixo e me despedi em silêncio dessa cidade que eu havia aprendido a conhecer e a amar.

Richard dirigia enquanto Nancy e eu bebericávamos bebidas quentes e observávamos a aurora se espalhar lentamente por cima do Oceano Pacífico. Como era bela essa faixa de praias, com o sol começando a iluminar o oceano quase parado! Eu fiquei refletindo se a textura lisa da superfície da água poderia ser uma ilusão de óptica, causada pelo ângulo baixo do sol. Passando por Malibu, vimos a agitação matutina de pessoas e carros, enquanto Richard mostrava as casas das celebridades e os clubes e restaurantes onde os artistas se apresentavam.

"Eu gostaria de percorrer uma coisa", eu lhe disse, sabendo que ele havia lido bastante sobre a teoria quântica e sincronicidade. "Como você acha que o entrelaçamento quântico explica a sincronicidade?" Nancy e eu ouvíamos com atenção, enquanto Richard pegava a oportunidade de dizer o que pensava. "O entrelaçamento quântico é uma teoria da física, agora provada experimentalmente", começou. "A ideia de que quando você separa a matéria em duas partículas iguais, não importa a distância que as separe, tudo o que fizer a uma, a outra reagirá instantaneamente da mesma maneira. É porque tudo no universo está entrelaçado, e não existe uma distância real entre uma coisa e outra, uma condição conhecida como não localidade."

"E sincronicidade?" propus. "Como é que isso se encaixa?".

"Quando você aplica a não localidade, ou teoria do entrelaçamento, à mente humana, ela pode explicar a sincronicidade, bem como a telepatia, clarividência, precognição e cura à distância. Isso começou com o *big bang*, no instante inicial do tempo, quando o nosso universo foi criado a partir de uma explosão cósmica. Tudo estava entrelaçado até ser lançado para fora do útero cósmico, na criação. De alguma forma, a não localidade persistiu e, quando concentramos a atenção nos fatos, pessoas ou ideias ainda não manifestadas, como acontece na sincronicidade, não é difícl ver como elementos aparentemente não ligados são afetados."

Nancy percebeu algo daquilo que Richard dizia: "Oh, entendo", ela inseriu. "É assim que manifestamos o que queremos no mundo!". E continuou: "Agora faz sentido o que Gandhi disse: 'Seja a mudança que você quer ver no mundo'. Ele sabia que quando *eu* mudo, afeto o resto da realidade. Tudo está entrelaçado, portanto, quando eu mudo, tudo muda também. Em outras palavras, cada pensamento conta, a consciência importa!".

Nossa conversa cósmica teve o efeito de uma curvatura do tempo, depositando-nos antes do esperado na calçada do minúsculo terminal de Long Beach, onde meu avião esperava, no que acabaria sendo uma partida sem esforço. Agradecendo a meus amigos e dando abraços de despedida, eu logo me encontrei no avião, contente com a bênção inesperada de três cadeiras vazias uma do lado da outra, de modo que pude espalhar meu trabalho e depois me deitar e tirar uma soneca.

Uma vez no ar, refleti sobre o contraste total entre esta partida e as conexões perdidas e cansativas da minha chegada uma semana antes. Dessa vez, eu estava seguindo uma corrente muito diferente da corrente da entrada. Era como se duas funções de onda opostas, dos voos da chegada e da partida, cancelassem totalmente uma à outra, deixando-me uma experiência de tempo sem falhas, inteira. Eu havia vivenciado mudanças profundas durante minha visita a Santa Bárbara, no entanto, tinha a sensação de nunca ter saído de casa.

10

MONTEREY: IMAGINAÇÃO, EMPODERAMENTO E MANIFESTAÇÃO

"Eu peço, não, eu *insisto* que você se encontre comigo em Monterey na conferência anual da Academia para Imaginação Guiada, daqui a uma semana", eu disse a Nancy pelo telefone, do meu escritório em Georgetown. Fiquei em casa depois de Santa Bárbara durante algumas semanas e já estava começando a fazer as malas para voltar à Califórnia. "É um evento importante e talvez vá nos ajudar a escrever o último capítulo do livro."

Esperei Nancy pensar sobre a minha oferta. Ela não parou desde que parti de Santa Bárbara e o nosso livro já estava quase na versão final. Precisava de disciplina, um músculo que ela construiu, e eu admirava a persistência dela, embora a tirasse frequentemente da tarefa com meus rompantes impulsivos.

Finalmente ela respondeu: "A essas alturas, eu realmente acho que é melhor gastar minhas horas escrevendo e não viajando", ela disse. "De qualquer maneira, daquilo que você me contou, parece que você não terá muito tempo para trabalhar comigo no livro."

"Não se preocupe, tudo vai dar certo", interrompi, sentindo só uma pontada de preocupação, já que prometi ao organizador da conferência, um velho amigo, que eu estaria à disposição dos participantes durante os quatro dias da conferência. Mas minha intuição me dizia que grandes mudanças se aproximavam, tanto na minha viagem pessoal quando na evolução do Peptídeo T, dois fios grandes que estavam se juntando cada vez mais na minha vida. Eu queria que Nancy estivesse lá para captar e até catalisar tudo. De forma esquisita, eu vivia agora minha vida pelo livro, na esperança de que a experiência de Monterey trouxesse um final feliz que eu precisava para ambos.

Tentei de novo, dessa vez abandonando minha abordagem autoritária (que nunca funcionava mesmo com Nancy) e sugeri: "Você poderia vir de carro à tarde, pernoitar num hotel com café da manhã, pegar alguns workshops, e conhecer alguns apresentadores e participantes".

Eu continuei, suplicando: "Pelo menos para a sessão de domingo, ouvir a palestra de Dave Bresler. Ele é o organizador do encontro e também um dos primeiros pioneiros do movimento acadêmico mente-corpo. Ele trabalha com pessoas, não ratos, e vai falar sobre como o imaginário mental pode ser usado para curar, e também criar novos futuros. Você sabe, a aplicação prática da pesquisa sobre a qual fico falando, e que você quer ter mais no livro".

Nancy pensou um pouco. "Ok, eu vou", disse. "Mas só se você concordar em trabalhar mais no capítulo quatro, e depois me dar suas anotações quando eu chegar, para que eu possa acrescentá-las." Ela fez uma pausa. "Pode ser bom mudar de cenário, sair, divertir-me um pouco..."

"É claro que vou fazer isso", respondi. Eu já trabalhei no último rascunho do capítulo que Nancy mencionava, acrescentando mais informações de um recente encontro científico. De fato eu planejava passar as cinco horas no avião, revisando a versão final.

"Vou arrumar um lugar próximo a Pacific Grove", disse Nancy, referindo-se à pequena comunidade adjacente a Monterey, onde se realizaria a conferência. "Você deve trazer roupa quente, Monterey não é o Sul da Califórnia!".

Assim ficou arranjado. Nancy viria para os últimos dois dias da conferência, perdendo o workshop de abertura que Mike e eu iríamos fazer, pois ela já havia participado de uma versão anterior, no congresso do Instituto Noético, na capital. Dessa vez, eu queria que ela focalizasse menos no que eu tinha a oferecer e mais em captar a criatividade e a eficácia das terapias mente-corpo dos profissionais que estavam na linha de frente de suas práticas. Quanto a mim, eu pretendia me aproveitar da convergência de pessoas altamente capacitadas nesse campo para criar o futuro do Peptídeo T, com a ajuda de técnicas e processos poderosos que eu sabia que estariam disponíveis na conferência.

Olá, Dalai

Antes de partir para Monterey, participei do trigésimo quinto encontro anual da Sociedade para a Neurociência, realizado no centro de convenções em Washington.

Trinta e cinco anos atrás, pouco antes de começar a pós-graduação na Escola de Medicina John Hopkins, participei da primeira reunião da sociedade, também realizada em Washington. Era o ano de 1970, e Agu e eu íamos de carro, todos os dias, do nosso apartamento numa base do Exército, ao norte de Baltimore, até lá, para participar. Nossa empolgação era muito grande por estar junto com outros 200 cientistas que não se contentavam em considerar o cérebro como uma "caixa preta" inatingível, mas vinham de disciplinas como psicologia, biologia e neurofisiologia para desvendar os segredos do cérebro. Com o passar dos anos, a sociedade prosperou e, agora, em 2005, o encontro anual atrairia mais de trinta mil neurocientistas do mundo todo.

A convite do presidente da sociedade, Tenzin Gyatso, o décimo quarto Dalai Lama do Tibete, daria uma palestra chamada "A Ciência e Aplicações Clínicas da Meditação". Avanços na tecnologia de imagens do cérebro levaram a um interesse em encontrar *consciência* dentro do cérebro, uma palavra que a maioria dos neurocientistas ainda não usava em seus trabalhos.

O Dalai Lama, que chamava a ciência de "matadora da religião", havia oferecido sua expertise em meditação a vários estudos da consciência. Devo dizer que eu nunca pensei que veria vinte mil neurocientistas dentro de três auditórios abarrotados, assistindo com entusiasmo a uma palestra de um líder religioso. Vários amigos meus que achavam que a ciência e a religião deveriam ser mantidas separadas, ficaram ostensivamente de fora.

Nessa palestra, o Dalai Lama tinha algo a dizer sobre emoções. "Se você quer uma vida feliz, você deve..." e ele fez um amplo gesto com o braço para indicar as palavras *livrar-se*, "das emoções negativas, como ódio, raiva e inveja." E depois brincou: "Se os neurocientistas pudessem encontrar os locais dessas coisas no cérebro... e tirá-las, eu seria o primeiro a me submeter a esta operação!", fazendo a casa cair no riso.

No final, a mensagem do líder espiritual foi muito simples: "Todos querem uma vida feliz." Ele recomendou meditação e compaixão, citando evidência irrefutável de estudos recentes que mostravam que atenção concentrada e emoções positivas, tais como compaixão, empatia e amor, podem impactar a estrutura física e os circuitos do cérebro.

Empolgada, ouvindo o Dalai Lama dizer que a consciência importa em tal condição, também fiquei bastante inspirada para me religar com minha tribo original, as neurocientistas participantes do encontro. Esta era a minha família, da qual me separei havia muito tempo, para me dedicar à pesquisa do HIV e, nesses anos todos, participei de poucas reuniões. Essas pessoas eram minhas verdadeiras raízes, e eu me sentia muito mais em casa com elas do que com o Dalai Lama, que representava para mim as novas direções de minha busca. Um círculo estava se completando de novo, mais parecido com uma espiral de crescimento e evolução. Tantos elementos na minha carreira, no meu crescimento pessoal e na ciência que eu havia feito, e ainda fazia, se juntaram nessa reunião, dando-me um novo nível de integração e plenitude na vida.

Eu não podia deixar de pensar que, nos velhos tempos do NIMH, meu laboratório teria tido uma dúzia de apresentações na semana da conferência, pelo menos oito posters e três ou quatro palestras apresentadas com slides em salas escuras. Mas, neste encontro, eu era apenas transeunte, vendo as apresentações de outros neurocientistas, pessoas que passaram o ano trabalhando em seus laboratórios, reunindo dados, a fim de apresentar suas descobertas aos colegas, nesse evento anual. Eu teria que esperar a trigésima sétima Conferência anual de Inverno sobre Pesquisa do Cérebro, a ser realizada no ano seguinte em Steamboat Springs, Colorado, para que eu e Michael apresentássemos as nossas descobertas mais recentes sobre Peptídeo T.

Caminhando pelas filas de painéis, fiquei (como sempre) comovida com a dedicação e nobreza desses cientistas. Havia mais de mil painéis, apresentando pesquisa resumida com detalhes complicados, pregados na parede e sendo cuidados por um dos pesquisadores que trabalhou na equipe.

Esses representantes, cientistas verdadeiros, estavam ansiosos por compartilhar seu trabalho e responder as perguntas dos cinco mil cientistas, que entupiam os corredores do enorme andar, e que iam entrando em grupos a cada três horas. A rotatividade continuou de manhã e de tarde, enquanto outros peritos falavam a audiências em salões e sessões de abertura, criando um verdadeiro circo de múltiplas arenas de apresentação e interação científica empolgante.

Eu pensei em Galileu, o primeiro a ver com o seu novo telescópio as sombras das luas de Júpiter atravessando o planeta. A partir desta descoberta e do movimento das manchas solares, ele pôde ter certeza de que, apesar da crença dogmática do seu tempo num universo estático, "ele se move, apesar de tudo". Pensei em como, anos mais tarde, os astrônomos chegaram a aceitar as descobertas de Galileu, preenchendo os detalhes e deixando sua descoberta plenamente manifesta, depois de um tempo. Agora, cinco séculos depois, eu via o mesmo padrão se repetindo, desta vez a revolução mente-corpo anunciando novas avenidas de cura do corpo, da mente e da alma.

Aventura a beira-mar

Logo depois que o avião deixou Mike e a mim no minúsculo aeroporto de Monterey, descíamos no nosso carro alugado pelas curvas de um trecho de estrada, que nos levou rapidamente para a minúscula comunidade do Pacific Grove.

Pacific Grove, o local do Centro de Conferência Silomar, parecia um conto de fadas: veados pastando nas florestas e colinas, pica-paus e esquilos reunidos nos pinheiros, ondas quebrando nas praias de areia branca, focas se aglomerando nas pedras e lontras nadando nas enseadas. Nosso destino era a ponta da Península Monterey, que alcançamos passando por tímidas cabanas plantadas em ruas minúsculas, cada uma com chaminé soltando chumaços de fumaça, enchendo o ar frio de novembro com o aroma de pinheiro queimado.

Asilomar, que significa "refúgio a beira-mar", foi o nome dado ao terreno de cem acres onde, havia mais de um século, foi construído um acampamento de verão da ACM, para treinamento de líderes. Agora era propriedade do estado da Califórnia, que preservava os edifícios na sua arquitetura original, de um desenho espantoso. Havia um salão social central com uma gigantesca lareira, um salão de jantar todo de vidro, acomodado num canto de madeira, e mais de trezentos quartos de hospedagem aglomerados em cabanas rústicas, todas sem telefones nem TVs. A atmosfera era tão saudável e próxima da natureza que me fez desejar assar *marshmallows* e cantar canções ao pé da fogueira! Mas, o melhor de tudo, o lugar não podia ser mais distante, em ambientação, da burocracia hierárquica citadina com a qual Mike e eu lutávamos na Costa Leste, e nos sentíamos muito gratos pela trégua temporária.

Nas últimas semanas, estivemos tentando contatar o Escritório no NIH de Tecnologia de Transferência (OTT), dando telefonemas e enviando e-mails para os nossos congressistas. Queríamos que alguém que tivesse influência política considerasse os nossos esforços para recuperar a licença para o Peptídeo T, por intermédio do OTT. Outra complicação era que o nosso antigo investidor se interessou em desenvolver o Peptídeo T para tratar a psoríase em vez de aids, e o governo havia dividido a licença para permitir essa direção alternativa. Mike e eu sabíamos que continuar tal plano era uma receita para o desastre, que havia todas as chances de levar ao abandono da nossa criação como uma droga para a aids. Nós não queríamos deixar isso acontecer sem lutar, sabendo que o Peptídeo era eficiente para a aids, e tínhamos a prova! No entanto, todos os nossos telefonemas exigentes e acalorados não estavam nos levando a lugar algum.

Pouco antes de partir de Monterey, em circunstâncias milagrosas que aconteceram durante um fim de semana na nossa pequena ilha mágica na Chesapeake Bay, descobrimos um brilhante planejador estratégico, um homem que tinha anos de experiência com o Congresso e a burocracia de Washington. Assim como nós, ele desejava extinguir a pandemia global da aids, envolveu-se e iniciou discussões com o nosso antigo investidor holandês e com o governo.

Nós tínhamos esperança e estávamos contentes que houve um progresso, orgulhosos de nós mesmos porque finalmente nos opúnhamos aos intrusos que queriam usar o Peptídeo T para outros propósitos. A dor no meu pescoço havia sumido, e Michael e eu estávamos alinhados e em ação, chutando juntos o pau da barraca como havia anos não fazíamos.

Quanto mais nos aproximávamos do sucesso, porém, tanto mais eu via meus padrões de autossabotagem tomarem conta. Minha persona de baixa autoestima, a criança abandonada, aparecia de repente para chamar atenção e culpar, numa tentativa de recriar e remediar o meu trauma original da infância, o episódio da loira na cama. Depois, a adolescente rebelde às vezes se intrometia, soltando duras críticas quando as coisas não caminhavam do meu jeito, dificultando as investidas com soluções criativas do meu eu bem-sucedido.

Mas algo havia mudado definitivamente. Eu tinha agora uma percepção mais aguda do que nunca dos padrões de reencenação emocional dos meus múltiplos eus e, se eu não conseguia impedir que eles se expressassem, pelo menos conseguia observar o desenrolar dos psicodramas, um importante primeiro passo. Começava a emergir um estado de consciência mais integrado, que eu reconhecia como um eu observador, o ajudante do eu interior, a perspectiva da alma, o "eu" dos muitos anos de meditação.

Nesse novo estado de consciência, eu não precisava me defender nem culpar ninguém, não tinha a compulsão de criticar nem apertar os botões de Michael numa batalha para ter razão, ou gritar com os burocratas para forçar minha passagem. Devagar mas com segurança, a menininha ferida e traumatizada que tentava agarrar a direção do ônibus da minha vida estava se soltando e tomando um assento atrás, transferindo a direção para um motorista mais sábio e maduro.

Tudo agitado

Saindo de Washington para Monterey, um incidente de aeroporto me deu a oportunidade de pegar em flagrante uma personalidade autossabotadora. Minutos antes do embarque, pedi a Mike correr atrás de um *milkshake* de chocolate numa lanchonete próxima que eu desejei, de repente, levar para dentro do avião. Eu não me lembrava direito do que aconteceu, mas percebi que embarcamos no avião e eu me perguntava o que aconteceu com o *milkshake*.

Mike carregava minha valise grande pelo corredor, perguntando se eu queria que a colocasse no bagageiro de cima ou debaixo do assento, quando, de repente, me lembrei horrorizada onde estava o meu *milkshake*. Agarrei a mala que meu marido estava agitando, sentei e descobri que o *milkshake* derramou-se por cima de tudo que estava dentro, molhando meus papéis que eu havia juntado com todo o cuidado e o rascunho do Capítulo 4 que eu pretendia reescrever no avião!

Fiquei arrasada e, no mesmo instante, descarreguei em Mike, dizendo que o desastre era culpa dele, porque eu o avisei para manter a valise em pé! Ele ficou boquiaberto, mal acreditando no que ouvia, e começou a se defender, e nós dois estávamos de novo na mesma velha estrada.

Mas dessa vez meu ataque durou pouco. *Quem foi que guardou o milkshake dentro da valise? Quem exigiu que Mike o comprasse, para começo de conversa?* Eu me perguntei. Minha criança interior furiosa e exigente foi pega e detida como um veado diante dos faróis, e dessa vez eu é que havia feito isso!

Na retrospectiva, dou risada sobre quão eficiente foi minha sabotagem do plano de editar o manuscrito que Nancy me havia dado. Não houve maneira alguma de limpar os papéis e realizar o trabalho. *Está feito e acabou*, disse para mim mesma, grata porque meu eu superior observador não estava interessado em qualquer zombaria. Era hora de um pouco de *autos*compreensão e *autos*perdão! Eu pedi perdão a Mike por minha tentativa ridícula de responsabilizá-lo pelo meu erro. Depois, dando um profundo suspiro, peguei um exemplar da revista *People* e o li de cabo a rabo, durante o nosso voo.

Depois que chegamos em Monterey, desfizemos as malas e nos arrumamos na nossa cabana, percebi uma mensagem que foi deixada no meu celular. Joe Migliore, o quiropata eclético que havia feito a sessão estarrecedora na casa de Nancy em Santa Bárbara, estava passando pela região rumo ao norte. Eu retornei a ligação e combinamos nos encontrar em Asilomar, um dia depois do nosso workshop. Eu queria que Mike experimentasse o "trabalho corporal multidimensional" de Joe, e talvez até uma sessão dupla, para nós dois nos alinharmos energeticamente.

MITOS EMOCIONAIS DESENCANTADOS

O tema da conferência era *O Poder da Sugestão*, dirigida para médicos, psicólogos, assistentes sociais, enfermeiras, psicoterapeutas, terapeutas de adictos e outros profissionais da saúde. Os participantes estavam procurando maneiras eficientes para introduzir técnicas imaginativas (como hipnose, visualização dirigida e sugestão) nas suas práticas com clientes.

Meu workshop de três horas e meia foi o evento que deu partida à conferência, uma exploração da fisiologia do novo paradigma com uma secção experiencial que utilizava a música e palavras do meu CD. Michael compartilharia o pódio comigo, fornecendo a ciência "direta" para equilibrar minhas incursões mais especulativas.

A ciência da conexão mente-corpo é importante para explicar e validar o papel dos processos mentais na cura, e era por isso que as pessoas estavam interessadas em ouvir a mim e ao Mike. Nos dias antes da conferência, quando eu me preparava para dar o workshop, fiquei pensando no que poderia dizer para ajudar esses doutores, enfermeiras e terapeutas nas suas práticas. Eu queria trazer um entendimento mais profundo das emoções como agentes transformadores primordiais, fundamentais para os efeitos provocados pela imaginação dirigida, hipnose e qualquer uma das terapias de sugestão.

Decidi desmistificar alguns mitos que encontrei em comunidades convencionais, também de cura alternativas sobre a natureza da expressão emocional e talvez oferecer um entendimento da saúde e do bem-estar emocional mais biologicamente compatível.

Em primeiro lugar, eu gostaria de dizer às pessoas que não existem emoções "ruins". Existem somente aquelas que estão entaladas, ou seja, aquelas que não são livremente expressas, e que costumam resultar da supressão e negação. Num nível bioquímico também, os receptores celulares das moléculas de informação ficam bloqueados, impedindo o fluir livre de funções importantes pela rede psicossomática do corpomente.

Há muita confusão com relação à expressão das emoções. Elas podem ser escuras (como raiva, pesar e medo), mas estes sentimentos não são *maus*. Achar que devemos nos livrar das emoções obscuras, expulsá-las e evitar os efeitos desconfortáveis delas é um grande equívoco. Ironicamente, elas são danosas quando resistimos à sua expressão natural. Quando reconhecidas, podemos começar a examinar nosso lado sombra, e até integrá-lo para que ele não nos arme ciladas, como partes não reconhecidas do eu tendem a fazer. Quando não admitimos ou não aceitamos a responsabilidade por essas emoções menos confortáveis, elas podem se tornar muito perigosas.

Acredito que todos os sentimentos são bons, como partes naturais da nossa fisiologia. Num nível bioquímico, nossas moléculas da emoção – ligands tais como neuropeptídeos e seus receptores – coordenam suavemente todas as funções do organismo, por intermédio de uma rede distribuída interativa de troca de informações. Quando deixamos que façam o seu trabalho de circular, garantimos um funcionamento saudável e nós também ficamos saudáveis. Quando bloqueamos o processo, suprimindo ou negando um sentimento, podemos perder a integridade, biologicamente e psicologicamente. Até agora entendemos ao contrário: são as emoções que *nos* mudam; não precisamos consertar o que sentimos.

Comecei o meu workshop definindo a emoção: "o fluir da informação percebida como essencial para a sobrevivência de qualquer estado de consciência específico que esteja realizando a observação". Acredito que as emoções que estiverem fluindo livremente e sendo expressadas podem detonar estados alterados de consciência, revelando subpersonalidades que podem ter sido abandonadas porque eram dolorosas demais para serem mantidas na consciência. Quando a informação emocional está disponível, pode nos ajudar a reconhecer nossa multiplicidade natural, abrindo o caminho para curar e restabelecer a integridade emocional.

Como podemos interagir com as nossas emoções para que elas fluam livremente? A resposta é por intermédio de variados métodos com foco na emoção: psicoterapia, massagem, trabalho corporal, falas afirmativas, música, arte, dança, meditação, imaginação dirigida, e formas de medicina energética que costumam combinar várias dessas modalidades. O perdão pode soltar os estados emocionais mais murados e entorpecidos, libertando antigos "machados" há muito enterrados no corpo, que é o nosso subconsciente.

Embora eu acredite que ao expressar uma emoção autêntica a pessoa se cura, não é sempre necessário se entregar a esta libertação – bater em travesseiros, chorar, entrar em fúria e tremer de medo – para se curar. A integração de antigos padrões entalados pode acontecer por intermédio de intervenções mais sutis, como observação ou criação artística. Escrevendo sobre filmes, (minha arte favorita), Robert McCracken, autor de *Director's Choice: The Greatest Film Scenes of All Time and Why* (Seleção do Diretor: As Melhores Cenas de Filmes de Todos os Tempos e Porquê), provou que a peça artística que mais comove e é mais apreciada requer emoção misturada com a habilidade artística. E é claro, a meditação é uma forma silenciosa de deixar os sentimentos reprimidos e enterrados subirem à superfície, para serem integrados conscientemente.

Concluindo, este trabalho exige confiança e coragem, mas, mais que tudo, exige vontade. Não existem "fórmulas rápidas", não existem atalhos para o trabalho de transformar a nós mesmos e transformar a nossa vida. Com um facilitador habilidoso que entende que todas as emoções são saudáveis e levam à integração, a tarefa se torna mais fácil. O mais importante é que os sentimentos são uma ponte entre o mundo interno da consciência e o mundo externo na manifestação e devem ser sentidos e experimentados para que qualquer tipo de resultado duradouro e real aconteça.

UMA POSIÇÃO OUSADA

Depois do nosso workshop, Mike e eu permanecemos no local para falar com os participantes, mas logo nos retiramos para descansar e nos recuperar da diferença do fuso horário. Caminhando à luz do entardecer, vimos veados pastando em paz nos campos, percebendo nossa presença humana, mas continuando imperturbáveis. O cenário tranquilo dos pinheiros e das ondas, a ausência de aparelhos eletrônicos de comunicação, e a aconchegante lareira na nossa cabana contribuíam para uma calma noite de descanso.

No dia seguinte, depois de participar dos workshops e dos eventos sociais da manhã de sexta, Mike e eu nos encontramos com Joe, conforme planejado. Nancy chegaria naquela noite, então, quando Joe se ofereceu de guia turístico para nos mostrar os arredores, agarramos a oportunidade.

Nós três fomos dar uma volta rápida pela Península de Monterey, incluindo a estrada de 17 milhas, famosa por suas incríveis vistas do oceano e casas de milionários. Parávamos frequentemente para tirar fotos dos amistosos mamíferos marinhos que ficavam em cima das pedras e acabamos almoçando num restaurante indiano em Monterey.

Enquanto nos deliciávamos com pratos exóticos, a conversa caminhou para o Peptídeo T. Eu havia dado a Joe um folheto comercial para ler em Santa Bárbara, depois de ele ter me contado que os seus tratamentos costumam ajudar as pessoas a manifestar suas visões. Agora ele fazia perguntas, e Mike e eu tentávamos responder, entre nacos de samosas e paneer. Mas nós dois logo caímos em corrigir minúcias um do outro e desviamos do assunto.

"Esperem um pouco", Joe exclamou, interrompendo a nossa briga. Ele estava empolgado, mas espantado. "Estou perdido, eu pensei que vocês tinham uma droga eficiente para o tratamento da aids? Vocês nem mencionaram isso – na verdade, passaram ao largo disso!"

Nós nos calamos. Joe era um marqueteiro de mão cheia e tinha um negócio financeiramente bem-sucedido na área da saúde. Talvez ele tivesse algo a nos ensinar. Com um sinal de cabeça, nós o incentivamos a continuar.

"Acho que posso ajudá-los com a apresentação", ele ofereceu. "Vocês precisam de uma declaração ousada e exata sobre o que vocês estão fazendo com o Peptídeo T". Isso se chama uma 'fala de elevador', e a ideia é transmitir exatamente o que você pretende, no espaço de tempo entre o térreo e o andar em que você vai sair, pois é o tempo que você tem para dizer tudo.

Joe estava mostrando assim que o que faltava na nossa apresentação do Peptídeo T era uma articulação forte do estado da nossa invenção, de maneira que os outros pudessem entender com facilidade. Com o passar dos anos, perdemos nosso pique, atolados nas muitas voltas e fazendo mais inimigos quando poderíamos estar formando alianças. Tornamo-nos desmoralizados, acreditando que não sabíamos inspirar respeito nos nossos colegas, e frustrados nas tentativas de fazer-nos ouvir.

"Uma boa fala de elevador coloca sua intenção no mundo real, onde as coisas podem acontecer", Joe continuou. "Quando você toma essa posição, os resultados que você quer se organizam em torno de sua visão, as portas se abrem. Mas primeiro, você tem que saber como colocar seu sonho para fora."

Durante a hora seguinte, com a ajuda de Joe, Mike e eu esboçamos a nossa fala de elevador do Peptídeo T. Depois de ter articulado os pontos principais do nosso trabalho, colocamos toda a nossa atenção em praticar e ensaiar as palavras, até conseguir expressá-las perfeitamente. Era uma simples sequência de *a, b* e *c*:

a. Depois de 20 anos de pesquisas, desenvolvemos um tratamento eficiente para o HIV/aids que é não tóxico, de custo eficiente e útil no mundo em desenvolvimento. A substância é chamada "Peptídeo T" e, quando for desenvolvida em forma de remédio e de vacina, acabará com a pandemia global da aids como a conhecemos.

b. RAPID, a empresa que fundamos, está prestes a receber do governo norteamericano os direitos exclusivos mundiais para desenvolver o Peptídeo T para a aids.

c. Estamos oferecendo uma oportunidade de investimento a pessoas que desejam fazer uma diferença, nos ajudando a trazer esse tratamento para o mundo.

No caminho de volta para Asilomar, Mike e eu ensaiamos a nossa fala de elevador, revezando-nos para chegar à forma correta. Ter pronta uma afirmação estudada para usar em qualquer lugar e com qualquer pessoa aprumou nossa confiança e concentrou nossas energias, a intenção e a atenção, numa intensidade tipo laser. E já que todos e tudo estão quanticamente entrelaçados, quem sabe o impacto que o nosso raio de luz renovado poderia ter nas outras partículas do nosso universo, inclusive nos investidores futuros?

Eus ressonantes

De volta à nossa cabana, Mike e eu recebemos a sessão dupla de trabalho corporal pela qual eu esperava, enquanto um fogo crepitava no fogão de pedra. Nós ficamos deitados de barriga para baixo, lado a lado sobre duas macas, e

Joe trabalhava em nós, ajudando-nos a relaxar e na esperança de estabelecer uma ressonância entre nós. Sendo parceiros de longa data, com tanta paixão pela nossa missão no planeta, ficávamos polarizados às vezes, mas em outros pontos permanecíamos firmes no mesmo comprimento de onda.

Os doutores Stone, a equipe de psicólogos, marido e mulher, que desenvolveram o processo de diálogo vocalizado que mencionei anteriormente, ensinam de forma brilhante como os casais se ligam, depois se separam e se reúnem energeticamente com o passar dos anos (às vezes passando pelo ciclo inteiro em uma hora!). Uma subpersonalidade reage à outra: o filho dedicado com a mãe amorosa e atenciosa; o adolescente rebelde com o pai controlador; a filha perfeita e solícita com o pai amoroso e atencioso; e o exigente atribuidor de tarefas com aquele que gosta de agradar; algumas das possíveis combinações. Nos relacionamentos de longa data, os Stones observaram que os casais costumam passar daquele padrão inicial de ligação positiva que os atraiu um ao outro para um padrão negativo, que gera fricção e conflito.

Deitados ali, Mike e eu tivemos pensamentos de relacionamentos mutantes entre os nossos múltiplos eus complexos. Eu fui relaxando e respirando fundo, sabendo com cada célula do meu corpo que o nosso amor era profundo e eterno, e que a nossa missão teria sucesso. Eu ouvi o suspiro de relaxamento de Mike, e sabia que o nosso tempo de representar psicodramas inconscientes no padrão cansativo e improdutivo, que desenvolvemos durante anos do nosso relacionamento, estava com os dias contados.

Poder e autoestima

Na manhã seguinte, eu me dirigi para pegar o final do café da manhã, pretendendo compartilhar, na primeira oportunidade, a nossa fala de elevador recém-elaborada. Mike ainda estava dormindo, e Nancy havia deixado uma mensagem de que estaria escrevendo no seu quarto durante a manhã. Preparando-me para o dia, eu estava convencida de que todos nós iríamos nos ligar no workshop do dr. Bresler à tarde.

Percorrendo com o olhar os retardatários para o café da manhã na sala de refeições, procurei um rosto conhecido e encontrei o dr. Emmett Miller, cujo workshop sobre "O Coração da Hipnose" eu havia perdido no dia anterior. Eu me sentei à mesa dele.

Eu sabia que Emmett era um pioneiro muito respeitado no movimento mente-corpo, um médico que integrava fisiologia com transformação. No início de sua prática, ele descobriu que, quando os pacientes eram guiados para criar determinadas imagens mentais, eles podiam entrar num estado de cura consciente e influenciar profundamente o rumo de sua doença. A partir dessa descoberta, ele desenvolveu um método usando palavras e imaginação para retirar barreiras ao sucesso, de maneira que as pessoas acessassem seu potencial interno para a cura profunda e desempenho máximo.

"Bom dia, Candace", ele disse animadamente quando me sentei. "Senti sua falta ontem. O que você estava fazendo?" *Fale sobre uma questão importante*, pensei... e me lancei imediatamente na nossa fala de elevador sobre o Peptídeo T.

Assim como a maioria dos meus amigos e colegas do movimento da consciência mente-corpo, Emmett me conhecia apenas como a teórica das endorfinas/emoções, e ele me ouviu, com todo o cuidado, explicar a promessa do Peptídeo T, expondo-lhe *a, b* e *c*. Fiquei contente com o olhar sério dele, obviamente interessado no que eu estava pretendendo. Eu sabia que ele teria algumas ideias úteis e, de fato, ele não hesitou em responder.

"Eu gostaria de fazer uma sessão com você", ele disse, comprometido. "Acho que posso ajudá-la a eliminar seu script de *Eu não mereço*, despertar sua autoestima e expandir seu poder para colocar o Peptídeo T no mercado."

Poder *e* autoestima, uma combinação que sem dúvida atraiu minha atenção. Era exatamente o que eu precisava. "Estou interessada", respondi. "Vamos fazer isso já!"

"Primeiro, conte-me mais sobre o que está acontecendo", ele respondeu, e eu descrevi como tudo começou vinte anos atrás, quando Mike e eu escalamos a Cratera Haleakala até o topo, na ilha de Mauí. Como três dias depois, exausta, mas jubilosa, falei no simpósio sobre neuroaids e fiquei tocada até as lágrimas ao ver o sofrimento infligido pela doença. Contei como, durante a minha palestra, fiquei chocada quando um Poder Superior falou por intermédio de mim, incentivando a minha solução científica de bloquear a entrada do vírus HIV na célula, resultando na invenção de uma droga inibidora de entrada do receptor da AIDS, que era não tóxica e eficiente: Peptídeo T.

Eu contei a Emmett também sobre a desilusão e frustração depois da nossa descoberta, quando lutamos com o governo para conseguir desenvolver o remédio; e como foi doloroso ficar de lado e ver o nosso "filho" do novo paradigma ir perdendo credibilidade, com o passar dos anos, por meio de uma série de experiências erradas e conclusões desviantes. Eu confessei como a falência da nossa empresa afetou meu relacionamento com Michael, impelindo-nos a culpar um ao outro, quando as chances de sucesso passavam por nós; e que até muito recentemente, nós havíamos nos resignado e quase desistimos, evitando lidar com discussões burocráticas, os reveses repentinos dos nossos investidores, e os nossos demônios mais obscuros, as maquinações da personalidade múltipla. Eu lhe contei do meu pesar e da minha culpa por causa da morte de Wynne e os atalhos que consegui ao perdoar a mim mesma e os outros. Falamos até ficarmos somente nós no refeitório, com exceção dos garçons limpando as mesas. Finalmente, o barulho da louça e das bandejas começou a perturbar demais.

"Vamos até a praia, e continuamos lá", sugeriu Emmett.

Sorri com a perspectiva de um sonho tornando-se realidade: uma sessão de imaginação dirigida com este pioneiro, acontecendo na praia – o lugar especial e relaxante que eu costumava escolher para minhas meditações.

Lá fora, seguimos a calçada de madeira que levava da área da conferência em direção ao oceano, passando por cima das dunas, até uma enseada protegida. O dia estava nublado, com nuvens baixas no horizonte, mas nós estávamos animados com a vista da espuma branca pontilhando a água verde azulada e as ondas quebrando nas pedras escuras. Depois que nos sentamos num tronco trazido pelo mar, Emmett tirou um gravador portátil.

"Eu vou lhe mandar a gravação que fizer e você vai ouvi-la todas as noites antes de dormir", ele disse. Depois me pediu para fechar os olhos e se pos a falar com voz melódica e ressonante que se misturava com os sons do quebra-mar e os pássaros gritando no céu.

"Você está em contato com uma percepção de si mesma, profundamente conectada, sentindo sua unicidade com os outros e com Deus", ele começou. *Uau! Um médico que evoca Deus*, eu me lembro de ter pensado. E então meu cérebro relaxou, deixando meu corpomente reverberar com suas palavras, permitindo que elas entrassem no fundo do meu ser. *Confie. Respire. Sinta.*

Ele continuou: "O que é que você precisa soltar para experimentar esse aspecto mais profundo de si?" Sua pergunta ficou pendurada no ar. Eu não tinha ideia.

"Será que é a sua personalidade perfeccionista, insistindo que ninguém pode fazer nada certo, a não ser você?". Ele estava definitivamente na pista de alguma coisa. "Será que é a crença num mundo de partes conflitantes e separadas, um mundo newtoniano, no qual a força conquista tudo?". Eu me soltei mais um pouco... sua voz era doce, perdoando.

"Quando criança, as pessoas puseram a culpa em você por algo que você não fez, e agora você se permite estar certa e os outros, errados. É assim que você se sentiu poderosa no passado, mas esse poder se baseava no medo. Você pode soltar esse poder do medo... solte agora." Eu me crispei dentro ao lembrar o quanto eu culpava Michael, não querendo ver a minha parte e colocando tudo nele.

"Vá agora para um local de compaixão dentro de você, um local em que você possa permitir que sua tristeza entre", a voz de Emmett entoou. "Flutue de volta ao topo de Haleakala, como em cima de um tapete mágico. Sinta o ar, veja as silhuetas das colinas. Sinta a amplitude e veja um reluzente arco-íris cruzando o céu. Esteja presente para esta vastidão e, no centro do espaço enorme, sinta sua profunda tristeza. Veja as mulheres e as crianças, pessoas morrendo por toda parte, e perceba o sentimento que surge do seu centro."

Eu permiti que uma onda de tristeza me varresse, soltando a luta de me conter, de empurrar de volta. Eu me senti leve e livre quando me entreguei mais profundamente ao som da voz dele.

"Deixe surgir o poder que existe dentro de você para salvar essas pessoas sofredoras. Sinta a fonte desse poder, um espírito que se move por todas as coisas, que dá à luz, dá vida, dá visão, amor e misericórdia. Esteja em contato com essa fonte; seja uma com essa força e junte-a com a sua tristeza.

"A força, a tristeza e o poder... deixe que interajam e, sem resistir nada, permita-se experimentar a alegria da sua verdadeira natureza. Permaneça em contato com a fonte espiritual de todos esses sentimentos, a fonte dessa voz interior que falou da cura naquele dia, na frente de todas aquelas pessoas, na ilha de Mauí.

"Você está plena de alegria, no entanto, é capaz de sentir as profundezas do desespero, admitindo todas as suas emoções na vastidão do enorme espaço dentro de você. Experimente a gratidão que sente para com a fonte de tudo e se permita expressar essa gratidão, de honrar e de respeitar essa fonte. Você não traz apenas uma cura para salvar algumas vidas, mas dezenas e centenas de milhares de vidas. Entre nesse estado de consciência que advém com esta percepção. Organize seus pensamentos, seus sentimentos, e suas ações para que sejam direcionados para este estado de consciência que a conecta a tudo.

"Agora, veja-se uma pessoa que é valiosa, clara e focalizada... que entende que fala por todos. As pessoas ao seu redor são empoderadas daquilo que você é. Você faz parte de uma equipe, caminhando para frente para o benefício de todos. Veja-se como a pessoa que gostaria de ser, o símbolo do que acredita no nível mais profundo. Comprometa-se a aprender as lições que você precisa aprender para se tornar a pessoa que é, verdadeiramente, e solte a necessidade de se sentir separada; permita-se confiar. Saiba que não há nada contra o que você precisa se defender. Entre nessa imagem e torne-se essa pessoa... porque ela é você."

Eu me senti aberta e expandida, maior do que jamais me senti. Eu sentia a presença de todos na minha vida – Michael, os investidores, os burocratas do NIH, meus filhos e minha filha, os muitos terapeutas que haviam contribuído comigo, e as pessoas que vieram ouvir minhas palestras em todos esses anos. Eu sentia o pesar de todas as pessoas morrendo de aids na África, Índia e ao redor do mundo. Eu não era diferente, nem melhor nem pior do que qualquer uma delas. E, no entanto, ao mesmo tempo, eu era totalmente eu mesma, infinitamente empoderada e conectada à fonte.

Emmett continuou, evocando imagens poderosas para eu entrar, mudando como eu me relacionava comigo mesma e com os outros, abrindo-me para infinitas possibilidades. O tempo não existia para mim, pendurada nas palavras dele.

Logo ele começou a concluir. "Olhando para o futuro desse local de infinito poder, esse local de compaixão no topo da montanha, sinta equilíbrio, amor e empatia. Cercada por essa infinita majestade de espaço, veja o futuro e se desapegue do passado, girando nesse momento, em união com tudo o que é. Este é o lugar do qual agir, e seu primeiro ato é sempre uma escolha. Esteja em contato com o seu desejo de escolher com sabedoria. Confie em si mesma que você está escolhendo por todos.

"Dê um profundo suspiro e, ao expirar, solte o ar suavemente no espaço ao seu redor. Volte ao som do oceano aqui na praia, as ondas se quebrando e os pássaros cantando. E quando você estiver pronta, pode abrir os olhos."

Eu caminhei de volta a Asilomar sentindo-me uma nova pessoa. Mas antes de sair da praia, agradeci a Emmett por me facilitar o que eu chamei de uma profunda experiência transformadora. "O futuro parece diferente", eu disse, quase incapaz de articular minha gratidão. "Você me levou do meu medo para dentro do meu coração. Estou de novo em contato com meu propósito original, e sou muito grata a você."

Ele respondeu: "Eu não fiz nada além de sugerir uma nova maneira de você se ver. Você fez o resto, e a gratidão que você sente agora vai fortalecê-la quando ouvir a fita todas as noites." Foi o que fiz nos meses seguintes, quando precisava de inspiração, recompor minha integridade e propósito, e me manter no caminho.

Eu acenei quando seguimos cada um o seu caminho e passei a hora seguinte circulando pelas dunas, deixando a calçada de madeira me levar. Havia tempo de sobra antes do encontro para o próximo workshop, e eu estava gostando de ficar comigo mesma, meu eu *inteiro*, com o qual agora eu estava mais em contato, graças a Emmett.

IMAGINANDO O FUTURO

Chegando da praia por volta do meio-dia, encontrei Nancy e Michael no refeitório e sentei com eles para almoçar. Meu marido – quieto, calmo e pensativo como sempre – vinha de uma palestra no final da manhã, enquanto Nancy parecia tensa.

"Quero que você fique um tempo comigo em cima do livro", ela disse friamente. "Como é que posso esboçar o último capítulo sem material?". Desde que ela chegou em Asilomar, não dei a ela nem ao livro um minuto do meu tempo, e eu não tinha revisto o capítulo 4, ainda sujo, coberto de chocolate.

"Com certeza", eu afirmei. "Podemos nos reunir mais tarde, mas você precisa entender que estou vivendo o último capítulo, que está acontecendo bem aqui em Asilomar. Não podemos escrevê-lo enquanto não acabar, e tem mais para nós duas." Percebi que Nancy achou que eu a estava enrolando, mas eu não estava. "Vamos com calma hoje à noite, e depois quando nós duas estivermos descansadas amanhã de manhã, podemos passar algumas horas juntas, antes do meu avião partir."

"Tenho uma ideia melhor", Nancy contrapôs. "Vou lhe dar outra cópia do capítulo que você ia editar no avião". Desde que chegou, minha amiga ficou carregando sua pasta com o computador por toda parte, um lembrete visível e aborrecido do trabalho que ainda tínhamos por fazer. Ela tirou um maço de folhas e me entregou. "Se você editar isso hoje à noite, podemos falar sobre isso amanhã e depois delinear juntas o último capítulo do livro."

Eu sorri, apesar do meu impulso de estrangulá-la, depois dei risada ao perceber que Nancy acabara de me mostrar no espelho o meu próprio comportamento. Eu vi que minha personalidade impositiva, direcionada ao objetivo e exigente que muitas vezes assumi com Michael e outros, para conseguir que as coisas fossem feitas, poderia criar resistência e ter o efeito exatamente contrário. Uma das minhas afirmações preferidas brotou na minha cabeça: *Eu sei que, ao me libertar de críticas severas e exigências irrealistas de mim mesma e dos outros, terei mais energia e foco.*

"Vou fazer o possível", eu disse, e nós três caminhamos até a capela de Asilomar, onde o dr. Dave Bresler estava apresentando o seu workshop: "Planejamento Positivo: Um Antídoto para a Preocupação". Eu tinha um pressentimento de que ouvir sobre aplicações pioneiras da imaginação guiada e hipnose me ajudaria a integrar mais minha experiência na praia, e poderia me ajudar com Nancy, quando fossemos trabalhar mais tarde.

Dave, um dos fundadores da Academia de Imaginação Guiada e pioneiro na aplicação de conceitos mente-corpo na prática clínica, vêm de um sólido passado científico em neuroquímica e em psicologia fisiológica e comparativa. Eu e Agu o conhecemos quando ele era o esperto estudante em Bryn Mawr College, a alma mater minha e de Vanessa. Sua inovadora tese dupla, que abrangia os departamentos de biologia e psicologia, foi apelidada "O Superpeixe", pois ele transplantava córtex extras nos cérebros de peixes, para criar criaturas espertas que aprendiam mais como ratos. Permanecemos amigos durante anos.

Nas suas considerações iniciais, Dave explicou que o termo *imaginação guiada* se referia a uma grande variedade de técnicas mente-corpo, incluindo visualização, sugestão direta usando imagens, metáfora, contação de histórias, exploração da fantasia, jogos, interpretação dos sonhos e imaginação ativa. Essas técnicas fazem aparecer elementos do inconsciente em forma de imagens, que se comunicam com a mente consciente.

Numerosos estudos que ele citou mostraram que elementos visuais afetam quase todos os grandes sistemas de controle fisiológicos no corpo, inclusive respiração, batimento cardíaco, pressão arterial, metabolismo nas células, função sexual, níveis de hormônio do estresse e reação imunológica. Os pesquisadores que usam imaginação guiada e sugestão no gerenciamento da dor, especialidade de Dave, relatam benefícios no tratamento de dores de cabeça, artrite, queimaduras, desconforto pós-cirúrgico, dor pediátrica, e uma variedade de problemas crônicos.

Retrocedendo ao uso de imaginação nos rituais e cerimônias antigas de todas as grandes religiões e sistemas de crença, ele demonstrou que esta técnica é a mais antiga e a mais difundida forma de terapia, uma maneira de explorar a mente subconsciente. Em tempos mais recentes, o hipnotismo (que se baseia na evocação de imagens durante estados de atenção concentrada) era uma das primeiras ferramentas psicológicas, usada primeiro por dr. Frederick Anton Mesmer, no início do século XIX, e depois por Sigmund Freud.

Atualmente, a hipnose em ambiente terapêutico é entendida como um estado de atenção concentrada e focalizada, na qual existe uma abertura maior para a sugestão. Essa definição certamente combinava com a minha experiência na praia com Emmett, durante a qual eu focalizara a minha atenção na voz dele e me abrira aos elementos visuais que ele sugeria.

Dave continuou explicando que todos nós usamos imaginação todos os dias quando entramos nas duas formas mais comuns de preocupação: arrependendo-nos do passado ou temendo o futuro. Os dois se baseiam na nossa imaginação para evocar cenários que são repassados repetidamente na nossa mente. Ele sugeriu que podemos usar a mesma habilidade de forma mais positiva, por exemplo, imaginando férias tropicais que queremos tirar, ou uma sala que queremos redecorar, um processo que se chama "planejamento positivo".

Eis novamente a atenção e a intenção, as duas chaves de manifestação que Deepak Chopra havia me ensinado! A ideia de que, quanto mais se dá atenção, ou percepção consciente, a algo que se pretende manifestar, tanto mais essa intenção se tornará real no mundo. William James, o psicólogo que escreveu e praticou há um século, chamou este processo "realidade atencional", e observou que, quando retiramos o foco de uma possibilidade, ela esmaece e se torna menos real. Deepak ensinou que, aplicando este princípio, entramos no campo das infinitas possibilidades de fazer acontecer espontaneamente um futuro desejado, um modo de vida que ele chamou "sincrodestino".

Ouvindo Dave, fiquei intrigada ao conhecer um conceito hipnoterápico, chamado "ponte afeto", que explicava como a imaginação dirigida poderia acessar um trauma emocional do passado e ligar a lembrança com a percepção do presente. A chave era fazer a pessoa entrar em contato emocional com o evento anterior, libertando a memória do subconsciente e deixando que ela viesse à consciência, onde poderia ser atualizada com o conhecimento presente. Como eu disse muitas vezes, as emoções são o vínculo entre a consciência e o reino material, entre mente e matéria. Essa ponte afeto emocional portanto, é uma aplicação terapêutica desta ideia.

Da mesma maneira, esta técnica nos faz acessar estados passados de emoções positivas, como coragem, confiança e paz, não só trauma, e trazer esses estados benéficos para o presente. Foi exatamente isto que Emmet havia feito comigo na praia, levando-me de volta para uma época em que eu estava profundamente comovida e inspirada pela minha missão de encontrar curas para doenças, e integrando esse estado sentimental com minha percepção do momento. Estar presente à gama inteira da emoção do passado era a chave, pois somente a memória não seria suficiente. Ao me permitir ficar profundamente comovida, permiti que a emoção positiva do passado transformasse a realidade atual.

Dave falou sobre trauma, definindo-o como "uma experiência de estresse extremo que pode ter efeitos psicológicos de longa duração". Todos nós já experimentamos isto, ressaltou ele, não só aqueles que foram vítimas de molestação, estupro, abuso físico ou tortura. Sua intenção não era diminuir a gravidade dessas experiências, e também incluir vergonha, humilhação e constrangimento, que muitas vezes têm efeitos graves, mas menos reconhecidos.

Dave mencionou o Talmude, uma coleção de antigas leis judaicas e tradições sagradas, que diz que humilhar é assassinar, porque isto destrói a autoestima, roubando da pessoa sua essência como ser humano. Num aparte meio humorístico, Dave pediu a abolição do ensino médio, um lugar onde a maioria de nós vivenciou chacotas, ostracismo e zombaria. Neste conceito expandido de trauma, aqueles que negam ter tido qualquer evento semelhante na sua juventude têm espaço para explorar experiências da infância em busca de nova percepção e integração.

Uma harmonia conclusiva

Dave concluiu seus comentários chamando um voluntário da audiência para trabalhar com ele na frente da plateia, para demonstrar alguns princípios que ele havia apresentado. Uma mulher chamada Beth, sentada ao meu lado, agarrou a oportunidade. Sua questão, explicou ela quando Dave lhe perguntou, era que ela não conseguia cantar na frente das pessoas, congelando sempre que tinha uma oportunidade para se apresentar. Ela havia escrito várias canções e treinado sua voz, mas quase abandonara sua aspiração de se tornar uma cantora por não conseguir vencer o medo.

Todos nós observamos quando Dave levou Beth de volta para uma época em que o pai dela a repreendeu por fazer "barulho" quando ela, criança, tentava cantar. Dave trabalhou com ela, deixando-a soltar as emoções de vergonha e medo e ela pode atualizar o passado com o conhecimento do presente. Depois ele sugeriu que ela nos desse a todos uma amostra de sua recém- integrada autoexpressão, e ela o fez, cantando uma canção que fez tremer as vigas da minúscula capela, deixando-nos todos profundamente comovidos.

Quando Beth se sentou, sussurrou no meu ouvido: "Eu escrevi essa canção um ano atrás e a dediquei a você, dra. Pert, porque você tem sido minha heroína já faz alguns anos". Fiquei impressionada e perguntei o que ela queria dizer com isso. "Você nunca desiste", disse ela, "mesmo quando parece que seus sonhos não vão se manifestar. Eu nunca vou desistir também e quero lhe agradecer com esta canção". Eu recebi o elogio dela e não me retraí, agora o meu eu maior e mais expandido foi capaz de aceitar o reconhecimento e ficar contente com minha contribuição para a vida dos outros.

Por fim, todos estavam prontos para a cerimônia de encerramento da conferência. Mantendo o humor de fogueira de acampamento dos últimos quatro dias e o sentimento de camaradagem que as sessões inspiraram, Emmett se apresentou para tocar violão e cantar algumas canções sentimentais. Comovida pela música, eu me juntei a várias pessoas cantando o refrão e me vi gostando desse novo papel. Eu não precisava ser uma diva, nem me esquivar dos holofotes, que eram duas expressões conflitantes de subpersonalidades que tinham me causado tantos problemas no passado. Eu cantei em harmonia com o grupo todo, sentindo-me parte de uma equipe, ecoando a sugestão de Emmett de trabalhar com os outros e receber apoio também.

Eu me lancei especialmente no refrão da última canção, uma música *country* com tema de poker, que todos pareciam conhecer. A letra era sobre saber quando manter suas cartas e quando soltar tudo. Eu ouvi as palavras como orientação para uma maneira mais sábia de Michael e eu conduzirmos nossos negócios na capital, uma nova direção de sabedoria para os nossos esforços em desenvolver o Peptídeo T. Logo mais, estaríamos "sentados à mesa" lá em casa e lidando com oficiais do governo. Só agora eu estava empoderada em saber que nós tínhamos o nosso ás no buraco, a cartada final: um tratamento que salvaria milhares de pessoas. Não se tratava mais de levantar fundos, mas de ser um jogador que segue as regras do jogo, conduzindo-me como uma negociante adulta e não uma criança furiosa e exigente. Eu poderia parar de me preocupar e tentar forçar a ação. *Tudo o que eu precisava fazer,* pensei, *era jogar minhas cartas do topo da montanha e permanecer ligada com a minha fonte interna – a fonte de todo o poder – e sei que os fundos estarão ali.*

Quando voltamos ao nosso quarto para passar a noite, li o capítulo limpo que Nancy imprimiu para mim, corrigindo alguns pontos científicos, acrescentando alguns parágrafos aqui e apagando outros ali. No todo, eu gostei como ela pegou minhas palavras e expressou minhas ideias, e eu pretendia reconhecer o trabalho duro que ela havia feito quando a visse na manhã seguinte.

Com uma manhã ocupada e um voo às 13h00 no dia seguinte, eu já fiz cuidadosamente as malas e estendi a roupa antes de ir dormir. Enquanto organizava e dobrava minhas coisas, cantarolava a canção da cerimônia de encerramento – haveria tempo para tudo quando fechássemos as negociações. Quanto a mim, o "negócio", a fé reestabelecida na minha missão, já estava feito.

A IRRUPÇÃO DO LIVRO

Cheguei cedo na Nancy, conforme prometido, e a encontrei sentada confortavelmente diante da lareira com o laptop aberto, digitando.

Ela se levantou num pulo quando entrei na sala. "Eu fiz uma descoberta sobre escrever o livro", disse ela animada. "Você sabe como eu agi ultimamente, tentando controlar tudo, mantendo os nossos narizes na pedra de afiar, e trabalhando tanto?", eu concordei.

"Bem, agora vejo que estive preocupada e ansiosa, com medo de não conseguirmos terminar o trabalho. Ontem, assistindo ao workshop de Dave, percebi quanto tempo eu desperdicei com preocupação."

"Muito bom!" foi tudo que eu pude dizer, pois ela continuou.

"Você sabe, tenho uma subpersonalidade chata também. Você não é a única que tem comportamentos de autossabotagem. Eu a chamo de meu 'sofrimento no trabalho', aquela que se agita e fica tensa, virando escrava sem se divertir". Nós duas rimos, e Nancy continuou. "Escrever este livro me forçou a confrontar este aspecto de mim, fazer um pouco de exame da alma. E, hoje de manhã, eu acordei sabendo que o livro ficaria pronto perfeitamente a tempo. Eu fiquei cozinhando, esboçando este último capítulo desde as seis horas da manhã, e está indo muito bem!".

Eu fiquei animada também. "Sim! Eu disse que o livro iria se escrever sozinho! Você parou de duvidar disso, o que é uma irrupção maravilhosa!". Lembrei-me de como tinha minhas dúvidas às vezes, mas ultimamente tive mais certeza de que este livro estava nos puxando por nossas vidas, sentado lá no nosso futuro e nos chamando para ir para frente.

"É assim que as coisas funcionam", eu disse. "Primeiro vem a nossa intenção, e depois o universo se organiza ao redor dela. E quando isso acontece, o livro se escreve. Mas nós temos que viver isso para escrever, o que é a verdadeira magia, você não acha?"

Nancy concordou. "E eu lhe devo essa, Candace. Você tinha razão sobre minha vinda a Monterey, foi a melhor coisa a fazer. Eu só precisava de um pouco mais de material de você para terminar de esboçar este último capítulo. O que foi que você estava tentando me contar no almoço sobre sua sessão com Emmett Miller? E é claro, ainda precisamos de uma conclusão".

"Ótimo" eu disse entusiasmada. "Pegue o gravador e vamos começar."

Nós falamos, escrevemos, editamos, e escrevemos mais, até que chegasse a hora de ir para o aeroporto. Nancy seguiu Mike e eu até a agência de carros de aluguel e depois foi procurar uma mesa no minúsculo restaurante do terminal para almoçarmos antes de o avião partir.

Sincrodestino ao meio-dia

Depois de despachar as malas, com apenas meia hora antes do voo, Mike e eu ficamos contentes ao descobrir que Nancy já havia feito o pedido para nós, quando viemos correndo para o restaurante, poucos minutos antes do meio-dia. Mesmo que minha amiga e eu tenhamos tido uma manhã produtiva, ainda discutíamos como terminar o livro, enquanto a comida era servida. Mike ouvia e ofereceu algumas sugestões inteligentes, quando conseguia enfiar uma palavra ou outra! Nós todos estávamos na zona, ressoando juntos, e na iminência de terminar a nossa obra.

Eu estava justamente me perguntando: *Como deveria ser o último parágrafo?* E vi Nancy erguer o olhar acima do meu ombro, tentando reconhecer alguém que vinha em nossa direção. Depois, ela e Mike falaram ao mesmo tempo: "Esse não é o Deepak?".

Eu me virei e vi Deepak Chopra vindo em direção da nossa mesa, na saída do restaurante, acompanhado por sua esposa Rita.

"Candace!" ele falou meu nome e eu pronunciei o dele, ambos mutuamente surpresos e nos deliciando com a plena sincronicidade. Nós nos abraçamos calorosamente, depois nos cumprimentamos efusiva e rapidamente, apresentando a todos.

"Esta é a minha amiga Nancy. Ela está me ajudando com o meu novo livro, e estávamos agora mesmo pensando em como terminá-lo. O que é que você está fazendo aqui em Monterey?" eu perguntei, espantada que os nossos caminhos se cruzavam neste exato momento. Ele mencionou uma reunião da qual participou para um novo spa que estava inaugurando na cidade de Nova York e me convidou a visitá-lo quando estivesse aberto, como sua cortesia.

Mas eu não soube de mais detalhes. Eu estava empolgada demais com o fato de que Deepak chegara magicamente à nossa mesa, no exato momento em que o final do meu segundo livro estava sendo escrito, uma sincronicidade e simetria espantosas, iguais aos finais de livros para uma realidade passada e nascente. Ele não só foi meu primeiro mentor no aprendizado que a consciência cria a realidade, mas abençoou generosamente o meu primeiro livro com um prefácio apresentando minha obra científica, que me ajudou a ser publicada. Ele aparecendo quando eu amealhava o meu livro atual, irrompendo com o Peptídeo T, e assumindo o meu poder como manifestante, era, bem, era muito impressionante.

Descobrimos que tomaríamos aviões diferentes dentro de apenas dez minutos e, embora não tivéssemos realmente tempo para conversar, era difícil nos separar. Estranhamente, o relógio andou mais devagar quando experimentei um silêncio pacífico e percebi os óculos vermelhos chiques de Deepak, protegendo seus olhos escuros e brilhantes. "Sobre o que é o novo livro?", ele perguntou, sorrindo para mim e para Nancy.

"Acho que é sobre Deus", respondi simplesmente.

"Eu lhe desejo o melhor com ele", ele disse.

Antes de poder pronunciar outra palavra, Deepak se voltou para seguir a esposa, que estava pagando a conta no caixa (não era um milkshake, espero!). Quando partiram, nós nos ligamos uma última vez para acenar em despedida.

Sentando-se de novo, Nancy e eu nos voltamos para olhar uma para a outra, a expressão dela igual à minha, maravilhada e admirada com a sincronicidade mágica que acabara de acontecer, num aeroporto, é claro, onde as limitações habituais de tempo e espaço do mundo linear se extinguem.

Mike olhou o seu relógio e pulou da mesa. "Isso foi esquisito", ele disse, sacudindo a cabeça. "Está na hora de voltar para Washington". Juntos, saímos correndo do restaurante para pegar o avião, Nancy nos seguindo para nos ajudar a ir embora.

"Vou lhe telefonar logo que tiver o final do livro", gritei da área de embarque, por cima do muro de vidro que nos dividia.

Correndo com Mike pelo portão para embarcar no avião, olhei para trás e vi a minha amiga com uma expressão de esperança misturada com suave confusão. *Confie. Respire. Solte*, pensei. *Deus está no controle.*

EPÍLOGO

Aprendi a esquiar por ocasião da Conferência de Inverno sobre Pesquisa do Cérebro, quando eu tinha 30 anos de idade. Como eu tinha muito medo, levei quatro dias de aulas infrutíferas para progredir além da "tábua da dama", o declive do principiante. O medo dos outros alunos era contagiante, quando eles se agachavam, se inclinavam subindo a colina, e caíam porque tentavam intensamente não cair. Na noite anterior à minha última aula, decidi não desistir e me aventurei sozinha depois que o teleférico havia fechado.

Fui subindo de lado até o topo do que agora percebo que era apenas uma minúscula colina, tranquila no crepúsculo cada vez mais profundo. Orgulhosamente fiquei em pé sobre os meus esquis, dei um profundo suspiro e me espantei quando consegui deslizar suavemente até embaixo, parando com uma volta triunfante e adorando cada minuto disso.

Na manhã seguinte, finalmente passei no teste que me permitia subir a montanha de verdade e, empolgada, peguei o teleférico até o topo, com o resto da minha classe. Mais uma vez, o medo com a postura do mau esquiador me agarrou e eu lutava e pensava sobre os perigos. De repente, o bonito instrutor de cabelos loiros ficou na minha frente, voltou-se, e esquiou de costas, incentivando-me com os braços abertos e um sorriso alegre.

Meu Deus, ele está esquiando de costas – deve ser uma trilha fácil, pensei, aguardando tensa as próximas dicas dele.

"Olhe para o céu", ele ordenou.

Eu olhei e de repente percebi os picos brancos das montanhas recortando o estonteante azul do céu de Colorado. Pensei exultante que eu jamais havia visto algo tão belo, e deve ser por causa da vista que as pessoas gostam tanto desse local.

Meu Deus, estou esquiando! Percebi de repente, e comecei a rir enquanto eu e o meu instrutor flutuávamos montanha abaixo, duas pessoas felizes e um dia divinamente belo.

Em casa, fiquei pensando que no aprendizado de esquiar trata-se de vencer o medo. Enquanto ponderava sobre a verdadeira natureza desta emoção, simultaneamente me preocupava em cumprir o prazo do meu editor, concluindo este Epílogo. O manuscrito foi entregue a tempo, mas este último pedaço não estava terminado. Será que eu poderia chegar a uma conclusão do projeto todo e, ao mesmo tempo, ajudar Michael com as intrincadas manobras de negócios em torno do Peptídeo T, tudo esquentando ao mesmo tempo? O livro e a vida estavam agora em colisão!

Bem na noite anterior eu estive pensando sobre como o medo, a emoção animal básica de sobrevivência, era a causa subjacente de nós, seres humanos, não nos sentirmos bem. Sempre planejando e esquecendo de estar no momento presente, uma tendência que eu tenho, é um hábito arraigado no medo. O pavor da morte está na base disso e, no entanto, no meu trabalho e em minhas viagens, encontrei muitas pessoas que vivem com a aids, o câncer e são as pessoas mais vivas, felizes e destemidas que eu já vi.

A raiz do medo, concluí, tem mais a ver com a solidão, sensação de desconexão dos outros, e por não perceber que todos somos um. Como expressa poeticamente o meu massagista de longa data, Adam Helfer: "Se você estiver conectado com o divino, sempre se sentirá bem!" Adam me havia dito também que acreditava que o melhor conselho universal para "se sentir bem" é ficar no momento presente, tanto quanto possível.

A PROMESSA DA PERFEIÇÃO

Minhas reflexões foram interrompidas por Mike me chamando ao telefone do escritório do andar de cima. Nós dois estivemos trabalhando em casa nos últimos dois meses, desde que decidimos abandonar nossas posições em Georgetown (e todas as distrações acadêmicas). Nós realmente estávamos em sintonia, alinhados em nossas decisões de negócios e totalmente focalizados em manifestar o nosso sonho de fazer nascer o Peptídeo T, depois de vinte longos anos.

Numa jogada esperta, agora trabalhávamos próximos a Michael Colopy, um analista de carreira da política externa e profissional em comunicações

EPÍLOGO

políticas, que tem sido um duradouro apoiador da assistência norteamericana aos casos mais desesperados de pobreza e doença ao redor do mundo. Nós o conhecemos por intermédio de sua encantadora esposa Steffi (eleita chefe dos professores da German School Washington [Escola Alemã Washington] em Potomac, Maryland) num jantar na nossa ilhazinha mágica em Chesapeake Bay. Totalmente alinhado com a nossa visão para curar aids, ele nos fornecia um empurrão final, essencial para romper a obstrução legal em torno da licença para a nossa invenção, que impedia o início de novos testes clínicos.

Eu peguei o telefone estridente e ouvi Mike dizer: "Está na hora de sair, se quisermos andar de bicicleta até o Shopping e voltar a tempo para o nosso telefonema em conferência, à tarde."

Eu lembrei empolgada que era o dia em que as cerejeiras do Shopping National, que circundavam a baía e o Jefferson Memorial no centro da cidade, estariam no auge da perfeição. Mike e eu havíamos planejado um passeio de bicicleta para ver as famosas flores cor-de-rosa, num dia que acabou sendo um propício, belo, quente e ensolarado início de primavera.

Michael colocou as duas bicicletas no porta-malas e partimos. Passamos por casas suburbanas com suas pereiras floridas de branco e forsíteas amarelas desabrochando. Logo, atravessando uma ponte do Beltway, tive uma vista clara do Canal C & O, acompanhando o rio Potomac.

O canal, que tem 74 comportas para lidar com as mudanças de elevação, ao longo de suas 185 milhas, foi concebido por George Washington e os barqueiros, para carregar mercadoria em balsas puxadas por mulas entre Ohio e a Chesapeake Bay. O ambicioso feito de engenharia, começado quando nem se imaginavam estradas de ferro, levou décadas para ser construído e foi fechado por inundação em 1924. O nosso ponto de partida, "o caminho de reboque", onde as mulas labutavam antigamente, era uma fabulosa trilha para bicicletas e caminhadas, que foi preservada pelo juiz William O. Douglas da Corte Suprema, ele mesmo um ávido caminhante e naturalista.

Sem perda de tempo, Mike estacionou a caminhonete num balneário na beira do rio e descarregou com destreza as duas bicicletas. Partimos no caminho de reboque, sentindo a perfeição do plano: o equilíbrio entre trabalho, natureza, exercício e brincadeira. Pedalando, conversávamos felizes sobre os nossos planos para o telefonema conjunto da tarde, sentindo-nos perfeitamente alinhados um com o outro e com a decisão que havíamos tomado no dia anterior.

Às quatro da tarde, falaríamos com a empresa californiana que havíamos escolhido como parceira, especialista em remédio intranasal. Enquanto isso, corríamos com as bicicletas ao longo do Potomac, passando pelo Centro Kennedy e Hotel Watergate, subindo pela Ponte Memorial, passando pelo Memorial de Lincoln e seguindo para o Shopping National.

No momento exato em que vi as flores de cerejeira, exóticas, mas a alguns dias de desabrochar totalmente, tocou o meu celular. Eu desmontei e atendi, enquanto Michael pedalou as últimas centenas de metros para ver um coro menonita cantando hinos e distribuindo livretos intitulados *Quatro Maneiras de Conhecer Deus.*

Era Jéssica, uma das minhas editoras na Hay House, retornando meu telefonema. "Exatamente quanto tempo eu tenho para terminar o epílogo do livro?". Perguntei nervosa. Quando ela me deu a data – meses antes do esperado – eu engoli em seco o meu medo, tentando escondê-lo. Durante semanas, fiquei entalada tentando fechar o livro de forma satisfatória. Eu sentia que tinha uma enorme responsabilidade, tendo canalizado esta invenção do Peptídeo T, e não podia deixar o livro pendurado sem uma solução.

"É claro que você quer solucionar sua luta com o Peptídeo T", ela enfatizou, sentindo que eu estava ansiosa. "Mas não se preocupe, o leitor não precisa saber todos os detalhes do negócio. Basta você compartilhar sua visão."

Nancy esteve me suplicando também, encorajando-me a escrever já o epílogo. "O Peptídeo T não precisa estar armado num arco", ela havia dito.

Agradeci a Jéssica, desliguei, e pensei em como meu enorme desejo de finalmente fazer acontecer o Peptídeo T, de alcançar minha visão do sucesso comercial tão essencial para colocar a droga no mundo, estava dirigindo a conclusão do livro. E, vice-versa, o empurrão para terminar o livro tem impelido nossas ações no negócio e na ciência o tempo todo, encorajando-me a trazer as coisas a algum tipo de conclusão na minha vida.

Eu alcancei Mike, que havia passado os menonitas. Estacionamos as nossas bicicletas e fomos caminhando por entre as cerejeiras, examinando-as de perto e fazendo fotos como turistas, não os orgulhosos moradores locais que éramos. Alguns galhos expostos ao sol tinham flores pálidas e totalmente desabrochadas, mas a maioria tinha minúsculos botões de um cor-de-rosa mais escuro, intercalados com as flores. A perfeição de flores abertas era esperada para o dia seguinte, como nos informou um guia do Serviço do Parque Nacional.

Mas Mike e eu admiramos os botões misturados com as flores abertas mais maduras, concordando que elas eram as mais bonitas que já vimos. Não nos arrependemos um instante sequer de ter chegado um dia antes, aceitando a perfeição do momento em que estávamos. As cerejeiras espelhavam perfeitamente a nossa parceria e o nosso casamento, que ainda não estava em plena maturidade, mas focalizados de novo num poderoso alinhamento de visão e propósito. Não mais isolados, rebeldes em luta, contrapostos um com o outro e as forças maiores que nós, voltamos às nossas bicicletas e desfrutamos o resto do caminho.

Sucesso em Toronto

Eu consigo fazer isso! – uma afirmação poderosa – é o título que o meu editor da Hay House deu às conferências em Toronto (e outros locais ao redor da América do Norte). Eu estava dando um workshop, desta vez intitulado "Tudo o que você precisa saber para sentir-se Bem (Deus)". O fim de semana exibia uma fila de estrelas potentes do mundo da consciência, incluindo autores e apresentadores, como minha amiga Joan Borysenko, coach pessoal Cheryl Richardson, psiquiatra Eve Wood, paranormal popular Sylvia Browne e, é claro, o guru inspiracional Wayne Dyer. Não é de admirar que Hay House tivesse quatro livros na lista dos bestseller do New York Times, no ano passado, refletindo o sucesso do movimento do qual agora eu tinha o orgulho de participar.

Sozinha no meu quarto de hotel, vesti para o jantar dos palestrantes um casaco de seda antiga chinesa, cor de pêssego, que comprei para mim, uma peça com um elaborado bordado de contas brilhantes, com a imagem de uma cena de graciosas garças. Eu o havia comprado de um vendedor, no congresso da IONS em julho passado, seus reflexos capturando o meu olho depois da minha apresentação final. Eu finalmente me sentia suficiente bem para usá-lo pela primeira vez e até tinha feito minhas unhas com a cor combinando! Corri para o elevador e desci até o restaurante para o evento da noite.

Eu estava empolgada em ver a proprietária e fundadora da Hay House, Louise Hay. Vestida elegantemente, mas informalmente, com um vestido de seda chinesa vermelha, seu cabelo de um loiro platinado bem penteado, e seus brincos de brilhantes, combinando com joias nos seus longos dedos elegantes, Louise inspirava instantaneamente. Ela era sem dúvida a rainha do jantar, uma mulher no pináculo do seu sucesso. Chegando até mim para me dar boas vindas, ela tinha a energia de uma mulher décadas mais jovem. Eu lhe agradeci profusamente seu generoso apoio, que havia me ajudado a ter o livro publicado.

Durante o jantar, havia muitos paranormais descontraídos, e eu fiquei aliviada ao descobrir que eles não me incomodavam mais, pensando que a palavra "sobrenatural" fosse simplesmente usada para coisas naturais para as quais ainda não tínhamos a ciência para entender.

Uma das paranormais, que não me conhecia, me deu uma leitura espontânea. "Sua luta está terminada", ela disse. "A solução final já aconteceu no reino espiritual e agora está sendo filtrada para dentro das moléculas do seu corpo."

Paz, finalmente, percebi. Eu vislumbrei uma vida não mais abarrotada por lutas pessoais e profissionais, um mundo livre de doenças e sofrimento.

No decorrer da noite, percebi que até de perto Louise era estonteante e régia. Todos os meus medos quanto a envelhecer e alcançar "o grande 60" em dois meses voaram pela janela. Quando lhe contei que eu completaria 60, ela riu e me chamou de "bebê", assegurando-me que eu ainda tinha muito tempo para alcançar tudo o que queria.

Nossa mesa toda soltou gargalhadas quando ela explicou sabiamente como passamos as primeiras duas décadas desejando sermos mais velhos e, depois, quando somos mais velhos, mentimos a nossa idade ou a escondemos para fingir que somos mais jovens. Finalmente, ela nos contou que havia alcançado um estágio em sua vida em que sentia orgulho em ter sua idade, e até gostava de falar sobre isso, planejando celebrar seu aniversário de 80 anos com toda a pompa, dali a alguns meses.

Para mim, Louise era o modelo de uma mulher de negócios bem-sucedida, que vivia sua visão. Ela me contou que havia publicado seu primeiro livro com recursos próprios, nos anos 1980, o best-seller *Você pode curar sua vida*, e acabou começando sua própria editora para que sua obra fosse distribuída e publicada exatamente como ela a havia escrito, sem os "meninões" – homens que dirigiam poderosos conglomerados da mídia – mudassem uma palavra sequer.

Eu ressoava seus sentimentos, mas também agradecia em silêncio a Deus pelas conexões recentes bem-sucedidas com empresas que tinham o dinheiro

EPÍLOGO

essencial para disponibilizar rapidamente a droga pelo mundo inteiro. Louise continuou me elogiando pelo meu brilhante casaco cor de pêssego, insistindo que eu o usasse no meu workshop no dia seguinte, e depois passou para outra mesa.

Quando voltou, descobri que ela esteve na fronteira da aids bem antes do meu envolvimento. Quando se reconheceu essa doença e se zombou dos sofredores, antes de haver qualquer esperança da medicina para os homens infectados, ela formou um grupo de apoio chamado "Hayride" (Passeata Hay) que andou por Santa Mônica, dando conforto e afirmações às pessoas reunidas em salas. Dentro de três anos, ela atraía de seiscentos a setecentos participantes, todas as semanas, a um auditório em West Hollywood Park. Logo, seu poder de atração se tornara tão grande que organizações para a aids a procuraram e planejaram seus programas de levantamento de fundos ao redor dela.

Enquanto Louise falava sobre sua missão do passado, eu senti seu enorme coração e incrível dedicação àqueles que viviam com aids. De repente, entendi porque ela estava tão empolgada com o meu livro – ela realmente se importava em encontrar uma cura mais do que entender a ciência de como funcionam as afirmações!

Quando eu finalmente fui embora da festa, Louise me abraçou para se despedir, e depois me chamou: "Lembre-se Candace, trata-se *deles* – as pessoas com aids!" A noite me rejuvenesceu, me preencheu com ímpeto e vigor e amor por concluir meus projetos. *Eu posso fazer isso. Eu sou bem-sucedida. Mike e eu somos um casal muito bem-sucedido, e merecemos o nosso sucesso,* afirmei.

No caminho de volta para o meu quarto, passei por um fabuloso banquete de celebração formal, de cidadãos chineses canadenses. Uma bela mulher chinesa elogiou no corredor o meu casaco e me disse que as garças simbolizavam força, longevidade e saúde.

Só acrescente paz, pensei, *e eu encontrei minha visão.*

Na manhã seguinte, dei o meu workshop para um grupo entusiasmado. Falei sobre viver este epílogo com eles, enquanto usava o que Louise insistira para que eu usasse: meu casaco de energia cor de pêssego, com garças exibindo orgulhosas sua promessa faiscante para o meu futuro. Divino!

A VACINA PARA A AIDS E A PROMESSA DO FUTURO

Eu já estava de volta em Washington havia dois dias quando Michael e eu decidimos participar do simpósio celebrando o quinto aniversário da fundação do Centro de Pesquisas de Vacinas em Bethesda, Maryland, que iria acontecer no dia seguinte. Todos sabiam que a única maneira de erradicar a aids da face da Terra era com uma vacina eficiente, que se mostrava muito mais difícil de criar do que o esperado, pois, entre outras razões, o envelope viral mudava rapidamente.

Na noite anterior ao evento, Mike e eu ficamos acordados até tarde, endereçando os comunicados sobre a formatura de Brandon, em Cal Arts, que aconteceria dali a algumas semanas. Agora funcionando eficientemente num novo nível de respeito mútuo, confiança e trabalho de equipe, estávamos resolutos em não deixar o nosso negócio do Peptídeo T, que estava chegando a um momento importante, interferisse no apoio ao nosso filho, nesse grande momento de sua vida. Mais cedo, antes, pegamos envelopes na gráfica e montamos uma colagem de velhas fotos de Brandon para imprimir e buscar no dia seguinte.

Na manhã seguinte, antes do simpósio, corremos até a gráfica e enfiamos as colagens e os comunicados nos envelopes selados e endereçados ali mesmo. Não tínhamos certeza se teríamos tempo de enviar tudo pelo correio e ainda pegar a palestra de abertura de Tony. "Tony" é o dr. Anthony Fauci, que chefia o Instituto Nacional de Alergia e Doença Infecciosa (NIAID), que se tornou o foco do governo para financiar e esperar por uma cura para a aids, devido às habilidades políticas de Tony e genialidade em levantar fundos. Eu conheço Tony desde que compartilhamos um prêmio para os melhores servidores federais com menos de 40, em 1978.

Mike e eu corríamos para o evento, na esperança de trocar figurinhas com o meu velho conhecido, sabendo que havia muita coisa em jogo. De fato queríamos ajudar no esforço da vacina do NIH e estivemos em contato frequente com os cientistas e administradores de Tony, para redirecionar a atenção para a parte do Peptídeo T do envelope viral, que havia sido ignorado por razões teóricas incorretas.

As coisas funcionaram perfeitamente, como sempre. Quando voltamos ao nosso carro, com a enorme caixa de comunicados prontos para mandar pelo correio, Mike viu um caminhão do correio cujo motorista, que ia diretamente para o centro de distribuição do correio, se dispôs a levar a caixa!

Depois quando Mike corria para o auditório a quatro passos na minha frente, ele praticamente colidiu com Tony, que estava saindo por uns instantes antes de sua palestra. "Que bom ver você, Mike!" o diretor o cumprimentou e deu um sorriso autêntico. Nosso lobby nos bastidores para chamar sua atenção para os resultados clínicos positivos existentes no NIH do Peptídeo T de forma não agressiva estava obviamente funcionando.

Tony abafou o simpósio com um slide mostrando-se fazendo um relatório ao então Presidente Clinton e ao Vice Presidente Al Gore sobre a importância do receptor CCR5, brincando que Al Gore depois proclamou ter inventado isso. A audiência entupida de cientistas e equipe federal deu risada. Todos ali sabiam que o encontro de Tony com Clinton no Salão Oval havia levado aos bilhões necessários para iniciar a pesquisa da vacina para a aids em tubos de ensaio, coelhos, macacos e pessoas pelo mundo todo.

Uma vacina eficiente, acredito, não está muito distante. Michael e eu fizemos um anticorpo para o Peptídeo T, que neutraliza todos os tipos de HIV do mundo todo. O NIH repetiu essas experiências e pediu mais anticorpos para testes adicionais. É engraçado como tudo funciona de maneira perfeita.

Amém

Dois dias depois, Sylvia, nossa faxineira há muitos anos, interrompeu meu trem de pensamentos quando corri para a cozinha preparar uma vitamina nutritiva para o café da manhã de Mike, que já estava no andar de cima, ao telefone, em seu escritório. A licença estava sendo feita, finalmente, e os papéis para a nossa nova empresa conjunta, RAPID Therapeutics, estavam a caminho.

"Miss Candace", Sylvia começou, "eu me sinto terrível, tão esgotada. O que é que posso fazer para me sentir bem?".

"Deus é a resposta", murmurei, ainda grogue da noite em claro que passei trabalhando no epílogo. Eu estava espantada pela sincronicidade da pergunta dela e envergonhada com a minha resposta, pois sabia que ela já falava com Deus todos os dias, sempre incluindo Mike, eu e o nosso projeto em suas orações.

Dizendo algo para si mesma em espanhol, Sylvia de repente voltou-se para mim, contente, e disse: "Você me dá uma lição muito grande hoje de manhã."

Eu olhei para ela com atenção para ver o que ela queria dizer. "E que lição é essa?" perguntei, honestamente morrendo de vontade de saber.

"Confiança em Deus."

Eu lhe agradeci sinceramente, depois ri para a vasta coleção de suplementos antienvelhecimento e estantes cheias de livros sobre a saúde.

E depois dei um profundo suspiro de alívio... Naquele momento, eu sabia que o epílogo deste livro estava concluído.

ANEXOS

NOTAS DE FIM

Capítulo 1

Ver meu livro *Molecules of Emotion: Why You Feel the Way You Feel* (Moléculas da Emoção: por que você sente o que sente), Candace B. Pert, Ph.D. Scribner, 1997

Ver o DVD *Quem somos nós?!* apresentado por Captured Light Industries.

Ver resumo por M. Ruff et al: "Sustained, 6 month antiviral benefits in HIV patients receiving peptide T: Flushing of cellular reservoirs and reduction of plasma viral load." Apresentado na Conferência de Inverno para a Pesquisa do Cérebro, Janeiro, 2006. Postado em www.tinm.org.

Ver o site do Instituto para a Nova Medicina (em inglês): www.TINM.org.

Para a lista de igrejas do Novo Pensamento, tais como Ciência Religiosa, Casa da Verdade e Ciência Divina, ver (em inglês): www.findthechurch.org.

Capítulo 2

Ver artigo publicado por C. B. Pert e M. R. Ruff et al: "Neuropeptides and their receptors: A psychosomatic network." Journal of Immunology, vol. 135 (2), 820s-826s, 1985.

Ver artigo publicado por C. B. Pert, H. E. Dreher, e M. R. Ruff: "The psychosomatic network: foundations of mind-body medicine." Alternative Therapies in Health and Medicine, (4), 30-41 (88refs), 1998.

Ver M. Plianova, C. B. Pert, F. W. Ruscetti e M. R. Ruff: "Peptide T (DAPTA) chemokine receptor-5 (CCR5) is a receptor for the HIV entry inhibitor peptide T (DAPTA)." Antiviral Res. Agosto; 67(2):83-92, 2005. Leitores do meu livro anterior,

Moléculas da Emoção, podem se lembrar da referência aos receptores quemokinos no Epílogo, e perceber quanto tempo levou para que fossem feitas experiências e para publicar o artigo que provava conclusivamente o que suspeitamos em 1997.

Para a publicação dos estudos de J. Z. Knight/Ramtha, de S. Krippner et al, ver "The Ramtha Phenomenon: Psychological, Phenomenological, and Geomagnetic Data." Journal of the American Society for Psychical Research, vol. 92, No. 1, Janeiro 1998.

Capítulo 3

O material dos drs. Hal e Sidra Stone (livros, fitas, CDs) estão disponíveis (em inglês) no seu site: http://delos-inc.com.

Ver Eric R. Kandel, In Search of Memory: *The Emergence of a New Science of Mind* (Em busca da memória: o surgimento de uma nova ciência da mente). W. W. Norton, 2006.

Ver relato publicado por A. Pert, C. Pert, e M. Mishkin: "Opiate receptor gradients in monkey cerebral cortex: Correspondence with sensory processing hierarchies", Science Magazine, 1981.

Ver dr. Eva Mezey: "Transplanted bone marrow generates new neurons in human brains", Proceedings of National Academy of Science, Fevereiro 4, 2003.

Donald Overton, Ph.D., McGill University. Professor de Psicologia, Diretor, Laboratório de Neurociência Social.

Ver o estudo sueco por A. Rechner-Olsson et al: "Comorbidity and lifestyle, resproductive factors and environmental exposures associated with rheumatoid arthritis". Annals of the Rheumatic Diseases, 60:934-939 (Outubro) 2001.

Os estudos científicos primários que discutem as origens das células-tronco das células-tronco do câncer de pulmão e a habilidade de neuropeptídeos emocionais de dirigir as metástases das células tumorais são: M. R. Ruff e C. B. Pert: "Origin of small cell lung cancer". Science, 229: 679-680, 1985; e M. R. Ruff, E. Schiffmann, V. Terranova, e C. B. Pert: "Neuropeptides are chemoattractants for human macrophages and tumor cells: a mechanism for metastasis". Clinical Immunology Immunopathology, 37, 387-396, 1985.

Ver David Healy, M.D., *The Anti-depressant Era* (A Era dos antidepressivos). Harvard University Press, 1997. Esta análise histórica e neuroquímica leva a uma visão clara ao que os antidepressivos revelam sobre o funcionamento do cérebro e a sociologia do mercado de drogas.

Capítulo 4

Ver o DVD de Cori Brackett, Sweet Misery: *A Poisoned World* (O doce sofrimento: um mundo envenenado), produzido por Sound and Fury Productions, 2001.

Ver o estudo de Harvard por M.C. Jenson et al: "Magnetic Resonance Imaging and the Lumbar Spine in People with Back Pain", The New England Journal of Medicine, 14 de julho, 1994.

Ver dr. John E. Sarno, *Healing Back Pain: The Mind-Body Connection* (Curando a dor nas costas: a conexão mente-corpo), Warner Books, 1991.

Das palestras apresentadas pelo dr. Nemeroff e dr. Jeremy Coplan, "The neurobiology of early life trauma: Role in the pathophysiology of mood and anxiety disorders". 2005, Washington, D.C: Society for Neuroscience.

Ver artigo de estudo no UCSF da dra. Cynthia Kenyon: "A C.elegant mutant that lives twice as long as wild type". Nature, 2 de dezembro, 1993.

Ver artigo de E.B. Rimm et al: "Diet, Lifestyle and Longevity – The Next Steps?" Journal of the American Medical Association, setembro, 2004.

Ver Anne Louise Gittleman MS, CNS, *The Fat Flush Plan* (O plano da descarga de gordura), McGraw Hill, 2002.

Ver Laurel Mellin MA, RD, *The 3-Day Solution Plan* (O plano de solução em 3 dias), Ballantine Books, 2005.

Richard Wurtman, M.D., e Judith Wurtman, Ph.D., são cientistas no Masschusetts Institute of Technology (MIT) que foram os primeiros a vincular o alimento com o humor quando descobriram que o açúcar e o amido em alimentos com carboidrato incentivavam a produção de um poderoso elemento químico cerebral, chamado serotonina. Logo, eles vincularam a serotonina e outros neurotransmissores com cada um dos nossos humores, emoções ou desejos. Por exemplo, eles perceberam que comer alimentos ricos em carboidratos (pães, cereais, massa, frutas e vegetais com amido tais como batata, abóbora ou milho) eleva os níveis de serotonina, ajudando-o a se sentir mais relaxado e calmo; alimentos ricos em proteína (derivados do leite desnatado como cottage cheese, yogurte, ou leite; ou feijão, ervilha, nozes e derivados de soja como tofu ou leite de soja) têm o efeito oposto: eles liberavam outras substâncias que o fazem pensar e reagir mais rápido, ou sentir-se mais alerta e energizado. Ver Judith J. Wurtman, Ph.D., *Managing Your Mind and Mood Through Food* (Gerenciando sua mente e seu humor por intermédio do alimento), Perennial, 1998.

Como o alimento afeta o nosso humor e quem somos é um tópico enorme, mas os leitores deveriam estar conscientes de que o acúmulo de elementos químicos no nosso corpo durante anos e a falha do alimento atual processado e quimicamente adubado em nos suprir com os minerais e nutrientes necessários desempenham um papel significante. Assim, aspartame e gorduras transgênicas são apenas dois exemplos de toxinas químicas não avaliadas em nossa comida. Também, a maioria das vitaminas vendidas sem receita contém aditivos químicos que, mesmo geralmente considerados seguros (GRAS) um termo do FDA, podem promover, paradoxalmente, o envelhecimento e a inflamação quando acumulados durante muitos anos.

Ver dr. Nancy Lonsdorf, *A Woman's Best Medicine for Menopause: Your Personal Guide to Radiant Good Health Using Maharishi Ayurveda* (O melhor remédio da mulher para a menopausa: seu guia pessoal para radiante boa saúde usando Ayurveda do Maharishi), Contemporary Books, 2002.

Capítulo 5

Ver Lynne McTaggart, *O Campo: em busca da força secreta do universo*, Rocco, Rio de Janeiro, 2008.

O Demônio de Maxwell é um personagem de uma experiência de pensamento de 1867 realizada pelo físico escocês James Clerk Maxwell, com o intuito de levantar questões sobre a segunda lei da termodinâmica. Esta lei proíbe (entre outras coisas) que dois corpos com temperatura igual, em contato um com o outro e isolados do resto do universo, evoluam a um estado no qual um dos dois tem uma temperatura significantemente mais alta do que o outro. A segunda lei também se expressa como uma asserção que a entropia nunca diminui.

O CD Grief (Pesar) de Belleruth Naparstek está disponível online em www.healthjourneys.com.

Ver meu CD *Psychosomatic Wellness: Healing Your Bodymind* (Bem-estar psicossomático: curando seu corpomente) disponível online em www.CandacePert.com.

Ver Joseph J. Sweere, D.C., *Golden Rules for Vibrant Health in Body, Mind and Spirit: A Holistic Approach to Health and Wellness* (Regras de ouro para saúde vibrante no corpo, na mente e no espírito: uma abordagem holística para a saúde e o bem-estar), Health Publications, 2004.

Para um ensaio fascinante de como a dança pode combinar com mecânica quântica, ver a seleção de Márcia Plevin em *Authentic Movement: Moving the Body, Moving the Self, Being Moved* (Movimento autêntico: movendo o corpo, movendo o eu, ser movido), uma coleção de ensaios editados por Patrizia Pallaro, Jéssica Kingsley Publications, 2006.

Dr. Joe Migliore, DC, cunhou o termo Network Classic (Clássico de rede).

Karl H. Pribram, *Brain and Perception: Holonomy and Structure in Figural Processing* (Cérebro e percepção: holonomia e estrutura em processamento figurative), Lawrence Erlbaum Associates, 1991.

Capítulo 6

Para o estudo do NIMH, ver Heseltine, et. al. 1998. "Randomized double-blind placebo-controlled trial of Peptide T for HIV-associated cognitive impairment." Archives of Neurology 55:41-51.

No esforço de teste em San Francisco (2000) fomos tremendamente ajudados por Mark Bowers, dr. Gifford Leoung, e outros membros do Cuidado de HIV do Hospital St. Francis, que ouviram as nossas apresentações científicas e clínicas e concordaram em nos ajudar a planejar e executar o próximo estudo clínico, dessa vez observar especificamente os pontos finais virais e imunológicos do HIV, exatamente o que faltou no teste do NIH anterior. Os resultados foram publicados no nosso artigo, Polianova et al, "Antiviral and immunological benefits in HIV patients receiving intranasal peptide T, (DAPTA)". Peptides 24, 2003. Postado em www.tinm.org

Ver dr. Richar C. Schwartz, *Internal Family Systems Therapy* (Terapia dos sistemas internos da família). The Guilhford Press, 1995.

Ver Olívia Mellan, *Money Harmony: Resolving Money Conflicts in Your Life and Relationships* (Harmonia do dinheiro: resolvendo conflitos de dinheiro na sua vida e nos seus relacionamentos). Walker and Company, 1994, e o livro mais recente, *The Advisor's Guide to Money Psychology* (O guia do conselheiro para a psicologia do dinheiro) Segunda edição, Investment Advisors Press, 2004. Olívia, cuja prática é focalizada atualmente em treinamento e consultoria, pode ser alcançada por meio do seu site: www.moneyharmony.com.

Ver Horst Rechelbacher com Victor J. Zurbel e Ellen Daly, *Alivelihood: The Art of Sustainable Success* (Profissão viva: a arte do sucesso sustentável). HMR Publishing, 2006. Encomende online de www.hmrpublishing.com. Também, ver o site de Horst para informação e oportunidades em relação a Intelligent Nutrients: www.intelligentnutrients.com.

Capítulo 7

Ver dr. Karen Shanor, editor, *The Emerging Mind: New Research into the Meaning of Consciousness* (A mente emergente: nova pesquisa do significado da consciência) baseado na Série de Palestras do Instituto Smithsoniano, St. Martin Press, 1998.

Ver pesquisa feita no Instituto de Fisiologia Celular, Universidade Nacional Autônoma de México, por A. Jimenez-Anguiano et al: "Brain distribution of vasoactive intestinal peptide receptors following REM sleep deprivation", Brain Research, 22 de julho, 1996.

Ver dr. Stephen LaBerge, *Lucid Dreaming: A Concise Guide to Awakening in Your Dreams and in Your Life* (Sonhar lúcido: um guia conciso para o despertar em seus sonhos e na sua vida), Sounds True, 2004.

Ver Ernest Rossi, *Dreams and the Growth of Personality* (Sonhos e o crescimento da personalidade), segunda edição, Brunner/Mazel, 1985.

Ver dr. Jayne Gackenbach, *Control Your Dreams: How Lucid Dreaming Can Help You Uncover Your Hidden Desires, Confront Your Hidden Fears, and Explore the Frontiers of Human Consciousness* (Controle seus sonhos: como o sonhar lúcido pode ajudá-lo a desvelar seus desejos escondidos, confortar seus medos escondidos e explorar as fronteiras da consciência humana). HarperCollins, 1989.

Ver Carl Gustav Jung, *Memórias, Sonhos e Reflexões*, Nova Fronteira, 2006.

Capítulo 8

David Eisenberg, M.D., observou em seu artigo seminal de 1993 que uma estimativa de sessenta milhões de norteamericanos tentaram pelo menos uma das várias terapias médicas alternativas, e mais de 70 por cento deles nunca contaram a seus médicos que o fizeram ou iriam fazer. Ver D.M. Eisenberg et al: "Unconventional medicine in the United States: Prevalence, costs, and patterns of use". New England Journal of Medicine, 1993; e D. Eisenberg, "Advising patients who seek alternative medical therapies". Annals of Internal Medicine, 1997.

Ver dr. Richard Moss, *The I That is We* (O eu que é nós). Celestial Arts Publishing, 1981. Para seminários, outros livros e fitas, ver seu site: www.richardmoss.com

Um estudo financiado pelo governo que comparou drogas usadas para tratar esquizofrenia descobriu que novas drogas oferecem poucos, se oferecem, benefícios em comparação com remédios mais antigos que custam menos. As novas drogas respondem por US$ 10 bilhões em vendas anuais e 90 por cento do mercado nacional de antipsicóticos. Ver J. Lieberman et al: "Effectiveness of antipsychotic drugs in patients with chronic schizophrenia". The New England Journal of Medicine, 22 de setembro, 2005.

Os CDs de John Astin estão disponíveis em www.integrativearts.com. Para saber mais sobre o trabalho de massagem e dança de Suzanne em Santa Bárbara, ver seu site: www.dancingfromtheheart.org.

A citação de Sir Arthur Eddington é de *Space, Time, and Gravitation* (Espaço, tempo e gravitação), publicado em 1920 e atualmente esgotado.

Ver Mae-Wan Ho, *The Rainbow and the Worm* (O arco-íris e o verme) segunda edição, World Scientific Publishing Company, 1998, para suas discussões de máquinas quânticas, intercomunicação rápida e estruturas dipolares cristalinas líquidas dentro de células.

Ver James Oschman, *Energy Medicine: The Scientific Basis* (Medicina energética: a base científica), Churchill Livingstone, 2000, e o site de Jim: http://energyresearch.bizland.com/ para mais detalhes sobre como campos de energia afetam a estrutura do nosso corpo. Ver também http://news.independent.co.uk/environment/article362557.ece com relação à neblina eletrônica invisível criada pela eletricidade que fornece energia a nossa civilização.

Capítulo 9

Ver Aaron R. Kipnis, *Knights Without Armor: A Practical Guide for Men in Quest of Masculine Soul* (Cavaleiros sem armadura: um guia prático para homens em busca da alma masculina). Tarcher, 1991.

Ver Jaak Panksepp e Jeff Burgdorf: "Laughing rats and the envolutionary antecedents of human joy?" Physiology & Behavior, 2003; e Jaak Panksepp, Textbook of Biological Psychiatry (Compêndio de psiquiatria biológica), Wiley-Liss Inc., 2004.

George Stefano, diretor do Instituto de Pesquisa em Neurociência da State University de Nova York em Old Westbury. Ver e.g. seu artigo, "Morphine Synthesis in Animal Ganglia" in Nueroendocrinology Letters, Vol. 25, no. 5, 2004.

Ver site de Simon Fox para mais informação sobre Adventures in Caring (Aventuras em Cuidados): www.adventuresincaring.org.

Ver Dean Ornish, *Amor e Sobrevivência*, Rocco, Rio de Janeiro, 1999.

Capítulo 10

O primeiro livro que aborda a medicina mente-corpo do ponto de vista científico foi editado por James S. Gordon, M.D.; Dennis Jaffe, Ph.D.; e David Bresler, Ph.D., intitulado *Mind, Body and Health: Toward an Integral Medicine* (Mente, Corpo e Saúde: rumo a uma medicina integral) publicado em 1984 e ainda muito interessante. Para mais informações sobre a Academia para Imaginação Guiada, ver www.academyforguidedimagery.com.

Dr. Joe Magliore, D.C., pode ser alcançado por meio de seu site: www.magicalbodywork.com.

Para a definição de Robert D. McCracken de arte como ação criativa mais emoção, ver *Directors' Choice: The Greates Film Scenes of All Time and Why* (Seleção dos diretores: as maiores cenas de cinema de todos os tempos e porquê), Marion Street Publishing Co., (Las Vegas), 1999.

Ver Dr. Emmett Miller, *Deep Healing: The Essence of Mind/Body Medicine* (Cura profunda: a essência da medicina mente/corpo), Hay House, 1997. Visite o site do dr. Miller para a lista de suas magníficas audiofitas: www.drmiller.com.

Ver Deepak Chopra, *A realização espontânea do desejo*, Rocco, Rio de Janeiro, 2005.

ALGUMAS ORGANIZAÇÕES QUE PATROCINARAM APRESENTAÇÕES DE CANDACE PERT

As seguintes organizações têm patrocinado pelo menos uma apresentação da ideia central de Candace B. Pert entre 1989 e 2005. Esta lista exclui apresentações acadêmicas de trabalho científico em universidades e encontros científicos (por exemplo, a Sociedade para a Neurociência, Faculdade Americana de Neuropsicofarmacologia, e semelhantes).

Academy for Guided Imagery: www.academyforguidedimagery.com

aids, Medicine & Miracles: www.csd.net/~amm/

Alberta Heritage Foundation for Medical Research: www.ahfmr.ab.ca

American Massage Therapy Association: www.amtamassage.org

American Polarity Therapy Association: www.polaritytherapy.org

American Society of Clinical Hypnosis: www.asch.net

Arthur P. Noyes Research Foundation: www.noyesfoundation.net

Assisi Conferences and Seminars: www.assisiconferences.com

Bastyr University: www.nastyr.edu

Bioneers: www.bioneers.org

Body Therapy Institute: www.massage.net

ALGUMAS ORGANIZAÇÕES QUE PATROCINARAM APRESENTAÇÕES DE CANDACE PERT

Bowen Center for the Study of the Family: www.thebowencenter.org

Cancer Resource Center of Mendocino County: www.crcmendocino.org

Center for Spirituality and Psychotherapy: www.psychospiritualtherapy.org

The Chopra Center (Deepak Chopra): www.chopra.com

The Continuum Center: www.continuumcenter.net

Defeat Autism Now!: www.danconference.com

Gawler Foundation: www.gawler.asn.au

Gustavus Adolphus College, Nobel Conference XXVIII: www.gustavus.edu/events/nobelconference/archive/

Hay House: www.hayhouse.com

Himalayan Institute: www.himalayaninstitute.org

Indralaya, Orcas Island Foundation: www.rockisland.com/~oif/

Institute for Attitudinal Studies: www.alternative-medicine.net

Institute for Functional Medicine: www.functionalmedicine.org

Institute of Noetic Sciences: www.ions.org

The International Center for the Study of Psychiatry and Psychology: www.ICSPP.org

International Council for Scientific and Technical Information: www.icsti.org

International Society for the Study of Subtle Energies and Energy Medicine: www.issseem.org

John Templeton Foundation: www.templeton.org

Kaiser Permanente: www.kp.org

Laureate Research Center: www.laureate.com

Life University: www.life.edu

The Message Company's International Conference on Science and Consciousness: www.bizspirit.com

Midwest Brain & Learning Institute at Hope College: www.hope.edu/brain/

Music for Healing and Transition Program: www.mhtp.org

NAMI Oklahoma: http://ok.nami.org

The Naropa Institute: www.naropa.edu

National Association of Nurse Massage Therapists: www.nanmt.org

National Cancer Institute: www.cancer.gov

National Institute for the Clinical Application of Behavioral Medicine: www.nicabm.com

National Wellness Institute: www.nationalwellness.org

Nurse Healers – Professional Associates International: www.therapeutic-touch.org

Omega Institute for Holistic Studies: www.eomega.org
The Ontario Cancer Treatment and Research Foundation: www.cancercare.on.ca
Pfizer Journal: www.thepfizerjournal.com
Santa Barbara Community College's Mind and Supermind Lecture Series: http://ce.sbcc.edu
Schumacher College: www.schumachercollege.org.uk
Theosophical Society in America: www.theosophical.org/centers/indralaya/index.html
UCLA Collaborative Centers for Integrative Medicine: www.uclamindbody.org
Unitarian Universalist Womenspirit: www.uuwomenspirit.org
University of Minnesota School of Health Sciences: www.umn.edu
Utah College of Massage Therapy: www.ucmt.com
Western Michigan University's College of Health and Human Services: www.wmich.edu/hhs

LEITURA SUGERIDA

País fast food: o lado nocivo da comida norte-americana, Eric Schlosser, Ática, 2002.

O dilemma do onívoro, de Michael Pollan, Instrínseca, 2007.

As sete leis espirituais do sucesso, de Deepak Chopra, Best Seller, 1994.

Sons que curam, de Mitchell L. Gaynor, M.D., Cultrix, 2002.

Você pode curar sua vida, de Louise Hay, Best Seller, 2007.

QUESTÕES PARA DISCUTIR EM REUNIÕES SOBRE O LIVRO

1. Dra. Pert fala sobre "integridade pessoal", a experiência de "defender o que você diz", tanto na profissão quanto na vida pessoal. Seu desconforto ao conhecer a doutora no avião mostra como é difícil compreender a ideia de "criar sua própria realidade" e ainda assim manter respeito profissional. De que maneiras você experimenta sua integridade pessoal quando é empurrado para fora de sua zona de conforto? Você mudou e cresceu em áreas nas quais o status quo tende a empurrá-lo para trás ou lhe dá desconforto? Como você lida com esses desafios?
2. O conceito de espiritualidade mostrado não é a mesma coisa que religião. O divino é evocado como a nossa experiência potencial humana, ligando-nos uns aos outros como um e, ao mesmo tempo, cientificamente aceitável. Discuta sua própria experiência de espiritualidade como algo diferente de religião.
3. A história da dra. Pert sobre o descobrimento de sua invenção, o Peptídeo T, incorpora elementos de espiritualidade e a face feminina da ciência. Que qualidades ela traz para o questionamento científico e a descoberta que são especificamente femininas? Como a sua luta para trazer a droga ao mercado reflete os elementos mais masculinos tão dominantes na ciência e na medicina atuais?
4. As duas amigas, Candace e Nancy, combinam trabalhar juntas e assumem mais do que simplesmente escrever um livro, buscando também se curar e curar o mundo. Fama e fortuna não são suficientes; para elas, autocura, propósito e contribuição, todos esses fatores motivadores são elementos num jogo que vale a pena jogar. Coragem, cuidado, empolgação e

compartilhamento – como esses elementos são empregados ao longo do livro para moldar os esforços criativos delas? Pense nas ocasiões em sua vida em que você assumiu fazer parte do grande jogo e as apostas eram altas – o que foi e o que estava em jogo para você?

5. A dra. Pert fala sobre o desafio de ser uma mulher que realizou uma grande descoberta científica. Você acha que existe espaço para mulheres na ciência, especialmente medicina, atualmente? Se não, por que você acha isso?
6. O corpo é a mente subconsciente, um reservatório de memórias e emoções abaixo da percepção consciente. Quais são as implicações que isso acarreta na saúde, cura, perda de peso, depressão, e assim por diante?
7. A dra. Pert reivindica que as emoções não estão somente no cérebro, mas também no corpo, algo que os terapeutas corporais e médiuns já intuíram faz tempo. Como é que a reivindicação dela abre um caminho para modalidades de bem-estar não tradicionais para serem reconhecidas pelo conhecimento vigente? Como é que a noção de uma saúde emocional e mental centrada no corpo pode ser uma ameaça à medicina convencional?
8. Como é que a dra. Pert explica que emoções abarcam o reino material e o imaterial da experiência humana? Você concorda que sentimentos são o vínculo entre o humano e o divino? Quais experiências emocionais que você tem tido – curativas, inspiracionais ou até catárticas – que o aproximaram da espiritualidade, de Deus?
9. Se o seu cérebro está constantemente crescendo e se regenerando, como confirmam os avanços científicos mais recentes, como você poderia expandir sua vida atual? O que você faria de maneira diferente, sabendo que pensar novos pensamentos de fato moldaria seu cérebro físico?
10. Qual é a conexão entre memória, aprendizado e emoção? O que significa a interdependência entre estes para a maneira de educarmos filhos, darmos escolaridade e treinarmos pessoas para profissões?
11. A dra. Pert diz que emoções agem de maneira semelhante a drogas, e que elas podem ser tão poderosas quanto para alterar nosso comportamento. Você teve experiências que dão suporte a esta ideia? Quando presa de um sentimento forte, você sentiu como se estivesse "tomado", fora de controle, até que ele tenha passado? É levar a sério nossos estados emocionais tanto quanto as condições produzidas por determinadas drogas?

ANEXOS - QUESTÕES PARA DISCUTIR EM REUNIÕES SOBRE O LIVRO

12. Por que você acha que a medicina moderna não investiga nem se ocupa seriamente com as três áreas tão importantes para a dra. Pert: toxidade química, estresse emocional e alimento e nutrição? Como é que você experiencia essas três áreas em relação à sua própria saúde?

13. Você acha que, identificando seu trauma emocional essencial, ajuda-o a soltar padrões emocionais negativos, ou você acredita que pessoas trabalhando com trauma estão simplesmente chafurdando no passado? Qual é a diferença? Você acha que "chafurdar" é uma atividade mental, enquanto executar trabalho emocional envolve uma abordagem do corpo inteiro? Se você identificou um trauma essencial, como é que isso o ajudou a se curar?

14. Deus tem um lugar na física quântica? Como você vê o divino como "estar vivo e estar bem", na nova ciência atual, mesmo que poucos cientistas (especialmente aqueles que apareceram no filme *Quem somos nós?!*) estejam dispostos a falar sobre uma divindade?

15. Você pode considerar a ideia de que ter subpersonalidades múltiplas é um estado normal? Você é capaz de identificar alguma subpersonalidade sua que possa ter sido desprezada e precise de perdão e integração? Seu cônjuge ou alguém importante para você percebeu que você está diferente da pessoa que ele ou ela se apaixonou e/ou se casou? De quais subpersonalidades você tem consciência que poderiam se beneficiar de um pouco de autoestima e perdão? Que diferença essa cura faria em seus relacionamentos, carreira, nível de abundância e sucesso?

16. Como você vê sua relação com o dinheiro? Você consegue retroceder suas atitudes até uma época anterior? O que você acha que é a causa da separação tão marcante entre finanças e espiritualidade em nossa cultura? Você conhece alguém que é rico e ao mesmo tempo bom?

17. Você já teve um sonho lúcido? Se teve, ele tinha qualquer conexão com sua realidade no estado de vigília? Que tipo de sonhos – lúcidos ou não – você teve que traduziram de alguma forma o que estava acontecendo na sua vida em vigília, na época?

18. O Dalai Lama evidenciou a necessidade da comunidade no estado de saúde. O amor aumenta seu bem-estar geral? Fale sobre uma época em que sua saúde foi afetada pelo seu estado emocional, para melhor ou para pior.

19. Receptores de endorfinas, os elementos químicos internos do corpo que promovem o prazer, encontram-se abundantemente no córtex frontal – a parte do cérebro associada com pensamento superior, escolha e criatividade (planejamento do futuro). É também a estrutura do cérebro que nos torna humanos em comparação com os macacos. Você acha que quando evoluímos, somos mais felizes? Se sim, por quê?
20. Um tema comum no livro é como parecemos fazer progresso num mundo linear, no entanto estamos na verdade nos movendo em espiral, voltando onde começamos, só que num nível superior (o labirinto). Como esta visão nos abre para a sincronicidade e diminui o estresse associado com o processo linear de realização? Você consegue ver padrões em sua vida nos quais você achou que estava "indo para algum lugar", mas na realidade nunca saiu de casa? Discuta o que você aprendeu com essas experiências.
21. Quais são as "missões" que você teve que foram esquecidas ou desprezadas nas voltas de sua jornada? Compartilhe uma época em que você estava profundamente conectado a uma visão, um propósito de sua vida. O que foi isso, e o que você pretende fazer para recuperar aquela sensação que você teve um dia?

AGRADECIMENTOS

Em primeiro lugar, quero agradecer a Nancy Marriott, que me forçou a escrever este livro contra a minha vontade (estou brincando), e me ajudou a criar o tipo de obra literária de qualidade que somente duas pessoas formadas em inglês poderiam fazer, em colaboração mútua. Eu aprecio seu brilhantismo, profissionalismo e amizade.

Em segundo lugar, agradeço aos nossos maridos, Michael Ruff e Richard Marriott, sem cujo apoio este projeto nunca teria visto a luz do dia. Sempre na linha de frente, eles viveram este livro junto conosco, leram os rascunhos e resolveram nossas numerosas dificuldades técnicas. A eles devemos totalmente por nos termos mantido amadas e alimentadas. Nenhuma mulher é uma ilha – mesmo feministas como nós – mas se fôssemos, esses seriam os dois caras que levaríamos conosco!

Sou muito grata a Leanne Ekstrom por seu inabalável apoio administrativo e espiritual do livro e do Peptídeo T. Suas ideias frescas e a habilidade de trabalhar com todas as minhas subpersonalidades mutantes foi essencial para o sucesso de ambos.

Em seguida, e igualmente crucial para a manifestação do nosso livro na realidade, são as pessoas da Hay House: Louise Hay, fundadora, pioneira em consciência, atualmente uma grande dama e reluzente inspiração para todos nós; editoras Jill Kramer, Jessica Vermooten e Shannon Littrell for seu feedback editorial construtivo, bondoso e perfeito em cada volta; e todos os outros magníficos seres humanos da equipe da Hay House cujos esforços foram para a produção deste livro, incluindo a presidente Reid Tracy; Stacey Smith; e Shelley Anderson. É claro, quero agradecer especialmente ao meu amigo e agente Kirk Schroder, Esq., que tornou possível que eu trabalhasse com Hay House.

Eu gostaria de agradecer a vários profissionais de saúde de ponta que me ajudaram na jornada de cura nos últimos anos, e que não aparecem neste livro. Esses incluem dr. Dan Monti, lInda Hegstrand, Déb Stokes, Asha Clinton, Kate Berman, Joanne Towne, Mitch Stargrove e Bill Pettit; também, Larry e Arlene Green e J. P. Panek. Os limites entre amigo e fornecedor de cuidado com a saúde tendem a evaporar para mim. Sou extremamente grata pelo cuidado que me foi oferecido por estes e outros amigos que me ajudaram a atravessar tempos difíceis.

Finalmente, quero agradecer a meus filhos, Evan, Vanessa e Brandon Pert. Ser a mãe de vocês é realmente a maior realização e subjaz a tudo que faço.

Este livro foi composto na tipologia adobe garamond pro, 12 pt,
garamond premier pro e serlio
e impresso em papel off set 75g
para a Barany Editora